자본주의
오해와 진실

자본주의 오해와 진실

권혁철·민경국·안재욱·전용덕·황인학 지음

북앤피플

문명된 번영을 약속하는 '자유의 길'을 위하여

이 책은 한국경제신문사가 기획하여 5인의 저자들이 한국경제신문에 〈자본주의 오해와 진실〉이란 제목으로 1년 동안 연재한 글들을 모은 것이다. 자본주의에 대한 오해를 밝히고 그 체제의 참된 모습을 찾는 것이 저자들의 공동의 목표였다.

사람들은 혼자서 고립하여 살 수가 없다. 낯모르는 사람들과도 관계를 맺어야 살 수 있다. 그런 관계 속에서 그들이 각자 자신의 목표를 달성할 수 있기 위해서는 그들의 상이한 행동들이 조화롭게 서로 조정되어야 한다.

'행동조정'이란 그래서 중요하다. 공급자가 수요자들이 원하는 상품을 원하는 시점에 공급하지 못했다면, 공급자와 수요자의 행동은 서로 조정하지 못한다. 그들의 개별적 계획은 수포로 돌아간다.

따라서 경제문제는 자원배분이 아니라 수많은 사람들의 서로 다른 행동들을 조정하는 방법의 문제이다. 정부의 지시와 명령에 의해서 인위적으로 행동들을 조정하는 사회주의 경제와는 달리 시장에서는 인간들의 행동들이 자유로운 교환을 통해서 자율적으로 조정된다.

시장경제를 '자생적 질서'라고 부르는 것은 그 때문이다. 질서 잡는 사람이 없다고 해도 풍요로운 번영을 이끄는 의미 있는 분업관계가 저절로 생성된다. 그러나 시장의 자생적 질서는 언제나 어디에서나 생겨나는 것이 아니다.

시장의 바탕에 두껍게 깔려있는 그에 적합한 행동규칙들의 힘 때문이다. 상관행, 직업윤리, 약속이행, 인격·소유존중 사법(private law) 등과 같은 행동규칙들이 가격구조와 함께 인간행동들을 생산적이고 건설적인 방향으로 안내하는 역할을 한다. 자생적 질서의 형성을 위해서는 개인들이 어떤 구체적인 목적을 달성하는가는 중요하지 않다. 규칙과 결부된 행동국면, 즉 '규칙을 따르는 행동(rule following animal)'이 중요하다. 시장경제는 결코 도덕률로부터 해방된 영역이 아니다.

변화를 흡수할 수 있는 시장시스템의 능력은 계획된 질서인 사회주의 경제와 비교할 수 없을 정도로 탁월한데 이는 시장이 자생적으로 질서를 형성하는 힘의 덕택이다.

척박한 원시적 삶에서 인류를 구출하여, 문명된 길로 안내한 것, 실업 빈곤 성장의 문제를 시장 내에서 스스로 해결될 수 있는 것도 그런 힘 때문이라는 걸 직시할 필요가 있다.

따라서 인류의 가장 큰 업적이면서 동시에 인류의 가장 큰 행운 가운데 하나는 자유와 평화 속에서 번영을 누리면서 공존할 수 있는 자본주의를 발견한 것이라고 말해도 지나치지 않는다.

그럼에도 자본주의에 대한 비판의 내용이나 강도는 과거나 지금이나 줄어들지 않았다. 자본주의는 공동체, 도덕과 전통을 파괴하는 주범, 환경을 파괴하는 주범이라고 비판한다. 도덕률의 상실과 소외 현상을 비롯하여 환경파괴의 장본인이 자본주의라는 것이다.

서민층의 삶을 무시함으로써 자본주의체제는 심각한 불의를 저지르고 있다고 설파하는 이들도 있다. 부의 편중, 불황, 실업, 독과점, 위기 등 구조적 문제를 안고 있는 게 자본주의라고 목소리를 높인다.

오늘날 한국경제가 겪고 있는 3% 이내의 만성적 불황, 12%를 웃도는 청년실업도 자본주의의 고질적 내적 모순에 그 원인이 있다고 한다. 그래서 재분배, 과세, 규제, 정부지출, 통화증대를 통해 정부가 시장에 적극적으로 개입해야 한다고 주장한다.

이 책이 보여주는 것은 첫째로 자본주의에 대한 대부분의 비판은 오해에서 비롯된 것이라는 점이다. 물론 금융시장의 불안정에서 보듯이 특정의 시장에서 때때로 변덕스러운 변화와 불안정이 나타나고 있는 것을 전적으로 부정할 수는 없다.

기술혁신과 문화적 변동이 기존의 경제활동의 패턴을 붕괴시킬 수 있다는 것도 역시 부인할 수 없다. 인간들의 취향, 선호구조, 지식이 변동할 경우 시장경제가 이에 적응하지 못하면 역시 불안정이

야기되는 것도 분명하다.

그러나 그런 상황을 극복하기 위해서는 정부의 계획과 규제가 필요하다는 주장은 아주 잘못된 주장이다. 불안정성 또는 구조변화는 성장을 위한 자연스런 진통이라는 것을 인식해야 한다.

정부의 규제와 간섭은 성장을 가로막고 혼란만을 야기한다. 자생적으로 질서를 형성하는 힘을 통한 안정화의 길이 차단되기 때문이다.

따라서 이 책이 보여주는 두 번째는 오늘날 우리가 겪고 있는 도덕과 공동체의 파괴, 부의 편중, 불황, 높은 실업의 근본적인 원인도 자본주의가 아니라 경제적 자유를 억압하는 첩첩이 쌓인 규제와 정부지출 통화팽창 때문이다.

아무쪼록 이 책을 통해서 시민들뿐만 아니라 정부관료 정치인들이 자본주의의 오해를 불식하고 그 참모습을 깨달아 한국경제가 간섭의 질곡에서 벗어나 문명된 번영을 약속하는 '자유의 길(the road to freedom)'로 갈 수 있기를 희망한다.

끝으로 〈자본주의 오해와 진실〉의 연재를 기획한 한국경제신문에 심심한 감사를 드린다.

공동저자들을 대표해서

민경국 쓰다

자본주의를 옹호하는 사람들은 결코 자본주의가 완벽한 제도라고 말하지 않는다. 다만 지금까지 인간이 만들어낸 제도 중 가장 나은 제도이고, 우리가 우려하는 문제들이 가장 덜 일어나는 제도라고 말하는 것이다.

인간은 불완전하다. 불완전한 인간이 만들어내는 제도는 그래서 다 불완전할 수밖에 없다. 그것이 자본주의든, 사회주의든, 아니면 두 가지를 혼합한 것이든 다 그렇다. 어떤 체제이든지 풀어야 할 과제가 세 가지 있다. 첫째 무엇을 얼마나 생산할 것인가? 둘째 어떻게 생산할 것인가? 셋째 생산된 재화와 서비스를 어떻게 분배할 것인가?

차례

제1장

시장경제의 기본원리

01 시장은 거대한 소통체계

자본주의는 개인 이익만 추구하는 불통체제?

가격 통한 시장의 '방대한 지식소통'이 번영 원천

자본주의에 대한 최근의 비판 가운데 가장 흥미로운 건 자본주의는 각자의 선호와 삶의 목표를 추구하는 인간들로 구성된 고립된 체제여서 구성원 사이에 원활한 소통이 없다는 것이다.

독일의 유명한 철학자 위르겐 하버마스가 이끄는 신좌파의 비판이다. 삶의 목표를 성취하고 삶의 지혜를 습득하기 위해서는 소통이 필요한데 자본주의는 소통부재로 인해 구성원들이 자신의 욕구도 제대로 충족할 수 없다고 목소리를 높인다. 그런 자본주의의 폐해를 극복하기 위해서는 소통에 충실한 새로운 체제가 필요하다는 주장이다. 그 체제가 숙의민주주의(熟議民主主義·deliberative democracy)다. 숙의정치의 핵심은 다 함께 모여 상하관계 없이 자유로운 토론 분위기에서 소득분배, 공장입지, 금융배분 등 주요 경제이슈를 결정·집행해야 한다는 사상이다.

그러나 '자유시장=소통부재'라는 비판은 옳지 않다. 시장이야말로 거대한 소통체계라는 걸 직시해야 한다. 이 체계를 이해하기 위해서는 인간은 혼자 살 수 없고 항상 타인의 협력이 필요하다는 것을 전제해야 한다. 타인의 협력을 얻어 경제적으로 성공하려면 먼저 타인에 대해 알아야 한다. 그러나 자기자신도 완전히 알지 못하는데 하물며 다른 사람을 완전히 안다는 건 불가능한 일이다. 열 길 물속은 알아도 한 길 사람 속은 알 수 없는 법이다. 인간은 '무지의 늪'에서 살고 있다. 자유주의의 거성 하이에크의 말이다. 우리는 낯모르는 의사에게 아픈 몸을 맡기거나 서로를 잘 모르면서도 마음 놓고 거래한다. 수많은 익명의 사람과 거래하면서 일상생활을 영위한다. 거대한 열린 시장에서 어떻게 그런 일이 가능할까.

한 번도 만나본 적 없는 익명의 사람들과 거래하기 위해서는 그들에 관한 구조적 무지를 극복해야 하는데 그 방법은 그들과 소통하는 길밖에 없다. 시장에서 이뤄지는 게 그 소통이다. 시장에서는 재화와 서비스의 교환만 이뤄지는 게 아니다. 각자의 지식, 생각도 교환하고 소통한다. 시장에서 거래를 약속하기 전에 필요한 건 가격, 품질, 납품조건 등에 관한 대화다. 성공적인 사업을 위해 기업가는 소비자만이 아니라 경쟁 상대방의 생각, 의견, 선호를 잘 파악해야 한다. 그래서 시장질서는 '거대한 소통체계'라 할 수 있다.

소통에는 여러 방법이 있다. 흔히 볼 수 있듯이 대화, 설득, 흥정을 통한 소통이 있다. 그런 소통에는 언어가 사용된다. 애덤 스미스가 《국부론》에서 교환을 이성과의 대화 능력과 연결시키는데 이게 바로 설득의 방법이다. 그러나 시장에서 언어를 통한 소통은 소통의 작은 일부분일 뿐이다. 중요한 것은 비언어적(nonlinguistic) 소통이다. 이게 가격을 통한 소통인데 시장경제만이 가질 수 있는 소통방법이다.

비언어적 소통은 언어적 소통에 비해 여러 장점이 있다. 언어적 소통은 글로 쓰거나 목소리를 들을 수 있는 범위 내의 아는 사람들끼리 가능하다. 그런 소통은 불가능한 때가 있다.

익명의 사람과 글이나 말로 표현할 수 없는 암묵·초의식적 지식의 소통이 그렇다. 사람들이 가진 지식의 대부분은 암묵적이며 초의식적인 것이다. 의견, 아이디어, 취향, 선호, 상황과 관련된 지식의 대부분은 그런 종류에 속한다. 재주, 아이디어, 재화에 대한 호불호, 기업가 정신 등에 내장된 지식이 그렇다. 흥미롭게도 암묵적 지식은 말과 글로 전달하기 힘들지만 행동으로는 표현할 수 있다. 시장에서의 매매행위를 거쳐 가격구조에 반영되는 게 그런 지식이다. 시장에선 말보다 행동이 중요한 이유다. 따라서 사람들이 가격에 적응하는 건 가격을 통해 구현된 타인의 의견, 선호, 생각 등을 숙의·심의하고 학습한다는 걸 의미한다.

경이롭게도 가격을 통한 비언어적 소통은 시간과 공간에 구애받지 않는다는 것이다. 서울의 귤 수요자는 남미의 귤 수출업자와 가격을 통해 각자의 생각과 선호를 교환한다. 시장경제 질서가 자생적으로 형성되는 근본적인 이유도 가격구조가 거대한 소통체계 역할을 하기 때문이다.

흔히 가격구조를 '인센티브 기능'으로 이해한다. 그러나 가격구조의 소통기능은 인센티브 기능보다 근원적이다. 시장의 제1 덕목은 자원배분의 효율성이 아니라 지식소통의 탁월성이란 걸 직시할 필요가 있다. 따라서 가격, 임금, 이자에 대한 통제는 개인이 가진 지식의 자유로운 소통을 왜곡한다.

그런데 시장의 소통은 가격구조를 통해서만이 아니라는 걸 주지할 필요가 있다. 정직, 공정, 신의성실, 직업윤리, 예의범절, 약속이행, 재산·명예·인격존중 등 사람들이 공동으로 지키는 수많은 도덕규칙도 소통기구다. 사람 사이에 경제적 관계가 형성되는 시장에는 이런 행동규범이 두텁게 쌓여 있다. 이런 행동규범에는 사람들이 장구한 역사적 과정에서 겪은 다양한 경험과 지식이 축적돼 있다. 타인을 잘 모르고서도 우리는 도덕률 때문에 그들의 행동에 관한 보다 정확한 기대를 형성할 수 있고 그래서 낯모르는 사람과도 믿으면서 거래하고 분업과 협력이 가능해지는 것이다.

도덕규칙을 지키는 행위도 일종의 소통행위다. 예를 들어 약속이행의 규칙은 계약대로 물건을 인도할 테니 돈을 미리 지급해도 된다는 사실을 알려준다. 도덕률은 가격구조와 똑같이 인간행동에 대한 기대의 형성을 가능케 하는 소통체계다. 이런 방식의 소통 덕분에 우리는 복잡한 세상에서 풍요로운 삶을 살 수 있다.

도덕규칙은 반드시 글이나 언어로 표현돼 있을 필요가 없다. 의식적일 필요도 없다. 대부분이 암묵·초의식적이다. 사람들은 부지불식간에 그런 준칙들을 지킨다. 따라서 시장은 소통부재라는 좌파의 주장은 틀렸다. 자유시장이 우리에게 번영을 안겨주는 것은 가격구조와 도덕규칙을 통한 방대한 지식의 소통 덕분이라는 걸 직시해야 한다.

한계 뚜렷한 숙의(熟議) 민주주의

가격같은 '암묵적 소통' 없어 이익집단에 휘둘릴 가능성
시장통제·빈곤만 초래 우려

위르겐 하버마스

'지배자가 없는 이상적인 담론'을 의미하는 '소통정치'가 시장의 소통을 능가할 수 있다는 게 숙의(熟議)민주론의 인식이다. 이는 옳지 않다. 숙의정치에서는 비언어적 소통, 즉 가격을 매개로 한 소통이 없다. 가격구조는 수백, 수천만 명의 의견, 선호, 생각을 통합해 사람들에게 전달한다. 그러나 정치소통은 수십, 수백 명의 미시세계에서나 가능할 뿐이다. 가격을 통한 시장소통은 암묵적 지식의 소통이 가능하지만 정치소통에서는 말로 표현할 수 있는 명시적 지식만 이 소통된다. 말 잘하는 게 정치적 승리의 관건인 이유다.

그러나 암묵적 지식이 문명의 원동력이요 번영의 추진력이라는 것을 주지해야 한다. 정치가가 민심을 듣는다는 명분으로 시장바닥을 훑어도 시장사람들과 암묵적 지식을 소통할 수는 없다. 소통능력이 탁월했지만 1930년대 기업규제와 방만한 재정으로 미국 경제를 대공황으로 내몬 인물이 프랭클린 루스벨트 대통령 아니던가.

숙의정치가 효과적으로 실현되려면 정치소통에 시민이 적극적으로 참여해 의견을 교환하고 설득하는 노력이 필요하다. 그러나 시민의 정치참여는 자동적이지 않다. 자기 일에 바쁜 기업인, 상인, 근로자의 정치참여율은 낮다. 높은 기회비용 때문이다. 반면 정치건달, 정당인, 이익단체 간부 등은 참여율이 높다. 시간이 많고 기회비용은 적기 때문이다. 정치를 지배하는 건 그래서 늘 한량(閑良)과 이권집단이다. 이들 사이에 소통되는 지식은 이권과 권모술수에 관한 것이다.

숙의정치에서 생기는 의사결정 비용 때문에 참여자 수를 줄일 필요가 있다. 참여자 수가 많을수록 설득비용은 커지고 발언기회는 줄어든다. 대의제로서 입법기관이 불가피한 이유다. 그러나 의회의 입법에 영향력을 미치는 건 다양한 이익집단일 것이다. 이익집단의 압력 때문에 숙의민주주의는 특정 기업군·지역에 유리한 입법과 정책을 공급하는 '협상민주주의'로 전락할 위험성이 상존한다. 입법은 내용이 무엇이든 '숙의'라는 명분으로 정당화된다. 그 결과는 시장에 대한 방만한 통제와 빈곤이다.

02 비용이 가격을 결정한다는 미신

원사 값 뛰면 실크스카프 가격 당연히 오른다?

비용 올라도 수요 뒷받침 안 되면 되레 떨어져

우리 사회에서 정말 사라지지 않는 뿌리 깊은 오해가 있다. '비용이 가격을 결정한다'는 믿음이다. 다시 말하면 재화 생산에 들어간 비용 즉 생산요소 가격에 의해 재화 가격이 결정된다는 것이다. 그러나 이는 잘못된 것이다. 재화 가격은 수요와 공급에 따라 결정된다. 더 구체적으로 말하면 궁극적인 요인은 소비자의 수요다. 소비자 수요가 가격을 결정하는 것이다. 그리고 생산요소 가격이 재화 가격을 결정하는 것이 아니라 그 반대다. 재화 가격이 생산요소 가격을 결정한다.

비용이 가격을 결정한다는 생각은 마르크스의 노동가치설의 변종이다. 노동가치설은 상품 가격(가치)이 생산에 투입한 노동량에 의해 결정된다는 이론으로 애덤 스미스와 데이비드 리카도에 이어 카를 마르크스가 계승 발전시켰다. 노동가치설은 1870년대에 이르러 오스트리아 경제학자 카를 멩거와 영국 경제학자 윌리엄 제본스의 '한계효용이론'에 의해 잘못된 것으로 밝혀졌다.

그럼에도 불구하고 150여년이 지난 지금까지 생산에 투입한 비용이 재화의 가치를 결정한다는 생각이 만연해 있다. '커피 원가는 얼마 되지도 않는데 스타벅스가 커피값을 너무 비싸게 받는다' '기업들이 원가에 비해 폭리를 취하고 있다' '피서지에서 상인들의 바가지요금이 횡행한다' 등과 같은 주장을 흔히 들을 수 있다. 심지어 제품 제조에 들어가는 생산요소 비용이 올랐기 때문에 가격 인상이 불가피하다는 제조업자의 설명을 자주 듣곤 한다.

재화 가격이 어떻게 결정되느냐고 물으면 대부분 수요와 공급에 따라 결정된다고 답한다. 그러나 이런 사람 중에서도 실제로는 기업이 원가에다 이윤을 붙여 가격을 매긴다면서 경제학 이론이 현실과 맞지 않는다는 주장을 펴는 사람이 많다.

우리 사회에서 비용이 가격을 결정한다는 주장이 난무하는 이유가 기업들이 원가에 이윤을 붙여 가격을 책정하는 실제 행위에 있는 것으로 보인다. 그러나 기업이 원가에다 이윤을 붙여 가격을 책정하는 행위는 수요와 공급 원리에 어긋나는 것이 아니다. 다만 그렇게 보일 뿐이지 사실상 수요와 공급의 원리를 바탕으로 하고 있다.

기업이 가격을 책정할 때 무조건 이윤을 붙이는 것이 아니다. 수요가 얼마인지를 예측해 이윤을 붙인다. 이 예측에 따라 10%를 붙일 수도 있고, 20%를 붙일 수도 있다. 심지어 100% 300% 1000%도 붙일 수 있다. 기업이 얼마의 이윤을 붙이든 이것은 기업 마음이다.

그러나 이것이 기업의 이윤으로 이어질지는 완전히 다른 문제다. 예를 들어 실크스카프 생산원가가 장당 10만원이 들었고 여기에 이윤을 100% 붙여 장당 20만원의 가격을 책정할 수 있다. 그러나 이것이 소비자가 이 실크스카프에 20만원을 지급하리라는 것을 의미하지는 않는다. 만약 누구도 20만원을 지급하지 않는다면 기업은 책정한 100%의 이윤을 얻지 못한다. 심지어 20만원에 팔리지 않고 땡처리돼 이 실크스카프 가격이 5만원일 때에야 소비자가 사고자 한다면 기업은 이윤을 보는 것이 아니라 5만원의 손해를 본다. 기업이 이윤을 정할 때 마음대로 하는 것처럼 보이지만 실제로는 수요를 고려하고 예측해 붙이는 것이다.

비용이 가격을 결정하는지를 보기 위해 원재료 수요가 전반적으로 증가해 원자재 가격이 올랐을 경우를 살펴보자. 예를 들어 다른 사항이 모두 일정하고 실크원사 가격이 올랐다 치자. 실크원사 가격이 오르면 실크스카프 생산업자는 실크원사를 덜 주문할 것이고 실크스카프 생산이 준다.

이것은 수요·공급곡선 분석에서 공급곡선이 왼쪽으로 이동하는 것을 의미한다. 이렇게 되면 과거 가격에서 실크스카프 초과 수요가 발생한다. 다시 말하면 실크스카프를 사지 못해 실망하는 사람이 생긴다. 이들이 실크스카프를 얻기 위해 가격을 더 높게 부르고, 결국 더 높은 가격을 지급할 용의가 있는 소비자로 인해 실크스카프 가격은 오른다. 비용이 제품 가격을 결정하는 것이 아니라 소비자 수요가 제품 가격을 결정하는 것이다.

이제 생산요소 비용이 재화 가격을 결정하는 것이 아니라 재화 가격이 어떻게 생산요소의 가치를 결정하는지 보자. 계속 실크스카프를 예로 들면 실크스카프를 생산하는 데는 실크원사가 필요하다. 완제품인 실크스카프 수요가 있기 때문에 실크원사 수요가 있다. 실크원사와 같이 완제품 생산에 필요한 생산요소 수요를 파생수요라고 한다. 즉 실크원사 수요는 독자적으로 발생하는 것이 아니라 실크스카프 수요에서 유발한다.

실크스카프 수요가 증가하면 실크스카프 가격이 오르고, 실크스카프를 생산하는 기업은 더 많은 이윤을 얻을 수 있다. 더 많은 이윤을 얻을 기회가 생겼으므로 실크스카프를 생산하는 기업은 더 많은 실크원사를 구매하려고 할 것이다. 그래서 실크원사 수요가 늘어나 실크원사 가격이 올라간다. 실크스카프 생산비용이 증가했기 때문에 실크스카프 가격이 오른 것이 아니라 실크스카프 수요가 증가해서 실크스카프 가격이 오르고 그 결과 생산요소인 실크원사 가격이 오르는 것이다.

비용이 가격을 결정한다는 믿음은 사라져야 한다. 그렇지 않으면 많은 부작용을 낳는다. '이익공유제' '아파트 분양원가 공개' '납품단가 조정' 등에서 볼 수 있듯이 정부가 이것을 가격 규제와 기업 이윤 규제의 논거로 삼기 때문이다.

'노동가치설' 왜 틀렸나

광산 입구서 발견된 금괴, 지하 100m서 캐낸 금괴 시장에선 가격 똑같아

애덤 스미스

노동가치설의 근원은 애덤 스미스의 '국부론'에 있다. 그러나 스미스는 노동가치설에 믿음과 회의를 번갈아 가졌다. 그는 재화의 가치를 사용가치와 교환가치로 구분하고, 교환가치의 척도는 노동이 되고 이 교환가치를 화폐로 나타낸 것이 가격이라고 했다. 가격은 임금 이윤 지대 등 세 요소의 합성으로 복잡하게 구성된다고도 했다. 이에 비해 데이비드 리카도는 상품의 가치는 상품을 생산하기 위해 투입한 노동의 양에 따라 결정된다며 적극적인 노동가치설을 주장했다.

리카도의 노동가치설을 바탕으로 카를 마르크스는 잉여가치론을 발전시키며 착취이론을 주장했다. 노동이 가치의 유일한 창출자이기 때문에 노동자가 생산에 이바지한 만큼 보수를 받아야 하고 이 보수는 가격과 일치해야 한다는 것이다. 그러나 기업주는 가격만큼 보수를 주지 않고 이윤으로 자기 몫을 챙기고 겨우 먹고살 정도의 임금만 주며 착취한다는 것이다. 당시엔 노동가치설에 기초한 마르크스의 주장에 따라 모든 가치는 노동에 의해서만 생산되므로 노동자가 그 몫을 차지해야 한다는 식의 주장이 팽배했다.

당시의 고전학파 이론체계로는 이런 주장을 반박할 수 없었다. 이때 한계효용이론이 대두해 노동가치설의 모순을 지적했다. 가격은 총가치가 아니라 개인의 주관적인 판단에 근거해 추가로 하나 더 소비하는 것에 놓는 가치(한계가치)에 의해 결정된다고 설명했다.

노동가치설이 오류임은 쉽게 파악할 수 있다. 같은 크기와 품질의 다이아몬드가 두 개 있다고 하자. 하나는 광산 입구에서 바로 발견된 것이고, 다른 하나는 지하로 한참을 파 들어가 캐낸 것이다. 전자는 발견하는 데 노력도 위험도 없어서 비용이 들지 않았고, 후자는 채굴하는 데 많은 노동력과 위험이 수반돼 큰 비용이 들었다. 이제 이 두 다이아몬드가 똑같이 경매에 나왔다고 하자. 노동가치설에 따르면 노동이 많이 들어간 후자의 가격이 전자보다 더 비싸야 한다. 그런데 크기와 품질이 같기 때문에 두 다이아몬드는 같은 가격에 팔린다. 재화의 가격은 투입된 노동량과 아무 관계가 없음을 알 수 있다.

03 원가공개 주장과 폐기된 이론

원가공개 주장은 가격을 통제하려는 시도…

소비자가 가격결정권 갖고 있다는 사실 간과

"통신비 원가를 공개하라." "아파트 분양 원가를 공개하라."

최근 새정치민주연합은 국회에서 기자회견을 열어 휴대폰 단말기 제조 원가를 공개해야 한다고 주장했다. 국회에서는 통신비 원가 공개를 골자로 하는 '전기통신사업법 개정안'이 수시로 발의되고 있다. 법정에서는 참여연대를 비롯한 사회운동단체들이 요구한 통신비 원가공개 관련 소송이 진행 중이다. 아파트 가격이 치솟던 몇 년 전에는 아파트 분양 원가공개 논란으로 이미 큰 홍역을 치렀다.

이렇듯 상품이나 서비스 원가를 공개해야 한다는 주장이 심심치 않게 나오고 있다. 아파트 가격이 오르면 아파트 건설에 들어간 원가를 공개하자는 주장이 제기되고, 통신요금이 비싸다는 얘기가 나오면 통신서비스 원가나 단말기 제조원가를 공개해야 한다는 주장이 나온다. 통신비, 주거비가 가계 지출에서 차지하는 비중이 높다는 것도 원가 공개의 이유가 된다.

이런 주장을 하는 사람들의 의도는 무엇일까. 당연히 가격을 통제하겠다는 것이다. 상품이나 서비스에는 그것을 만들어 제공하는 데 들어가는 원가가 존재하는데, 이 원가에 비해 가격이 터무니없이 비싸다는 것이다. 터무니없이 비싼 가격은 모두 기업의 탐욕과 횡포 때문이며, 기업이 폭리를 취하고 있다는 것이다. 따라서 원가를 공개하도록 해 이 원가에 일정 비율의 이윤을 붙인 '공정 가격' 혹은 '적정 가격'으로 판매하도록 해야 한다는 생각이다. 즉, 원가를 공개해 가격을 적정 수준으로 통제함으로써 기업들이 폭리를 취하지 못하게 막아야 한다는 것이다. 아파트 한 채를 짓는 데 1억원이 원가라면 여기에 10%의 이윤을 붙여 1억1000만원에 판매되면 적정한데 1억2000만원이나 1억5000만원 등 훨씬 높은 가격에 판매하는 것은 부당하다는 것이다.

이런 주장은 언뜻 그럴듯해 보인다. 그런데 조금만 들여다보면 이것이 엉터리 주장이라는 사실을 곧 알게 된다. 우선 이 주장은 시장에서 가격이 형성되는 데에 공급자와 소비자 양측이 모두 존재하고 또 이들 모두가 행동하면서 상호 영향을 미친다는 사실을 놓치고 있다. 다시 말해 원가 공개를 주장하는 사람들은 소비자를 마치 아무런 행동도 하지 않는 '식물인간'처럼 취급하고 있다. 그런데 시장에서의 가격은 공급자들이 받고 싶어 한다고 해서 다 받을 수 있는 것이 아니다. 소비자들이 그 가격에 동의하고 구매해야만 비로소 가격이 형성된다. 가격이 형성됐다는 말은 공급자와 소비자 간 합의가 이뤄졌다는 것과도 같다. 공급자인 기업이 폭리를 취하는 것이 아니라 공급자들이 '폭리'를 취할 수 있도록 소비자가 합의해주고 있는 것이다. 그런데도 원가 공개를 주장하는 사람들은 공급자는 '갑'이고 소비자는 '을'일 뿐이며, 높은 가격은 기업의 '갑질'에 불과하다고 잘못 생각하고 있다.

전화통신 및 컴퓨터 비용 지수

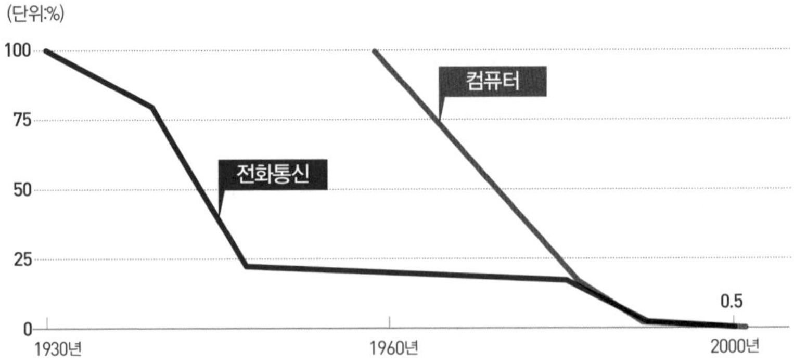

※ 전화비는 뉴욕–런던 간 3분통화

원가 공개 주장의 근저에는 상품이나 서비스의 가치를 객관적으로 평가할 수 있다는 생각이 자리하고 있다. 어떤 물건을 생산하는데 투입된 재화의 가치 합이 곧 그 물건의 가치라고 보는 것이다. 그래서 원가를 공개하자는 것이다. 원가를 공개하면 해당 재화의 '진정한 가치'가 드러난다는 것이다. 이런 생각은 이미 폐기된 '노동가치설'이나 '생산비설'의 변종(變種)이다. 노동이 10시간 투입됐다면 그것이 강남의 아파트든, 지방 소도시 아파트든 모두 같은 가치를 가지며, 따라서 동일한 가격에 팔려야 한다는 것이다.

과연 그런가. 현실에서는 아파트가 어떻게 지어졌는지 사람들은 전혀 생각하지 않는다. 다만 그 아파트가 나에게 뭘 가져다줄 수 있는지 생각하고 판단하며, 그것이 곧 그 아파트의 가치를 결정하게 한다. 다시 말해 상품이나 서비스의 가치는 각 개인의 주관적인 판단에 따라 얼마든지 달라질 수 있다는 뜻이다.

그래서 오스트리아학파 창시자인 칼 멩거는 어떤 상품의 생산에 투입된 재화의 가치 합이 그 상품의 가치를 결정한다는 식의 주장에 대해 "이제까지 경제학의 발전과정 속에서 가장 광범위하게 영향을 미치는 결과를 가져왔던 근본적인 오류에서 가장 터무니없는 것 중 하나"라고 비판했다. 경제학에서는 터무니가 없어 이미 폐기처분된 객관적 가치이론이 끈질긴 생명력을 갖고 오늘날의 원가 공개 주장으로까지 이어지고 있는 것이다.

원가 공개를 통해 가격을 통제하겠다는 생각이지만 그렇게 해서 가격은 내려가지 않는다. 가격은 기술의 발달과 혁신, 신기술의 출현, 규모의 경제, 기업 간 경쟁 등을 통해 낮아진다. 통신비만 하더라도 지난 100년간 꾸준히 하락해 과거에 비해 거의 '무료'가 되다시피 낮아졌다. 국제전화비는 1940년대의 1%에 불과하다. 1931년 미국 뉴욕과 영국 런던 간 3분 통화를 하는 비용은 293달러(1993년 달러 기준)였는데 2001년에는 1달러, 2005년에는 25센트로 낮아졌다. 광케이블과 인터넷의 발달, 휴대폰의 등장으로 통신비는 더 낮아지고 있다. 1930년의 통신비를 100으로 봤을 때 1950년에는 20으로 낮아지고, 2000년이 되면 거의 0에 근접한다. 1960년대 등장한 컴퓨터 가격 역시 10년 만인 1970년이 되면 거의 10분의 1 수준으로 떨어지고, 2000년에는 0에 근접하고 있다.

원가 공개 등을 통한 가격 통제는 해당 상품이나 서비스를 시장에서 몰아낼 뿐이다. 가격을 통제해 수익률을 억지로 낮춰버리면 공급이 중단·축소되고 제품의 질이 저하되는 결과를 낳을 뿐이다. 원가를 공개하라는 주장은 해당 재화와 서비스를 시장에서 없애버리거나 질을 낮추라는 요구와 다름없다. 가격을 낮추고 싶다면 신기술 개발과 혁신, 기업 간 경쟁이 치열하게 전개되도록 하는 것이 맞다.

"가치는 주관적 판단영역"

오스트리아학파 칼 멩거, 가격형성 원리 입증

오스트리아학파를 창시한 칼 멩거는 경제학에 위대한 업적을 남겼지만 '재화의 가격형성 원리'에 관한 것은 가히 혁명적인 업적이라 할 수 있다.

칼 멩거

종래에는 재화의 가격을 재화를 생산하는 데 드는 비용을 갖고 설명하려 했다. 대표적인 것이 마르크스의 '노동가치설'이다. 마르크스는 가치의 크기는 상품 생산에 평균적으로 필요한 시간으로 계산되는 '노동의 양'으로 측정된다고 설명했다. 그러나 멩거는 재화의 가치는 객관적으로 측정될 수 있는 것이 아니라 재화에 대한 소비자의 주관적인 판단을 통해 결정된다는 것을 입증하려고 했다. 이로써 가격형성 원리를 객관적 가치이론에서 주관적 가치이론으로 전환시킨 것이다.

주관적 가치이론은 경제학이라는 학문이 생겨난 이래 어느 누구도 명쾌하게 설명하지 못했던 이른바 '가치의 역설'을 푸는 실마리를 제공한다. 가치의 역설은 물과 다이아몬드의 가격으로 설명할 수 있다. 물은 인간의 생존에 없어서는 안 되는 것인데도 값이 아주 싼 반면 다이아몬드는 인간의 생존에 필수적인 것이 아님에도 매우 비싸다는 역설이다. 멩거는 이렇게 말했다. "재화 중에는 생산에 사용된 노동, 따라서 생산비가 크지만 가격이 낮거나 때로는 가격이 없는 것이 많다. 한편 노동이나 생산비를 들이지 않은 가운데 자연이 우리에게 제공하는 재화에 대해 높은 가격이 요구되는 경우도 적지 않다." 재화의 가격은 그것에 들어가는 노동이나 생산비와 관련된 것이 아니라 그 재화에 대해 사람들이 내리는 주관적 평가에 따라 결정된다는 것이다.

주관적 가치이론은 멩거 이전에 독일에서 개발돼 널리 퍼져 있었다. 이 주관적 가치이론을 멩거가 정교하게 체계화했고 명확하게 재구성한 것이다. 이렇게 독일에서 주관적 가치이론이 개발되고 확립된 시기는 마르크스가 '자본론' 제1권을 발행하기 30여년 전이었다. 따라서 마르크스는 독일어권에서 거부당하고 무시당할 수밖에 없었다. 독일인의 눈에는 마르크스가 한참 낡은 가치이론을 다시 들고 나왔던 것이다. 그 낡은 가치이론이 21세기 대한민국에 '원가 공개'라는 이름으로 다시 등장하고 있다.

04 시장가격에 대한 이해

생산비용 따라 가격 정하라는 시장 개입…
기업 원가절감·창조적 혁신 가로막아 비효율 초래

서양화를 그리는 친구에게 있었던 일이다. 이름이 제법 알려져 그림값이 비싼 축에 속하는 이 화가에게 어느 날 사업하는 동창생이 찾아왔다. 동창생은 그림 한 점을 시중에서 거래되는 가격의 절반쯤에 달라고 했다. 화가는 잠시 고민 끝에 거절했다. 선물로 줄 수는 있어도 사적 인연 때문에 시장에서 형성된 자기 그림 가격을 스스로 어지럽힐 수 없다고 했다. 그러자 동창생은 자신을 특별히 우대하지 않는 화가에게 은근히 부아가 났던지 "재료값도 얼마 안 될 텐데 그쯤 못 깎아줄 게 뭐냐"고 압박했다. 화가의 대답이 은근했다. "그렇게 치면 먹으로만 그리고 여백의 미까지 넉넉한 수묵화가 채색화보다 원가는 훨씬 덜 먹힐 게다. 그런데도 내 그림보다 비싼 수묵화가 많은데 여기에 대해서는 어떻게 생각하는가?"

예술작품의 가격이 물감, 종이, 붓 등의 재료와 작가의 노동투입 시간에 연동돼야 공정하다고 믿는 이는 별로 없을 것이다. 예를 들어 그림에 그다지 소질이 없는 경제학자가 일반 화가보다 비싼 재료를 사용하고 열 배의 공과 시간을 더 들여 그림 한 점을 완성했다고 하자. 그래서 경제학자가 나름대로 심혈을 기울여 그린 작품이기 때문에 비싼 값을 받아야 한다고 주장한다면 (가족 외에) 누가 고개를 끄덕이며 수긍하겠는가. 글, 그림 등의 지식 생산물뿐만 아니

라 공산품 가격도 투입비용에 비례하지 않는다. 1만원을 들여 제작한 제품도 원하는 이가 없으면 1000원도 받지 못한 채 폐기되는가 하면, 반대로 원가는 1000원을 밑돌아도 쓸모가 많고 원하는 이가 많으면 1만원에도 날개 돋친 듯 팔리는 것이 시장원리다.

공급자의 생산비용만으로 상품 가격이 결정되는 것은 결코 아니다. 경제학원론에서는 시장 수요와 공급이 만나는 점에서 가격과 거래량이 결정된다고 누누이 가르치고 있다. 명색이 사업가라는데 화가의 동창생이 설마 이를 모르지는 않았을 것이다. 제작비용 운운하며 비싸다고 했던 것은 혹시라도 가격 흥정을 유리하게 끌고 가기 위한 전략적 수사(修辭)였을 수도 있다. 동창생의 진의를 알 방법은 없다. 그렇지만 원가를 공개하라, 납품단가를 원가에 연동해 달라는 등의 주장이 빈번하게 제기되는 상황에서 그냥 웃어넘길 일만도 아

닌 것 같다.

실제로 우리 사회 전반에서 시장 가격이 결정되는 원리에 대한 오해는 심각한 상황이다. 필자가 여론조사 전문업체에 의뢰해서 2000명을 대상으로 경제 IQ를 조사한 바에 의하면 한국 국민의 약 20%만이 가격은 수요와 공급에 따라 결정된다고 생각하는 경향이 있다. 공급자가 가격을 결정한다는 응답이 44%로 가장 많았고, 생산비용이 가격을 결정한다는 응답은 17%에 이른다. 직업별로는 공무원과 대기업 종사자 사이에서 공급자가 가격을 결정한다고 응답한 비율이 각각 54%와 51%로 가장 높았다. 학력이 높다고 시장원리에 대한 이해가 높은 것도 아니었다. 성별로 나눠보면 여성이 소비활동을 주도하면서 시장거래에 대한 경험이 많기 때문인지 남성보다는 여성이 가격의 결정원리에 대한 이해도가 높았다.

이와 같이 시장 가격에 대한 이해가 낮은 데는 다양한 이유가 있을 것이다. 교육과정에 문제가 있고, 자본주의 발전의 역사적 경로가 다르기 때문일 수도 있다. 서구에서는 시민혁명 등을 통해 오랜 세월에 걸쳐 국가의 통제와 개입으로부터 재산권 보호, 계약 자유를 비롯한 경제적 자유를 쟁취했다. 그러나 우리는 가부장적 국가주의 전통 아래 자본주의 제도를 수용했고 그나마도 역사가 오래되지 않은 탓에 경제적 자유에 대한 인식이 서구와 다를 수도 있을 것이다.

비근한 예로 현 정부 초기에 법무부가 중심이 돼 상속 관련 민법을 개정하려 했던 적이 있었다. 고인(故人)의 자유의사(유언)와 무관하게 상속 재산 중 절반을 무조건 생존 배우자에게 주게끔 강제하는 법률 개정안을 발의했던 것인데, 비록 무산되기는 했지만 이 사례는 재산권과 계약의 자유에 대한 한국 정부 시각이 어떤지를 여실하게 보여줬다.

원인이 무엇이든 시장 가격에 대한 오해는 개인적 인식의 오류에 그치지 않는다. 입법과정과 규제에 영향을 미침으로써 국가에 의한 가격통제를 부추기고 그 결과 소비자 피해 및 시장 위축의 부작용을 초래할 수 있다. 한국의 규제 현황을 보면 상품 및 서비스의 가격에서부터 이자율, 임대료 등 거의 모든 시장에서 정부규제와 행정지도가 성행하고 있다. 경제 회생을 위해서는 규제개혁이 최우선 과제라고 떠드는 와중에도 소비자인 국민이 고개를 갸웃하게 하는 가격규제는 늘고 있다.

서적의 할인 경쟁을 막겠다고 도입한 도서정가제, 통신 단말기 보조금 차별 경쟁을 막겠다고 도입한 단통법이 그런 경우다. 같은 상품이라 해도 장소, 시간, 조건이 다르면 가격은 얼마든지 다를 수 있고 또 달라야 한다. 같은 시간에 이웃한 주유소 간에도 휘발유 가격은 다를 수 있고, 마트마다 파는 물건 가격이 다를 수 있는 법이다. 그런데 왜 서적과 단말기는 전국 어디서나 비슷해야 한다며 정부가 규제하는 것일까.

화가의 동창생처럼 많은 사람이 가격은 원가에 연동해서 결정되는 것이 공정한 것처럼 주장한다. 특히 기업 간 거래에서 납품단가를 원가 및 물가상승에 연동해야 하며 이를 위해 제3자의 개입으로 강제해야 한다는 주장이 많다. 그러나 납품단가를 원가에 연동하는 것은 앞의 예에서 보듯이 시장원리에 반해 비효율을 초래할 뿐 아니라 결과적으로 공정하지도 않다.

협력업체가 기술개발과 혁신활동을 통해 원가를 낮췄을 때 그만큼 단가를 인하해야 한다면 어느 협력업체도 원가절감 노력을 열심히 할 유인이 사라지게 된다. 원가연동제는 혁신에 투자하는 기업에 보상이 아니라 불이익을 주는 제도이기 때문에 불공정하다.

캘리포니아 대규모 정전사태는 가격규제와 계약의 자유 제한이 초래한 재앙

2001년 1월, 미국의 캘리포니아 주에서 대규모 정전사태가 발생했다. 샌프란시스코, 로스엔젤리스 같은 대도시는 물론, 실리콘 밸리에도 전기 공급이 멈추면서 피해가 엄청났다. 원인을 놓고, 일부에서는 1990년대에 주 정부가 전력시장에 대한 규제를 완화하고 경쟁시스템을 도입한 게 화근이라고 말한다. 그러나 사실은 규제완화(deregulation)가 아니라 사실상 재규제(re-regulation)였으며, 문제는 여기에서 발단하였다.

캘리포니아 주 정부의 정책은 세 가지다. 첫째, 법률상 허용된 소매전력의 가격을 9% 낮추고, 비용이 상승해도 가격을 못 올리게 규제했다. 둘째, 도매전력가격은 시장의 수요와 공급에 따라 결정될 수 있도록 했다. 이 부분은 말 그대로 규제완화에 해당된다. 셋째, 전력회사들에게 발전설비의 상당부분을 매각하게 하고 장기계약을 금지시켰으며, 그 대신 하루 직전의 현물시장에서 전력을 사서 공급하게 했다.

문제가 시작된 것은 2000년 여름부터였다. 수요측면에서 보면 신경제로 알려진 경기 호황에, 날씨문제까지 겹치며 전력소비가 급증했다. 수요가 늘어도 가격규제 때문에 시장원리가 작동할 수 없었다. 공급측면에서도 가격인상 요인이 크게 발생했다. 북서부 지역의 가뭄으로 수력발전이 제한되고, 천연가스 값이 오르면서 전력 생산비용은 상승했다. 이에 따라 도매전력가격은 급등했지만 소매가격은 턱없이 낮은 수준에 묶인 결과, 전력회사들은 더 이상 적자를 감수하지 못하면서 대규모 정전 사태가 불거졌던 것이다.

캘리포니아 정전 사태는 소매가격 규제, 그리고 가격변동 위험을 분산시킬 수 있는 수단(장기계약)의 금지가 결정적 영향을 미쳤다. 주 정부는 사태가 발생하고 나서야 당국이 직접 나서 장기 계약을 통해 전력공급을 확보했지만 이게 또 문제였다. 2001년 봄에 가뭄이 해갈되고 천연가스 가격이 떨어지자, 도매전력가격이 크게 떨어지며 대규모 손실을 입었기 때문이다.

05 한국 자본주의와 '간섭주의'=경제계산의 문제

시장가격보다 낮은 등록금, 과잉수요 초래…
대학 정원 등 '시장간섭'에 자원배분 왜곡

한국은 순수한 자본주의 국가인 것으로 알고 있는 사람이 적지 않다. 그러나 교육, 의료, 금융, 시내버스 등 분야에서는 사회주의 방식이 큰 비중을 차지하고 있다. 공기업과 정부조직 운영의 상당 부분에서도 사회주의 방식을 엿볼 수 있다. 또 주택 등의 부문에서는 '간섭주의' 비중이 크며 그 역사도 길다. 최근에는 무상급식과 같은 복지정책을 찬성하는 사람이 적지 않은데, 복지정책은 간섭주의의 변종일 뿐이다. 간섭주의는 결국 사회주의로 이어지는 것을 피할 길이 없다. 한마디로 한국이 순수한 자본주의 국가라는 생각은 틀렸다.

반(反)사회주의자뿐 아니라 사회주의자까지도 '인센티브 문제'를 사회주의가 붕괴할 수밖에 없는 이유로 꼽는다. 능력에 따라 일하고 필요에 따라 받는다면 누가 열심히 일할 것이고 누가 쓰레기를 치우는 것과 같은 힘든 일에 종사할 것인가. 그런데 자유주의 경제학자

루트비히 폰 미제스는 1920년 독일어로 된 논문에서 "사회주의는 인센티브의 문제가 아니라 '경제계산'이 불가능하기 때문에 존립 불가능하다"고 지적했다. 1920년은 러시아혁명이 일어난 지 3년밖에 지나지 않은 시점이다.

경제계산이란 경제 행위에 반드시 필요한 정신적 도구다. 사회주의 계획가는 무엇을, 얼마나, 어디에서, 어떤 방법으로 생산할 것인가를 알지 못한다. 생산이 이뤄지더라도 완전히 임의적이고 혼란스럽다. 경제계산이 불가능하기 때문에 자원의 낭비, 자원의 부적절한 배치, 많은 거래비용 등으로 경제성장은 매우 저조해진다.

사회주의에서 경제계산이 불가능한 것은 사회주의 사회에서는 노동, 토지 같은 생산요소와 생산설비 같은 자본재를 거래하는 시장이 존재하지 않고, 그 결과 그런 것들에 대한 가격이 존재할 수 없기 때문이다. 근본적으로는 생산요소와 자본재에 대한 사적 소유가 없기 때문이다. 물론 자본주의 사회에서는 그런 것들에 대한 시장이 존재하기 때문에 가격이 존재하고, 이윤을 추구하는 기업가는 그 가격을 토대로 합리적인 결정을 한다.

그러나 프랑스 경제학자 아브라함 베르그송은 1948년 에세이에서 "현실적으로 소련의 계획경제는 30년 동안 작동하고 있고 바로 그 이유로 사회주의는 가능하다"면서 미제스의 '경제계산 문제'를 부정했다. 이에 대해 미제스는 1949년 발행된 인간행동에서 "소련과 동유럽은 완전한 사회주의 국가가 아니고 세계 자본주의 시장으로 둘러싸인 섬과 같다"고 지적하면서 "공산주의 계획가들은 비록 불완전하지만 세계 시장가격을 이용했다"고 반박했다.

실제로 옛 소련의 경제계획자들 또는 경제계획위원회는 경제계산에 이용하기 위해 월스트리트저널에 나오는 상품 가격까지 복사했다. 그리고 서방의 한 기자가 고르바초프의 대변인에게 인류에 대한 그의 희망이 무엇인지 질문했을 때 그 대변인은 "뉴질랜드를 제외하고는 전 세계가 사회주의를 채택하는 것을 보는 것을 희망한다"고 대답했다. 기자는 "그런데 왜 뉴질랜드는 제외하느냐"고 물었다. 대변인은 "글쎄, 우리는 가격을 가져올 어떤 나라가 필요할 것"이라고 답했다.

미제스의 '경제계산 문제'는 사회주의에만 적용되는 것은 아니다. 자본재 시장이 사라지는 어떤 경우에도 경제계산 문제를 응용할 수 있다고 미제스의 제자 머레이 로스바드는 지적한다.

노벨 경제학상을 받은 영국 경제학자 로널드 코스는 1937년 "기업의 크기는 기업 내부에서 생산하는 경우에 드는 비용과 시장을 통해 구매하는 경우, 즉 가격체계를 이용하는 데 드는 비용에 의해 결정된다"고 지적했다. 그의 주장은 자유시장체제에서도 '최적량의 계획'이 있다는 것이다. 왜냐하면 기업 자체가 계획기구이기 때문이다. 다만 기업이 사회주의와 다른 점은 기업이라는 계획기구는 자발적인 조직이지만, 사회주의에서의 계획은 외부에서 강제된 것이라는 것이다.

기업의 크기는 시장에서 결정된다는 코스의 분석에 미제스의 경제계산 개념을 응용할 수 있다. 만약 기업이 지속적으로 커지고, 그에 따라 그 기업이 생산하는 재화의 생산에 필수적인 자본재 시장들이 점차 사라지면 기업 내부 생산 또는 기업 내부 계획에 필요한 비용은 빠르게 증가한다.

그 결과 자유시장에서는 기업이 계속해서 성장하더라도 전 세계에서 하나의 기업만 존재하는 상황은 일어나지 않는다. 왜냐하면 어떤 생산품 또는 자원의 자본재 시장들이 사라짐으로써 경제계산 문제가 심각해지기 때문이다. 이는 자유시장에서는 적정량의 계획이 유지되도록 하는 내재된 안전장치가 있음을 의미한다.

즉 한 시장 또는 전 세계 시장에서 하나의 거대기업이 출현하지 않는다는 사실은 경제를 조직하는 원리로서 사회주의가 가장 효율적인 방법이 될 수 없음을 입증하는 것이다.

시장경제에서도 인플레이션이 지속되는 경우에는 경제계산이 불가능해지는 것은 아니지만 부정확해진다. 국가가 불환지폐의 발행을 독점하고 금융을 통제하면서 인플레이션이 지속돼왔으며, 때로는 매우 높았다. 인플레이션으로 경제계산이 부정확해지는 시장경제는 사유재산이 없는 사회주의 체제보다 경제적인 측면에서 낫지만 경제계산의 문제가 존재하는 것은 분명하다.

재화의 교환비율인 가격은 경제주체가 경제계획을 세우는 데 필요한 정신적 도구다. 그런 가격이 존재하기 위해서는 사유재산과 계약의 자유가 필수다. 미제스는 "우리의 문명은 경제계산 방법과 불가분적으로 연결돼 있기 때문에 이 귀중하고 지적인 도구를 버린다면 문명은 소멸할 것"이라고 오래전에 예언했다.

'경제계산' 제대로 안 되는 한국 교육은 사회주의

원칙적으로 국공립학교는 사회주의 방식이라고 할 수 있다. 현재 국공립학교 비중은 얼마나 될까.

'표'는 학생 수를 기준으로 한 2014년 각급 국공립학교와 사립학교 비중을 보여준다. 국공립학교 비중은 초등학교 98.5%, 중학교 82.5%, 고등학교 43.1%, 전문대 1.9%, 4년제 대학 29.5%다. 초등학교, 중학교 수준에서는 대부분이 국공립학교이고 고등학교도 그 비중이 작지 않다. 사립학교에도 등록금에 대한 규제를 포함해 각종 규제가 오랫동안 시행됐다. 정부가 등록금, 정원 등을 규제하는 '간섭주의 정책'을 써온 것이다.

이런 한국의 교육에는 어떤 일이 일어나고 있는가. 대학 등록금 규제로 매년 15만명 정도가 재수를 하고, 15만명이 넘는 학생이 해외 유학을 가 있다. 등록금을 시장가격보다 낮게 규제한 결과로 초과수요가 발생하자 교육부는 정원을 규제해왔다.

정원 규제는 '배급제'의 다른 이름이고, 재수생은 '대기자'의 다른 명칭일 뿐이다. 해외 유학생은 말이 좋아 유학생이지 사회주의에서 자본주의 세계로 탈출한 것이다. 모든 유학생이 그렇다는 것은 아니지만 탈북자처럼 유학생과 그 가족까지 엄청난 대가를 치른다.

교육에서 '경제계산'이 제대로 안 되고 있음을 단적으로 보여주는 예는 학교에서 폭력, 체벌, 성적 조작 등이 발생하고 있음에도 불구하고 초·중·고 교사의 임금 수준이 세계 상위권이란 사실이다. 학교폭력 등이 존재한다는 것은 교사의 생산성이 낮다는 것을 의미한다. 만약 순수 사립학교라면, 또 교사의 생산성이 낮다면 그렇게 높은 임금은 상상할 수 없을 것이다. 사정이 이런데도 교육부는 학교에 자원을 무한정 쏟아붓고 있다. 이는 경제계산이 되지 않으면 자원배분이 혼란해진다는 점을 잘 보여준다.

학교 수준별·설립주체별 학생수 비율(2014년)

(단위:명)

구 분	초등학교	중학교	고등학교	전문대	4년제 대학
총 계	2,728,509 (100%)	1,718,854 (100%)	1,852,534 (100%)	789,045 (100%)	2,548,830 (100%)
국공립	2,688,332 (98.50%)	1,417,490 (82.50%)	797,690 (43.10%)	15,341 (1.90%)	751,800 (29.50%)
사 립	40,177 (1.50%)	301,364 (17.50%)	1,054,844 (56.90%)	773,704 (98,10%)	1,797,030 (70.50%)

자료:한국교육계발원, 교육통계연보, 2014.

06 공공재에 대한 잘못된 인식

멸종위기 코끼리 사유화했더니 개체 수 되레 늘어…

공기업 재화·서비스 절반 이상이 민간서 공급 가능

"의료 서비스는 당연히 공공재…논의할 가치조차 없다." "의료가 공공재가 아니라는 사람들이 있나…일반적인 국민 정서를 포함해 학술적으로 맞느냐 맞지 않느냐를 떠나 이미 의료 자체를 공공재로 보는 인식이 형성돼 있다." "의료가 공공재인가에 대한 사회적 합의는 무의미한 논의…의료가 공공재이기 때문에 의과대학이라는 제도를 정했고 의료법으로 독점성을 준 것." "의료인에게 면허로써 독점을 허용해주고 있는 것은 공공적인 역할을 하라는 의미…만일 의료가 공공재가 아니라면 의사면허부터 없애야 할 것."

어느 의료전문지에 실린 글과 의대 교수, 변호사들의 발언이다. 우리 사회의 이른바 식자층 혹은 지도층 인사들이 갖고 있는 공공재에 대한 인식이 이 정도다. 이런 발언들에 비하면 "통신서비스는 공공재…생활에 아주 필요하고 국민 대다수가 사용하잖아요"라든가 "중앙정부나 지방자치단체 등 공공기관이 생산하고 공급하니까 공

공재죠"라는 말은 틀렸지만 순진한 면은 있다.

공공재는 '공급의 주체가 누구인가', '대다수 사람이 이용한다', '생활에 필수적이다', '사회적 합의가 그렇다' 등에 따라 규정되는 것이 아니다. 공공재는 재화나 서비스 자체의 성격에 의해 규정된다.

일반적으로 재화나 서비스는 사용재(私用財)와 공공재(公共財)로 구분된다. 그중 공공재는 다음과 같은 두 가지 특성이 있다는 점에서 사용재와 분리된다. 공공재의 첫 번째 특성은 소비에서의 비경합성(非競合性)이다. 소비에서의 비경합성이란 어떤 사람이 한 재화나 서비스를 소비하고 있다고 해서 다른 사람이 이것을 소비할 가능성이 줄어들지는 않는다는 의미다. 다른 말로 표현하면, 하나의 재화나 서비스를 여러 사람이 동시에 소비할 수 있다는 뜻이다.

사과가 한 개 있는데 내가 그것을 먹어버리면 다른 사람은 그것을 먹을 수 없다. 이 경우에는 소비의 경합성이 존재한다. 우리가 일상적으로 접하는 재화나 서비스의 대부분은 소비의 경합성이 존재하는 사용재다. 반면에 국방이나 치안과 같은 서비스는 한 사람이 혜택을 받았다고 해서 다른 사람이 받을 수 있는 혜택이 줄거나 없어지지 않는다. 모든 사람이 동시에 국방이나 치안 서비스를 소비할 수 있다는 의미에서 소비에서의 경합성이 존재하지 않는다고 한다. 소비에서의 비경합성이 나타나면 한 사람의 추가적인 소비자를 만족시키기 위해 추가 비용이 들지 않는다(한계비용이 0이다)는 특징이 있다.

공공재와 사용재의 분류

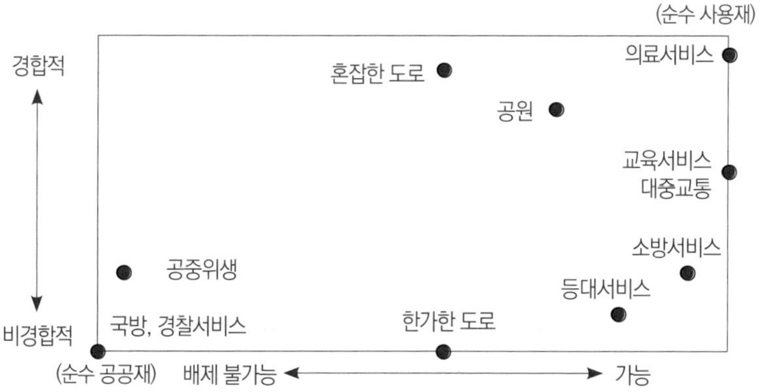

자료:이준구《재정학》

공공재가 갖는 두 번째 특성은 배제불가능성(排除不可能性)이다. 배제불가능성이란 어떤 재화나 서비스에 대해 대가를 지불하지 않은 사람이라고 할지라도 이 재화의 소비로부터 배제할 수 없다는 것을 의미한다. 가게에 맛있게 보이는 사과가 있다고 해서 돈을 내지 않고 마음대로 집어갈 수는 없다. 이렇듯 사용재는 대가를 지불하지 않고서는 그것을 소비할 수 없다. 반면 공공재는 대가를 치르지 않은 사람을 소비로부터 배제할 수 없다. 세금을 내지 않았다는 이유로 국방 서비스의 혜택으로부터 그 사람을 배제할 수 있을까.

이런 기준에 따라 의료 서비스를 살펴보자. 의료 서비스가 비경합적이기 위해서는 한 환자가 의료 서비스를 소비하고 있어도 다른 환자가 동시에 그 서비스를 소비할 수 있어야 한다. 또 추가적인 환자가 의료 서비스를 소비하는 데 드는 한계비용이 제로(0)가 돼야 한다. 이것이 불가능하다는 것은 너무나 분명하다. A라는 환자가 치료받고 있다면 B라는 환자는 동시에 치료받을 수 없다. 또 추가적인 환자를 치료하기 위해서는 의료인은 물론 수술장비나 의료 소모품 등 추가 비용이 들어간다. 즉 한계비용이 0이 아니다. 의료 서비스에는 소비에서의 비경합성이 존재하지 않는다.

의료에는 공공재의 두 번째 특성인 배제불가능성도 존재하지 않는다. 의료 서비스도 법률, 회계, 외식 등과 마찬가지로 이것을 소비하기 위해서는 대가를 지불해야만 한다. 의료 서비스는 다른 서비스와 달리 인간의 생명을 다루기 때문에 특수하다고들 하는데, 그렇게 본다면 생명 유지에 필수불가결한 식량을 파는 쌀가게만큼 특수한 것이 있을까. 쌀조차 공공재가 아니며, 따라서 쌀을 공공기관이 공급하지 않는다. 의료 서비스는 배제가 가능하며, 우리 주변의 대부분 재화나 서비스와 마찬가지로 대가를 지불해야만 소비할 수 있는 사용재다.

많은 사람이 의료 서비스가 순수한 공공재는 아닐지라도 공공재적 성격을 상당히 지닌 서비스로 볼 수 있지 않느냐고 한다. 하지만 경제학 교과서에도 나오듯(그림) 의료 서비스는 공공재라고 하기보다는 오히려 순수 사용재에 가깝다.

의료의 예를 들었지만 공공재가 아님에도 불구하고 현실에서는 공공재로 둔갑하는 일이 빈번하게 일어난다. 교육이 대표적 사례며, 이 밖에 교통과 방송통신 그리고 수(水)자원 등 수많은 공기업이 제공하는 재화와 서비스가 그런 것들이다. 한국에는 현재 300개가 넘는 공기업이 있는데, 이들 중 절반 이상은 사실상 민간기업이 충분히 서비스를 공급할 수 있다고 알려져 있다.

사용재가 공공재로 둔갑하면 일단 그 시장은 정부의 각종 규제로 점철되고, 시장의 기능은 마비되거나 크게 침체된다. 나아가 해당 재화와 서비스를 공기업이 제공하게 되면 비효율과 엄청난 부채로 국민들의 어깨가 무거워진다. 틀린 공공재 개념은 시장을 왜곡하고 위축시키는 한편, 점점 더 큰 정부를 만드는 강력한 원인이 된다. 큰 정부 아래서 기세를 올리는 것은 정부와 정치권 인사들뿐이다.

규제보다 강한 시장의 힘

돼지·닭 멸종 안하는 까닭은

우리에게 자유를 주고 물질적으로 잘 살게 해주는 것이 자본주의 시장경제라고 하는 데는 대부분 의견이 일치한다. 그런데 어떤 문제가 발생하면 사람들은 시장이 아니라 정부를 먼저 찾는 경향이 있다. 시장의 힘이 아니라 정부의 규제가 문제를 더 잘 해결할 수 있다는 믿음 때문이다. 공공재를 명분으로 재화와 서비스의 생산과 공급에 정부의 개입을 촉구하는 것은 물론이고, 자원문제, 환경문제, 동식물 보호 등과 관련해서는 더욱 그런 경향이 강하다. 하지만 많은 역사적 사실은 사람들의 일반적 인식과는 정반대 결과를 보여준다. 그 한 예가 아프리카에서의 코끼리 보호 문제다.

아프리카에서는 무분별한 코끼리 포획으로 코끼리 개체 수가 크게 줄어든 것이 큰 문제로 대두됐다. 코끼리 위턱에 있는 송곳니, 즉 상아가 고급 재료로 비싼 값에 거래되기 때문에 사람들이 너도나도 코끼리 사냥에 나섰던 것이다. 코끼리를 보호하기 위해 아프리카에 있는 두 나라가 대조적인 정책으로 대응, 매우 다른 결과를 얻었다.

먼저 케냐 정부는 코끼리 사냥을 전면 금지하고 코끼리 상아와 가죽의 거래를 불법화했다. 코끼리를 사냥하다 걸리면 사형 등 엄벌로 다스렸다. 정부의 강력한 규제를 통해 코끼리를 보호하고자 한 것이다. 그러나 정부의 강경책을 비웃기라도 하듯 10년간 코끼리 수는 6만5000여마리에서 1만9000여마리로 급감했다.

반면 같은 고민을 하던 짐바브웨 정부는 시장친화적인 방식으로 대응했다. 코끼리를 주민에게 분양하고 사유재산으로 인정한 것이다. 공유 혹은 공공의 재산일 때는 포획을 일삼던 주민들이 코끼리가 사유재산이 되자 소중히 돌보기 시작했다. 여행객에게 코끼리 트레킹을 제공하고, 죽으면 상아와 가죽을 남겨주므로 주민에게 소중한 수입원이 됐기 때문이다. 그 결과 멸종 위기까지 몰렸던 코끼리 수가 11만마리까지 늘어나는 기적 같은 일이 일어났다.

기적 같은 일이라고 했지만, 사실 이것은 사유재산과 시장경제가 빚어낸 당연한 결과다. 이런 사실들에도 불구하고 사유재산과 시장경제에 여전히 의구심을 갖는 사람이라면 다음과 같은 질문을 스스로에게 던져보는 것이 좋을 듯하다. '우리가 매일 잡아먹는 소나 돼지, 닭은 왜 멸종위기종이 아닐까?'

07 시장실패의 우화

공공재·시장실패에 대한 오해가 과잉규제 불러… 정부 개입의 대부분은 정치적 의도에서 비롯

등대와 꿀벌. 전혀 관련이 없는 듯한 이 둘의 공통점은 무엇일까. 경제학에서 '시장의 실패'를 상징하는 소재로 많이 인용된다는 점이 공통적이다. 정부가 왜 시장에 개입해야 하고, 시장을 대신해야 하는지를 주장할 때 등대와 꿀벌이 강력한 설득의 도구로 활용되기도 한다.

시장경제는 애덤 스미스에 의하면 '보이지 않는 손'에 의해 자원이 적재적소에 효율적으로 배분되는 시스템이다. 보이지 않는 손은 시장가격을 의미한다. 가격에는 우리 모두가 의사결정을 하는 데 필요한 정보가 집약돼 있다. 가격이 생각보다 비싸면 사려는 사람은 줄고 만들어 팔려는 사람은 늘어난다. 가격이 생각보다 싸면 수요량은 늘고 공급량은 준다.

정부를 포함한 누군가의 강제와 지시, 인위적 조정 없이도 가격의 신호에 따라 수요량과 공급량, 생산과 소비가 조화를 이루며 자원 배분이 최적화되는 게 시장경제다. 어떤 면에서 시장경제는 노자의 무위자연(無爲自然) 원리에 따라 움직이는 세계로 볼 수도 있다.

그런데 현실에서는 시장의 자원 배분 기능이 제대로 작동하지 않는 경우가 있을 수 있다. 이를 시장실패라 한다. 정부규제를 논할 때면 어김없이 등장하는 개념이다.

문제는 불완전과 비효율을 분간하지 않고 시장실패 개념을 오남용하면서 정부규제를 촉구하거나 선호하는 경향이 아주 크다는 것이다. 시장실패가 있다면 다른 쪽에는 정부실패가 있다. 하지만 후자는 고려하지 않은 채 '시장실패=정부규제'를 당연시하는 사고가 입법부 행정부 심지어 학계에서도 횡행하고 있다.

시장실패 개념의 오남용이 계속되면 정부는 갈수록 팽창하고 시장은 위축된다. 오남용의 발단은 시장실패에 대한 오해에서 시작된다. 시장실패는 겉보기와 달리 이해하기 쉽지 않은 개념이다. 경제학적으로는 어떤 산업에서 공공재, 무임승차, 외부효과, 도덕적 해

이 등의 특성이 존재할 때 시장실패의 개연성이 있다고 본다.

이 중 공공재는 소비에서의 비(非)배제성과 비경합성을 특징으로 하는 재화 또는 서비스를 의미한다. 전문용어를 설명한다면서 또 다른 전문용어를 들이대니, 여간해서는 공공재와 시장실패 개념을 이해하기 쉽지 않다.

부정확한 이해는 오해로 이어진다. 가장 흔한 경우가 공공재를 정부가 생산 소비 공급하는 것으로 잘못 인식하는 경우다. 예를 들면 어느 단체에서 중·고교생에게 올바른 경제교육을 시켜야 한다면서 경제교육서를 발간했다. 그런데 여기에서조차 공공재를 '정부가 사용하기 위해 생산한 재화와 서비스'로 설명하고 있다. 어느 정치학 사전에서는 공공재를 '정부의 재정으로 공급된 재화나 서비스'로 풀이하고 있다.

둘 다 비슷한 내용이고, 명백한 오류다. 정부지출 중에 공공재와 관련이 있는 것은 국방, 치안과 같은 일부분에 국한될 뿐이다. 그 밖의 예산은 대부분 경쟁적인 시장에서 지출되며 시장실패나 공공재와는 무관하다.

정부가 생산, 공급하는 것들을 모두 공공재로 보는 것은 정부의 모든 시장개입을 시장실패 문제의 시정을 위한 행위로 인식하는 것과 같다. 따라서 공공재, 시장실패에 대한 인식 오류는 시장경제에는 치명적인 독소가 된다. 현존하는 규제도 그 내용을 뜯어보면 시장실패와는 무관하게 어떤 사건이나 정치적 계기에서 비롯된 게 대부분이다. 예를 들어 단말기유통구조개선법, 중소기업 적합업종 지정제도는 사업자 간 경쟁을 제한하는 규제 내용을 담고 있다. 경쟁을 제한하고, 그 결과 소비자 복지를 침해하는 규제가 시장실패 시정 목적에서 나왔다고 믿는 이는 없을 것이다.

시장실패에 대한 환상이 널리 확산되는 이면에는 등대, 꿀벌의 우화도 큰 역할을 하고 있다. 등대 이야기는 이렇다. 등대의 불빛은 주변 선박이 야간에도 안전하게 항해하는 데 아주 긴요하다. 그런데 등대 불빛은 주변의 모든 배가 이용할 수 있고 어느 배가 이용했다 해서 다른 배가 이용하는 불빛의 양이 줄지도 않으며, 또 넓은 바다에서 그 불빛을 이용하지 못하게 할 수도 없다. 등대는 소비의 비경합성과 비배제성이 결합된, 말 그대로 공공재인 것이다. 상황이 이러니 배 주인은 받는 혜택에 상응하는 비용을 지급하기보다는 가급적이면 공짜로 이용(무임승차)하려 한다. 이런 문제 때문에 시장에 맡겨두면 등대가 건설·운영될 수 없고, 정부가 세금으로 등대를 세우고 운영해야 한다는 것이 등대 우화의 줄거리다.

등대 우화는 폴 새뮤얼슨의 1970년대 경제학원론에 소개되면서 유명해졌다. 재정학에서는 등대 우화에 빗대 시장실패와 공공재를 설명하는 게 정석이 됐을 정도다.

그러나 등대 우화가 상징하는 만큼 역사적 사실에 부합하는지는 의문이다. 영국의 등대 역사에 관한 논문에서 로널드 코스는 1820년께 영국 등대의 약 4분의 3을 민간이 건설해 운영하고 매매와 상속까지 했다고 밝혔다. 나중에는 트리니트 하우스라는 민간회사가 등대산업 독점권을 취득해 영국 등대의 대부분을 인수해 운영했다.

어찌됐든 영국의 등대 역사는 재산권 설정과 시장거래비용 조건에 따라 다를 수 있지만 민간기업도 얼마든지 공공재를 생산, 공급할 수 있음을 보여준다.

꿀벌 우화도 비슷하다. 꽃 피는 계절, 과수원 옆에 벌통을 설치하면 과수원 경작자와 양봉가 모두에게 이익이 된다. 경작자는 원활한 수분을 통해 과일 생산량을 늘릴 수 있고 양봉가는 벌꿀 채취량을 늘릴 수 있다. 서로에게 도움이 되지만 꿀벌의 수분 활동에 가격을 매겨 거래할 수 없기 때문에 시장실패가 발생한다는 게 꿀벌 우화의 요지다.

이 또한 사실과 다르다. 스티븐 청에 의하면 우화의 내용과 달리 경작자와 양봉가는 서로 계약을 체결, 거래를 하고 있으며 계약방식도 일반 임대차 계약과 다르지 않다고 한다. 흥미로운 것은 어느 때는 경작자가 수분에 대해 보상하고 또 어느 때는 양봉가가 벌꿀 채취의 대가를 지급한다는 사실이다.

시장은 흔히 생각하는 것보다 훨씬 똑똑하고 정교하게 작동한다. 그러니 널리 알려진 우화라고 여기에 빗대 시장실패를 함부로 논할 일이 아니다.

불완전함을 없애야한다는 '니르바나 성향의 함정'…정부규제 범람 초래

정책을 제언하거나 입안하는 과정에서 사람들은 불완전과 비효율을 구분하지 않는 경향이 있다. 세상이 불완전하다는 사실 이 자체만으로 정부규제를 통해 무언가를 해야 한다고 목적의식을 갖는 것이다. 이 때문에 정부실패 가능성이 높은 규제정책이 범람하는데, 해럴드 뎀세츠 교수는 이를 '니르바나 성향의 함정'으로 표현했다. 니르바나는 불교의 열반(涅槃)을 의미한다. 유토피아와 마찬가지로 살아서는 갈 수 없고, 이 땅에 구현할 수도 없는 이상향이다.

니르바나 성향이란 어떤 이상적인 기준이나 규범을 절대적 기준점으로 삼아 현실의 불완전성을 탓하는 한편, 정부가 개입해서 이를 개선해야 한다며 규제를 촉구하는 성향을 일컫는다. 경제 현실 또는 시장기능이 불완전하다는 이유로 정부가 규제를 해야 한다면 세상에 규제에서 자유로운 것은 하나도 없을 것이다. 예를 들어 교과서적인 완전경쟁의 잣대로 보면 세상의 모든 시장은 불완전하기 짝이 없다. 완전경쟁은 처음부터 현실에 존재할 수 없는 이론적 허구, 니르바나기 때문이다.

과잉 규제, 정부실패의 가능성을 줄이려면 먼저 완전성, 니르바나에 대한 강박증부터 떨쳐내야 한다. 세상은 불완전하기 때문에 모든 이에게 새로운 기회와 가능성이 열려 있을 수 있다. 시장경쟁 또한 불완전하기 때문에 지식의 발견과 혁신이 끊이지 않고 도전적인 기업가 정신이 보상을 받을 수 있다. 그리고 불완전이 반드시 비효율을 의미하지 않음도 직시할 필요가 있다. 현실이 불완전하다는 이유로 규제의 칼날을 들이대면 더 나쁜 상태를 초래할 위험이 크다. 소비자를 위한다며 보조금 상한을 규제하는 단말기유통구조개선법이 그런 경우다. 취지와는 정반대로 시행 뒤 소비자 후생이 이전보다 악화됐다며 비판의 대상이 된 까닭도 불완전과 비효율을 구분하지 못했기 때문이다. 이런 일이 재발되지 않으려면 입법부와 행정부의 정책 입안자는 물론, 학계의 정책 제언자들은 니르바나 성향의 함정에 빠지지 않도록 주의해야 할 것이다.

08 환경, 부유할수록 깨끗하다

시장보다 계획경제가 환경을 더 잘 보호한다고?
소득 늘어나면 '깨끗한 자연' 위한 투자 더 늘어

'환경 파괴의 주범은 자본주의.' '지구를 파괴하는 자본주의에 맞서라.' '자본주의에 침묵하는 환경 운동은 틀렸다.'

인터넷 검색창에 '자본주의 환경'이라는 키워드를 쳐보면 자본주의가 환경을 파괴한다는 위와 같은 제목의 글들이 넘친다. 이를 보면 사람들이 자본주의와 환경의 관계를 매우 부정적으로 평가하고 있다는 사실을 어렵지 않게 확인할 수 있다. 한마디로 인간의 욕망과 이익 추구에 기반하고 있는 자본주의는 그 내부에 반(反)환경 DNA가 내장돼 있기 때문에 환경 및 생태계 보호와는 양립할 수 없다고 하는 내용이다. 따라서 이들이 내세우는 대안도 대부분 자본주의에 맞서 싸우고 (생태)사회주의로 가야 한다는 것이다. 자본주의에서의 시장과 가격 메커니즘 대신에 사회주의에서의 계획경제와 통제가 환경을 더 잘 보호할 것이라는 믿음 때문이다.

그런데 이것은 너무나 순진하고도 단순한 생각이라는 것이 역사적으로도 증명됐다. 독일을 보자. 통일 전 서독 사람들은 사회주의 동독이 서독보다 환경보호를 잘하고 있다는 환상을 갖고 있었다. 실상은 전혀 달랐다. 통일이 돼 동독 지역의 환경 관련 실태를 돌아 본 결과는 경악 그 자체였다. 공장 주변 등 눈에 보이는 곳에는 나무가 심어져 있는 등 환경

이 잘 보전돼 있는 것처럼 보였지만, 그 땅 밑에는 엄청난 양의 오염물질이 매장돼 있었던 것이다.

1990년 동독은 서독에 비해 아황산가스를 11.5배나 더 많이 배출했으며, 분진은 8배나 높았을 정도로 대기오염이 심각했다. 산림은 36%가 확실하게 손상됐으며, 이는 서독의 두 배에 이르는 수치였다. 그것만이 아니다. 1989년 기준으로 전체 강(江)의 3%만이 생태학적인 측면에서 보전돼 있었고, 나머지는 황폐화된 상태였다. 토양도 전체 지역의 40% 이상이 생태적인 균형이 깨진 상태였다. 전력의 83%를 황 함량이 높은 갈탄을 사용하는 화력발전으로부터 얻었고, 대기오염 방지장치는 전무했다. 하수처리장은 턱없이 부족했고, 과도한 농약 사용으로 지하수 하천 호수 연안해역 등이 크게 오

염돼 있었다. 40년간의 사회주의 계획경제체제는 환경을 완전히 황폐화시켰고, 이것은 통일 이후 경제성장을 방해하는 요인으로까지 작용했다.

대부분의 사람들이 생각하는 것과는 반대로 자본주의 시장경제가 환경보호에 더 적합한 틀을 제공한다. 우선 자본주의 시장경제에서의 경제성장은 더 좋은 환경을 창출할 수 있도록 지원한다. 부유한 사람들과 부유한 사회는 더 나은 대기와 수질을 요구하고 이에 대해 기꺼이 지급할 의사와 능력을 갖게 된다.

한국만해도 경제성장과 소득수준의 상승과 더불어 환경이 지속적으로 개선되고 있음을 알 수 있다. 서울시의 '공기 중 미세먼지' 추이를 보자. 1980년대 중반 1㎥당 254㎍에 달했던 미세먼지 농도가 1990년에는 131㎍, 10년 후인 2000년부터는 60㎍ 수준, 2010년부터는 50㎍ 수준으로 크게 낮아졌다.

또 경제가 효율적이 되고 기술적으로 진보함에 따라 소비자들에게 더 가치 있는 것들이 더 적은 자원과 더 적은 에너지로 생산될 수 있다. 1974년에는 1파운드의 알루미늄으로 22.7개의 음료수 캔을 만들었지만, 1994년이 되면 그 숫자는 30.13개로 늘어난다. 더 적은 자원으로 더 많은 가치를 얻고자 하는 이윤 동기가 이런 진보를 이룬 것이다.

환경론자들이 걱정하는 것 중 하나는 자원 고갈이다. 앞으로 몇 년 후면 석유가 고갈된다는 주장도 나온다. 진실은 '자원은 고갈되지 않는다'에 가깝다. 낙관적인 경제학자였던 줄리언 사이먼은 "천연자원은 인간의 창의력 덕분에 유한하지 않다"고 말했다. 이런 생각을 갖고 있던 그는 1980년 자원이 고갈된다고 주장하는 일단의 환경주의자들과 흥미로운 내기를 한다. 환경주의자들 말대로 자원이 고갈된다면 앞으로 천연자원 가격이 치솟을 테니 가격의 향방에 대해 내기를 하자고 한 것이다. 사이먼은 자원 고갈이란 없다고 생각하기에 당연히 가격이 오르지 않고 오히려 떨어질 것이라는 쪽에 걸었다.

환경주의자들은 당연히 천연자원의 값이 오르는 쪽에 걸었다. 내기의 대상이 되는 천연자원도 환경주의자들이 마음대로 고르도록 했는데, 그들은 구리 니켈 주석 크롬 텅스텐 등 다섯 가지를 골랐다. 내기 기간은 10년이었는데 결과는 사이먼의 완승이었다. 10년이 지난 1990년 크롬 가격은 5% 떨어졌고, 주석 가격은 74%나 하락했다. 다섯 가지 천연자원 가격은 평균 60% 가까이 떨어졌다. 과학기술의 발전과 효율성, 창의성이 발휘되는 한 천연자원의 고갈이란 없다.

환경문제를 발생시키는 가장 큰 원인은 이른바 '공유지의 비극'

이라고 알려진 공동 소유의 문제다. 자원이 공동으로 소유되면 그 누구도 해당 자원의 가치가 유지되도록 지속 가능한 방식으로 사용하려는 동기를 갖지 않기 때문에 자원을 남획하거나 고갈시키는 문제가 발생한다. 공유지에서 벌채할 때 목재회사들은 다른 회사가 벌채하기 전에 모든 나무를 다 벌채하려는 동기를 갖는다. 반면에 자기 소유의 땅에서 벌채할 때는 벌채한 만큼 다시 나무를 심어 계속 수익이 창출되도록 해 자산가치를 유지하고자 한다.

호랑이, 늑대, 아프리카 코끼리 같은 야생동물은 밀렵하면 극형까지 동원해 보호하지만, 멸종되거나 멸종 위기에 처해 있다는 소식을 종종 듣는다. 하지만 우리가 매일 먹는 소, 돼지, 닭이 멸종 위기에 처해 있다는 이야기는 없다. 가장 많이 소비되는 가축인 닭은 매해 26억마리가 도축되지만, 개체 수가 줄어든다는 걱정의 소리는 들리지 않는다. 소는 전 세계적으로 14억마리가 사육되고 있지만, 소의 사촌인 버펄로는 멸종위기로 관리 대상이다. 동물보호에서도 '공유지의 비극' 문제가 나타나는 것이며, 이 문제는 재산권의 설정으로 어렵지 않게 해결할 수 있다. 사유재산권은 자본주의의 핵심이다.

환경보호와 동물보호도 명령과 통제의 사회주의식 규제보다는 사유재산권을 보장하는 자본주의 시장경제적 해법이 훨씬 더 나은 대안이다.

환경 쿠즈네츠 곡선

‘죽음의 강’서 ‘생명의 강’으로…
울산 태화강이 부활한 까닭

경제성장과 소득격차의 관계는 어떨까. 경제성장은 환경에는 재앙일까 축복일까. 중장기적 관점에서 이를 면밀히 관찰하고 분석한 사람이 사이먼 쿠즈네츠다. 우크라이나에서 태어난 그는 20대 때 미국으로 건너가 컬럼비아대에서 경제학을 공부하고, 하버드대 교수를 하면서 200여편의 논문과 저서를 남기는 등 방대한 연구실적을 쌓았다. 1971년 노벨 경제학상을 수상했다.

역사적인 관점에서 경제현상을 이해하길 좋아했던 쿠즈네츠의 이름을 딴 ‘쿠즈네츠 곡선’이란 것이 경제학 교과서에도 등장한다. 쿠즈네츠 곡선은 경제가 발전함에 따라 소득격차의 정도가 어떻게 변화하는지를 추적한 이론이다.

이에 따르면 경제성장 초기에는 어느 나라에서나 소득격차가 커진다. 그러나 경제성장이 일정기간 지속돼 어느 수준에 이르면 후발그룹들의 따라잡기, 소득재분배 정책 등으로 소득 불평등이 개선된다는 것이다. 이 과정을 그래프로 그리면 ‘역U자형’ 곡선이 나온다.

이 쿠즈네츠 곡선이 갖는 아이디어는 환경 분야에도 적용할 수 있다. 경제성장과 환경오염의 관계도 경제성장과 소득격차의 경우와 마찬가지로 움직인다. 즉, 경제성장 초기에는 환경오염이 심각해지다가 경제발전이 지속되고 일정 수준을 넘어서면서부터 환경이 깨끗해진다는 것이다. 산업화 초기에 사람들은 소득 증가에 주력하게 됨으로써 환경에는 큰 관심을 기울이지 않는다. 그러다가 경제성장을 통해 소득이 일정 수준을 넘어서면 주변 환경에도 관심을 기울이고, 사회에는 자본이 축적되면서 환경 보전과 환경 복원을 위한 투자가 이뤄지기 때문이다. 환경 관련 기술의 발전도 환경 보전에 큰 몫을 차지한다. 이를 그림으로 그려보면 앞서의 쿠즈네츠 곡선과 마찬가지로 역U자형 곡선이 나온다.

선진국일수록 강물이나 공기가 후진국에 비해 더 깨끗하고 환경도 잘 보전되고 있는 것은 주지의 사실이며, 이런 현상은 쿠즈네츠 곡선을 통해 잘 설명될 수 있다. 국내에서도 한때 죽음의 강으로 불렸던 울산 태화강(사진)이 1급수 수질을 되찾고 매년 수영대회를 열 만큼 깨끗해진 것도 그렇게 설명할 수 있다.

제2장

복지국가의 치명적 오류

01 보편적 복지는 틀렸다

"복지확대가 국가의 존재 이유 아니다…

경제윤리 위축과 가족의 파괴 부를 것"

후세의 사가(史家)들이 21세기 초의 대한민국 경제사를 쓴다면 어떻게 서술할까. 복지가 시대정신이 된, 그래서 나라가 기울기 시작한 시기라고 정의할 게 틀림없다. 지난 10여 년간 의료, 연금, 교육, 보육 부문 등에 정치권이 경쟁적으로 복지정책을 쏟아냈기 때문이다.

이제는 정부의 복지 확대가 돌이킬 수 없는 국민정서가 됐다. 어린애를 키워주고 학교에 보내주며 일자리를 만들어주고 병도 치료해주고 늙으면 보살펴주는 등 행복 증진에 적극적으로 개입하는 복지국가야말로 문명의 상징이요 번영의 열쇠라는 미신까지 생겨났다.

극빈자를 위한 국가의 복지정책은 필요하다. 시장은 복지의 최대 산실이지만 빈곤을 완전히 없애주지는 못한다. 아무리 치료해도 아픈 사람이 끊임없이 나오는 것처럼 극빈자도 부단히 생겨나기 때문이다. 빈곤자를 종교단체나 자선단체에만 맡길 수도 없다. 기부문화가 발전하지 않았기 때문이다. 정부정책이 없으면 '송파 세 모녀'처럼 자살하거나 굶어 죽을 사람이 우리 사회에는 많다.

밀턴 프리드먼이 실토했듯이 가난의 실상을 보면 참 가슴 아프고 괴롭다. 1인당 국민소득이 아무리 높아도 굶어 죽거나 자살할 빈자가 많다면 결코 좋은 사회가 아니다. 그래서 극빈층을 보호하는 '선택적 복지'가 복지원칙이 돼야 한다는 걸 직시해야 한다. 이를 구현한 게 '기초생활보장법'이다. 허술하지만 이 제도가 한국 사회의 든든한 버팀목이다.

이마저 없다면 굶어 죽거나 자살하는 사람이 속출할 것이다. 이 제도를 수선해 제대로만 시행한다면 우리 사회는 훨씬 더 밝은 사회가 될 것이다. 그러나 그런 소중한 제도를 제대로 운영하지도 못하면서 혼자 힘으로도 살아갈 수 있는 사람에게, 심지어 중산층이나 그 이상의 소득계층으로 국가의 복지를 확대(보편적 복지)하는 건 참을 수 없다.

안타까운 건 그런 복지 확대를 단순히 돈의 문제로 인식하고 있다는 점이다. '세금과 복지의 연계론'이 대표적이다. 이를 잘 표현한 게 영·미의 '저부담-저복지', 독일의 '중부담-중복지', 스웨덴의 '고부담-고복지' 공식이다. 그러나 정부의 복지 확대는 돈의 문제가 아니다. 돈이 많거나 돈으로 감당할 수 있다고 해서 정부의 복지를 늘려선 안 된다. 복지 확대는 원칙의 문제요 국가철학, 경제윤리의 문제라는 걸 직시해야 한다. 간섭주의를 옹호하는 연계론은 반쯤 틀린 게 아니라 완전히 틀렸다.

정부의 복지 확대는 세 가지 치명적인 문제가 있다. 첫째, 복지 확대는 결코 국가의 존재 이유가 아니다. 둘째, 인격 존중, 독립심, 자기 책임, 기업가 정신, 가족 등 고귀한 경제윤리의 파괴를 부른다. 셋째, 높은 부담은 높은 복지가 아니라 낮은 복지를 부른다는 '복지의 역설'을 초래한다는 점이다.

흥미로운 건 복지국가의 산물인 사회권(社會權·social right)이다. 이는 급식, 보육, 교육 등 원하는 것을 지급해줄 것을 타인(납세자)에게 요구할 수 있는 권리란 개념이다. 한 개인의 행복을 위해 타인을 희생시키는 게 건전한 정부가 할 도리인가.

복지국가는 자신의 권력을 제한하는 장치도 없다. 그래서 시장이 할 일을 제멋대로 빼앗아 '권리의 과잉'을 초래했다. 급식, 건강, 교육 심지어 각종 산업보조금에 이르기까지 이것저것 사회권이 아닌 게 없다. 그래서 사회권의 입법은 법치와도 정면으로 충돌하고 공법이 사법을 괴롭히는 '법의 타락'을 초래한다. 국민을 행복하게 만들겠다는 야심 찬 복지국가는 필연적으로 폭정을 부르고 그 결과는 경제자유의 유린으로 나타난다. 국민행복(복지)은 결코 국가의 존재 이유가 될 수 없다는 칸트의 인식에 귀를 기울일 필요가 있다.

경제자유 많을수록 늘어나는 빈곤층 소득

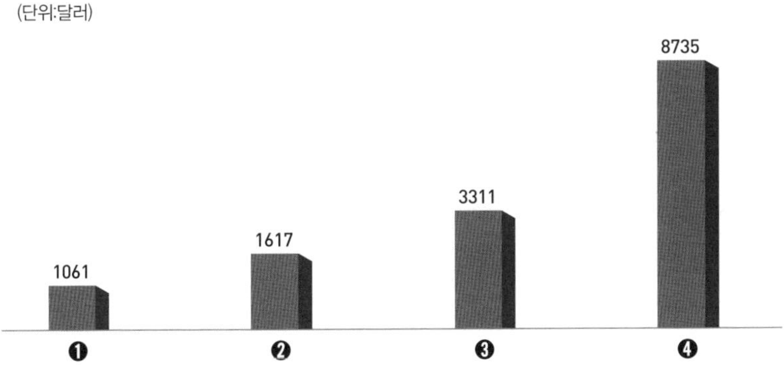

※ 빈곤층 10%의 1인당 소득 (1990~2009)
※ ❶~❹는 가장 높은 자유도 순서

무상 보육·급식, 국가 독점의 연금·의료보험처럼 혼자서도 살아갈 수 있는 사람에게까지 복지를 확대하는 건 도덕적으로도 옳지 않다. 부자도 정부의 복지에 의존하는 걸 선(善)으로 여기는 사회를 정의사회라고 말하는 건 말장난이다. 개인의 삶을 국가가 책임지기에 자신과 가족에 대한 책임윤리가 훼손된다. 독립심을 갉아먹고 복지 의존심만 강화하고 절약, 인내심, 기업가 정신 등 개인과 사회 발전을 위해 필수적인 덕목도 위축시킨다.

복지 확대로 육아, 자녀 교육, 부모 봉양, 노년의 삶에 대한 계획 등 가족이 해결해야 할 과제를 국가가 해결하기에 필연적으로 가족의 파괴가 초래된다. 가족의 존재 이유가 없어지기 때문이다. 사회 구성원들이 한데 뭉쳐 서로 의지하면서 나눠 먹자는 게 복지국가의 도덕이다. 삶의 어려움은 사회가 책임져야 한다는 것이다. 그런 도덕의 원천은 '석기시대의 정신(stone-age mind)'이라는 점을 주목할 필요가 있다. 그런 정신은 원시사회와 같이 소규모 사회에 적합한 본능적 가치다. 이타심은 오늘날에도 가족 친지와 같은 소규모 그룹에서 중요한 역할을 한다.

사회 규모에 따라 도덕도 달라야 한다. 복지국가는 소규모 사회의 도덕을 오늘날과 같이 거대한 사회에 적용하는 체제다. 그런 적용은 '도덕의 횡포'다. 그 결과는 시장경제의 기초가 되는 기업가 정신, 책임정신, 타인의 인격·재산에 대한 존중심, 유대감 등 경제윤리의 손상으로 나타난다. 이는 사회 갈등, 가치 혼란, 무질서를 야기할 뿐이다.

보편적 복지는 윤리의 문제라는 것도 주지할 필요가 있다. 돈이 문제가 아니다. 돈이 많은 정부의 복지 확대가 자기책임, 독립심, 진취성, 절약 등과 같은 열린 사회의 도덕을 파괴한다면 그런 복지는 지속 불가능하다. 그런 문제는 '자원의 저주'라는 말이 잘 설명해준다. 과거 네덜란드처럼 갑자기 나온 석유로 번 돈을 정부가 복지 확대에 이용한 결과 생산활동 대신 의미 없는 소비활동 추구, 노동의욕 감소, 자기책임 상실 등으로 경제가 추락했던 역사적 사실을 간과해선 안 된다. 재정건전성이 복지 확대 여부의 기준이 될 수 없는 이유도 재정이 건전하다고 해서 정부가 복지를 확대하면 필연적으로 도덕적 타락과 이에 따른 경제 성장의 추락이 빚어지기 때문이다.

복지 확대를 위해 세금을 올리면 더 행복해진다는 '고부담-고복지'도 틀린 생각이다. 한편으로는 복지 확대로 복지 수혜자 측에서 생겨날 일할 의욕, 책임감 등 도덕의 손상과 다른 한편으론 조세 부담으로 기업의 투자 위축, 일할 의욕 상실로 인해 성장이 저하되면서 실업과 빈곤층의 증가로 이어지기 때문이다.

재정 낭비도 복지국가의 심각한 문제다. 보편적 복지는 돈을 먹는 하마와 같다. 정부의 방대한 복지예산은 단순히 나눠 먹을 눈먼 돈일 뿐이다. 복지국가는 그래서 '재정사회주의'나 다름없다. 복지예산은 주인 없는 돈이기 때문에 책임지는 사람도 없다. 복지예산의 남용과 낭비를 뜻하는 '공유의 비극'은 그래서 당연한 결과다. 증세를 통한 복지 확대가 결국 복지 수준을 낮춘다는 '복지의 역설'은 복지국가 현실의 정곡을 찌르는 말이다. 선택적 복지의 부담이 낮다고 해서 시민들이 누릴 복지 수준이 낮아지는 게 아니다. 개개인이 시장에 의존해 복지를 증진하려는 강력한 의욕 때문이다.

정부가 할 일은 무의탁 노인, 결손가정, 당장 먹을 게 없는 어려운 가정을 돕는 선택적 복지여야 한다. 사람들이 자신의 복지를 시장의 자생적 힘에 의존하도록 규제를 풀고 정부 지출을 줄이는 일이 복지 증진을 위한 최선의 방책이다.

하이에크 vs 롤스: 누가 옳았나?

프리드리히 하이에크

존 롤스

스코틀랜드 계몽주의 전통의 프리드리히 하이에크(1899~1992)는 '20세기 가장 위대한 자유의 대변자'였고 프랑스 계몽주의 전통의 존 롤스(1921~2002)는 서민층을 대변한 '20세기 가장 탁월한 철학자'였다. 오늘날 일어나고 있는 일들을 보면 롤스가 빚을 얻어 잔치를 벌였고, 하이에크는 그 설거지하고 있다는 인상을 지울 수 없다 .

이 두 석학은 복지증진을 어떻게 생각했나? 복지를 분배정의와 연결시켜 복지국가를 철학적으로 뒷받침한 게 롤스의 사상이었다. 그는 경제적 자유를 도외시했다. 사회의 번영을 위해서라면 사유재산도 절대적인 것이라고 생각지 않았다.

경제를 계획할 인간의 지적능력을 신뢰했던 롤스는 자유시장은 '서민층'에게 아주 불리하기 때문에 정부가 나서서 평등을 위한 분배적 복지로 정부의 복지를 확대할 것을 강력히 주장했다.

인간의 지적능력에 대해 비판적인 하이에크는 경제적 자유를 중시했다. 경제자유 없이는 시민적 자유도 없다고 생각했다 자유시장만이 서민층의 삶이 개선될 수 있다고 믿었다. 그러나 혼자의 힘으로는 생계를 유지할 능력이 없는 사람은 정부가 맡는 선택적 복지의 중요성을 인식하고 있었다.

두 철학자는 세상을 떠났다. 누구의 사상이 서민층의 삶을 더 잘 보호할 수 있는가? 사유재산의 중요성을 인식하지 못한 게 롤스 사상의 치명적인 결함이었다. 사유재산이 허용되는 사회에서만이 경제적 번영은 물론이요 시민적 자유도 번성한다는 것을 보여준 게 하이에크였다.

경제학자 폴 새뮤얼슨처럼 롤스는 사유재산제가 인정되지 않는 사회주의도 번영할 수 있다고 믿었다. 그런 믿음이 틀렸다는 걸 또렷하게 입증하는 게 1989년 베를린 장벽의 붕괴였다. 사회주의 계획경제는 불가능하고 망한다고 주장했던 인물이 하이에크가 아니던가.

분배적 복지확대를 통해서 서민층의 삶을 개선하려고 했던 롤스의 노력이 성공했는가? 주지하다시피 그의 열정을 가장 충실하게 반영했던 게 1970~80년대 유럽의 복지국가였다. 관대한 실업급여 친 노동정책 병가휴가 연금 의료보험 그리고 소세부담 정부지출과 부채의 증가 등, 정부를 통해서 분배적 복지를 향상시키려고 했다.

그러나 실패하고야 말았다 독일 스웨덴 등 유럽사회가 10% 이상의 고실업 2% 내외의 저성장을 기록했다. 빈곤층의 증가가 복지국가의 결과였다. 빈곤자를 빈곤으로부터 탈출시키지도 못했다.

복지국가가 처참한 실패로 끝나자 2000년대에 들어와 친 시장개혁을 본격적으로 시작했다 스웨덴은 복지의 수혜수준·기간을 대폭 줄였다. 연금 의료도 부분적으로 민영화했다. 정부지출 부채를 줄이고 법인세도 대폭 낮추고 부유세는 철폐했다

독일도 실업자의 권리 축소, 실업수당 기간 축소, 각종 산업보조금 폐지 등 개혁을 단행했다. 정부지출을 줄였다. 법인세도 39%에서

30%로 인하했다.

그런 개혁은 성공적이었다. 실업은 1990년대 11%에서 2010년대 5% 내외로 감소했다. 경제도 3% 내외로 성장했다. 이런 성과로 빈곤층도 줄었고 소득은 늘었다.

친 시장개혁은 롤스가 중시한 서민층의 복지는 하이에크가 중시한 경제적 자유를 통해서만이 효과적으로 증진될 수 있다는 것을 입증하는 순간이다.

빈곤층을 위한 최선의 정책은 경제자유의 확대라는 하이에크의 주장이 적중했다. 경제자유가 많은 나라일수록 빈곤층의 소득도 증가한다는 그의 탁월한 인식도 통계적으로도 입증되었다.

복지의 역설

복지를 높이려면 부담도 높아야 한다는 조세와 복지의 '연계론'에서 선택적 복지는 낮은 수준의 복지를 가져오기 때문에 복지증진의 길은 보편적 복지라는 믿음이 생겨났다. 그러나 세금이 높으면 복지도 떨어진다는 '복지의 역설' 때문에 그런 믿음은 틀렸다. 선택적 복지가 답이다. 역사적 사례가 이를 입증한다.

북유럽국가는 의료서비스에서 그 재원의 85% 이상을 조세수입에 의존하는데 반하여 미국의 의존도는 45%정도이다. 그렇다고 미국의 일인당 의료서비스가 유럽보다 낮다고 말할 수 없다. 즉, 미국은

GDP 대비 의료서비스 지출(개인지출과 공공지출의 합)은 14%로, 이것은 유럽국가의 평균 9%보다 높은 수치다. 영국(79.9%)은 독일(75.8%)보다도 조세수입에 더 많이 의존하고 있지만 의료 서비스지출은 GDP 대비 8%미만으로 독일(11%)보다 낮다.

유럽모델의 대표적인 스웨덴에서 일인당 년 간 향유하는 의료서비스 가치는 2,200달러인데 반하여 미국은 일인당 4,800달러로 배 이상이다. 미국인들은 소비의 3분의 2이상을 교육, 의료서비스, 돌봄서비스, 기타 복지서비스에 할애한다. 스웨덴은 겨우 3분의 1이다. 미국인들이 복지소비를 얼마나 중시하는가를 보여주는 수치이다. 결론적으로 말해서, 유럽인들은 복지재원으로 세금을 많이 내지만 세금을 적게 내는 미국인들보다 복지서비스를 적게 향유한다. 따라서 세금을 많이 내면 개인들이 누리는 복지도 그 만큼 많다는 주장은 결코 옳지 않다.

흥미로운 건 스위스의 사례다. 비교적 조세 부담률이 낮으면서도 가난한 사람들의 생활수준이 높은 나라다. 선택적 복지의 정신이 상대적으로 강하게 자리 잡고 있는 까닭이다. 스웨덴의 생활수준이 미국의 가장 가난한 6번째 주에 해당된다는, 그래서 선택적 복지의 소중함을 강조하는 미국의 유명한 케이토연구소의 보고서도 진지하게 귀를 기울여야 한다. 1970년 경제적 위상이 세계 3위이던 덴마크는 정부의 복지확대가 본격화하던 2003년에는 17위로 추락했다. 그러나 같은 기간 조세부담을 줄였던 아일랜드는 22위에서 4위로 급상승했다.

02 스웨덴·덴마크의 '복지국가사회주의' 폐해

교육·의료 '보편적 복지'가 부른 부작용…

스웨덴, 병원 부족해 '의료 배급제' 시행

한때 시중에는 덴마크와 스웨덴의 복지국가 체제를 찬양하는 사람들과 뉴스로 가득했다. 과연 두 나라는 성공한, 그래서 본받아야 할 복지국가인가. 한 마디로, 두 나라의 복지국가 체제는 장기적으로는 지속 가능하지 않다. 복지국가 체제를 유지하는 데 드는 비용과 폐해가 만만치 않기 때문이다. 위대한 경제학자 루트비히 폰 미제스는 간섭주의의 변종인 복지국가는 종국에는 '복지국가사회주의

(welfare state socialism)'로 귀결된다고 역설했다.

두 나라 복지국가 체제의 특징은 '일하지 않는 자 풍요로울 수 없다'는 구호에 잘 나타나 있다. 복지정책은 기본적으로 근로에 따르는 소득에 비례하는 것이다. 그리고 사고, 실업 등의 이유로 소득이 없는 경우를 위해 최소한의 복지를 제공한다.

두 나라 복지국가 체제는 '양성생계부양자모델'에 기초하고 있다. 양성생계부양자모델이란 부부가 모두 일을 해 돈을 벌고, 각자 세금을 내며, 연금을 포함한 각종 복지 수급도 각자가 받는 가족부양 방식을 말한다. 두 나라에서 정상 성인이 대낮에 놀고 있으면 이상한 사람 취급을 받는다. 특히 세금은 소득이 낮은 사람도 예외가 없다. 실업보조금과 같은 각종 복지혜택도 소득의 일종으로 간주해 정부는 세금을 징수한다.

두 나라가 복지국가 체제를 정상적으로 유지하기 위해서는 완전고용이 필수적인 전제조건이다. 그러나 두 나라의 실업률은 1994년에 8.0%까지 치솟았다가 2008년 세계 경제위기 이후 다시 7~8%대가 됐다. 두 나라의 청년실업률은 더 심각하다. 덴마크는 2012년에 14.1%였고, 스웨덴은 2010년에 25.2%였다. 그러나 두 나라의 공식실업률 수치는 실제보다 낮게 측정된 것이다. 보조금 제도를 악용하는 등 실업 통계수치가 조작됐기 때문이다. 하지만 공식 청년실업률만으로도 스웨덴은 유럽에서 최고 수준이다. 최근에는 노르웨이와 같은 이웃 나라에 취업하는 사람도 늘고 있다. 실업률이 이렇게 높은 이유는 크게 세 가지다. 첫째 평등을 위해 완전고용정책을 추구하는 데 완전고용정책은 '동일노동 동일임금' 원칙을 근간으로 한다. 둘째 노동조합 조직률이 매우 높아서 임금이 자유시장에서 결정되는 임금보다 높다. 두 나라의 노조 조직률은 70~80%대다. 셋째 해고가 까다롭다는 것이다.

두 나라 복지국가 체제는 복지 재원을 주로 조세에 의존한다. 그 결과 국민부담률이 매우 높다. 조세부담률을 포함한 국민부담률은 2012년 현재 덴마크 48.0%, 스웨덴 44.3%다. 역사적으로 보면 스웨덴의 국민부담률 인하폭이 큰 편인데 그것이 복지국가 체제의 지속 불가능성을 입증하는 간접적인 증거로 볼 수 있다.

부자의 부담률은 평균보다 훨씬 높다. 특히 덴마크에서는 높은 세금으로 인한 해외 이주가 사회문제가 될 정도이고, 스웨덴에서는 '아바그룹'이 높은 소득세 때문에 해외로 본거지를 옮김으로써 여론의 주목을 받은 적이 있다. 과거에는 없었던 탈세 현상도 목격되고 있다.

스웨덴 정부는 자본의 이동성에 직면해 법인세율을 1970~1980년대 50%가 넘는 수준에서 1991년 30%, 1994년 28%, 2009년 26.3%로 인하해왔다. 그러나 스웨덴의 법인세율은 유럽연합(EU) 평균에 비하면 여전히 높은 편이다.

복지국가 체제가 되면서 다른 나라에서 볼 수 없는 몇 가지 특이한 현상이 나타나고 있다. 먼저 교회, 자선단체, 가족 등과 같은 민간 조직의 자선행위가 완전히 사라졌다는 사실이다. 정부의 복지혜택이 인간의 '측은지심(惻隱之心)'을 말라버리게 한 것으로 볼 수 있다. 가족을 돌보는 일과 같은 것마저도 국가가 담당함으로써 가족 구성원의 유대관계가 느슨해졌다. 스웨덴은 소득수준이 높은 편이지만 자살률도 세계에서 10위 내외로 낮은 것이 아니다.

복지국가 체제는 결혼제도에도 영향을 미치고 있다. 두 나라에는 전통적인 결혼제도와 함께 '동거혼인' 제도가 있다. 동거혼인이란 남녀가 동거를 먼저 시작하고 나중에 혼인신고를 하거나 혼인신고를 하지 않는 경우 등을 말한다. 스웨덴의 경우 동거혼인이 20% 내외이고 그 비율은 증가하고 있는 추세다. 이와 함께 두 나라에서는 이혼율도 매우 높은 편이다. 스웨덴은 1992년 이혼율이 약 60%다. 동거혼인 제도가 발달한 것은 정부가 복지혜택에서 차별하지 않을 뿐 아니라 청년의 한계세율이 매우 높아 임대주택을 혼자 임대한다는 것이 일반적으로 쉽지 않기 때문이다. 물론 여기에는 개인주의, 개방적인 성문화 등이 맞물려 있다.

1870년 시점에 스웨덴은 산업혁명 후발국이었기 때문에 국민소득은 유럽에서 가장 낮았다. 그러나 1870~1950년 스웨덴은 고도의 경제적 번영을 구가했다. 무엇보다도 1860년대부터 1950년까지 펼쳐진 자유주의적 개혁·개방과 재산권 보호 정책 덕분이다. 그러나 1950년부터 1973년까지 지속적으로 시행된 복지정책으로 인해 스웨덴 경제는 활력을 잃고 지속적으로 추락했다. 스웨덴은 1950년 유럽에서 국민소득 1위였지만 1971년 4위, 1988년 7위, 1994년 17위로 추락했다. 특히 제조업 경쟁력 하락은 두드러진다. 최근에는 볼보가 중국계 자본에 매각됐고, 사브가 네덜란드계 자본에 넘어간 사실은 기계 공업의 중심이자 꽃이라고 할 수 있는 자동차 산업, 넓게는 제조업이 스웨덴에서 붕괴하고 있음을 시사한다. 1970년대 이후 덴마크에서는 공공부문에서만 일자리가 창출되고 있다.

보편주의를 채택하고 있는 부문은 교육, 의료 등이다. 교육, 의료 부문은 사회주의다. 모든 시설은 국가 소유이고 교사, 의사, 간호사 등은 모두 지방공무원이다. 의료 시술 비용은 대부분 무료이고 환자가 부담하는 비용은 매우 적다. 교육도 의료와 유사하다. 그러므로 교육에서도 의료와 같은 문제가 발생하고 있다.

스웨덴에서는 의료시설과 의료 인력이 부족하기 때문에 '배급제' 의료를 시행하고 있다. 배급제란 병원마다 환자 수가 할당되고 수술의 경우에도 순서가 정해진다. 대기시간도 매우 길다. 초기 진료 뒤 전문의를 만나기까지 90일 이상이 걸린다. 배급제와 대기시간이 긴 것은 스웨덴에서 의사 임금이 상대적으로 낮아 의료 인력 양성이 어렵기 때문이다. 의사 연봉은 노동자 전체 평균소득의 약 2~3배 수준이다. 그러나 이 금액은 네덜란드와 노르웨이 의사 평균 임금의 절반밖에 되지 않는다. 다른 의료 인력도 상황은 비슷하다. 물론 의료시설도 충분하지 않다.

두 나라가 비록 보편적 복지국가 체제의 근간을 유지하고 있지만 곳곳에서 발생하고 있는 폐해와 그 폐해의 누적으로 최근에는 각 부문과 산업에 자본주의적, 준(準)자본주의적 요소를 도입함으로써 효율성, 다양성, 선택의 자유 등을 보호하고자 하고 있다. 게다가 스웨덴은 복지정책의 매우 중요한 부분인 연금제도에서 보편주의를 포기했다는 사실이다.

덴마크와 스웨덴 복지국가 체제의 문제는 앞에서 설명한 것이 전부가 아니다. 두 나라의 경제에 긍정적으로 영향을 미치는 요소도 언급하지는 않았지만 적지 않다. 분명한 점은 두 나라 복지국가 체제가 복지사회주의로 향하고 있다는 사실이다.

복지 강화로 빈곤 해결이 힘든 이유

인간의 삶과 직결되는 경제 문제는 빈곤, 소득 불평등, 불안전성 등일 것이다. 가장 중요한 문제는 빈곤이다. '백성은 밥을 하늘로 삼는다'는 속담은 빈곤이 가장 절실한 문제임을 시사한다. 빈곤 문제를 해결하는 방법은 크게 두 가지다. 하나는 시장원리이고, 다른 하나는 복지원리다.

덴마크와 스웨덴의 연도별 국민부담률

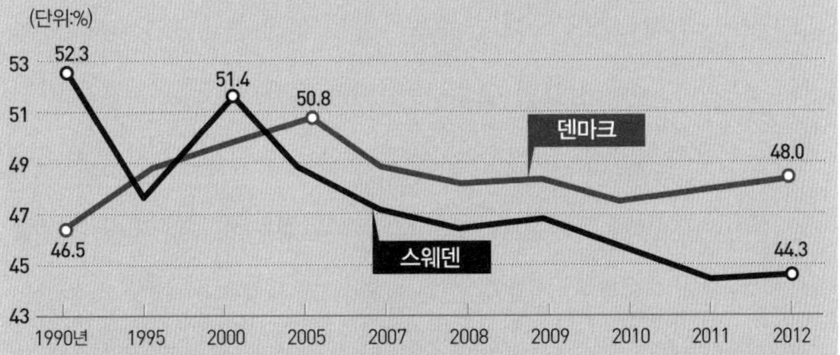

※ 국민부담률=조세부담률+(사회부장기여금/GDP)×100

시장원리란 기업가가 자신의 이익을 위해 저축한 자본을 투자하고 기술 혁신을 위해 노력하는 과정에서 일자리가 창출된다는 원리를 말한다. 노동자는 이때 자신의 힘으로 소득을 벌고 그 소득으로 자신의 자유·생명·재산을 보호할 수 있다. 노동자가 필요로 하는 일자리는 기업가의 '이타적 동기'가 아니라 '이기적 동기'에 의해 창출된다는 것이다.

정부의 간섭이 없다면 이때 일자리는 효율적으로 창출될 뿐만 아니라 바로 그 이유로 가장 많이 창출된다. 그 결과 자신의 이익에 기초한 자발적 교환과 자유시장이 노동자를 포함한 모든 사람의 생활수준을 향상시킨다. 그러므로 교환에 기초한 자본주의적 생산이 빈곤을 퇴치할 수 있는 유일하고도 효과적인 방법이다. 이기적 동기에 의해 행해지는 기업가의 자본 투자와 기술 혁신에 의해 빈곤은 길들여지고 해결된다. 이것이 경제학의 시조라고 일컬어지는 애덤 스미스가 설명하고자 했던 진리다. 그 진리란 우리가 자신을 위해 일할 때 일반적으로 가장 남을 잘 돕게 된다는 것을 말한다.

정부는 일자리를 창출해 빈곤 문제를 해결할 수 있는가. 민간과 달리, 정부는 자원을 창출할 수 없고 언제나 민간으로부터 자원을 이전한다. 정부가 세금을 징수해 일자리를 창출하면 통상적으로 민간에서는 일자리가 그에 비례해 감소한다. 그러나 정부에 의한 일자리 창출은 일자리의 단순한 이전으로 그치지 않는다. 정부는 세금을 징수하는데 비용을 쓸 뿐 아니라, 민간은 세금을 적게 내기 위해 노력하거나 세금이 너무 많으면 노동시간이나 부를 창출하기 위한 노력을 줄이게 된다. 결과적으로 정부에 의한 일자리 순증은 없거나 오히려 감소한다.

여기에서 한 걸음 더 나가보자. 만약 정부가 세금을 징수해 경제 무능력자에게 보조금, 소위 복지혜택을 준다고 가정해보자. 이것이 '강요된 자선'이다. 정부가 민간으로부터 세금을 징수해 복지 지출에 쓴다면 그만큼 일자리는 줄어들기 때문에 빈곤은 악화된다. 이것이 소위 복지원리다. 이 원리가 복지국가 체제가 장기적으로 작동할 수 없음을 증명하는 기초원리다.

복지원리에는 추가적인 문제가 있다. 첫째 정부 보조금은 일반적으로 증가하는 경향이 있고 그런 경향은 사회 전체의 생산과 저축을 줄여 가난한 사람들을 예전보다 더 많이 만들어내게 된다. 복지혜택이 증가할수록 유능한 사람들의 일할 의욕을 꺾고 방해할 뿐 아니라 더 큰 관료조직이 필요하기 때문이다.

둘째 복지혜택은 민간의 자선 욕구를 없애 버릴 수 있다. 국가가 세금 등으로 보조금을 주면 개인들은 더 이상 자선을 해야 할 이유가 없다고 생각하기 때문이다. 북부 유럽의 사례를 보라.

셋째 만약 정부가 자원을 누구로부터 빼앗아 누구에게 줄 것인가를 결정한다면 자원을 빼앗긴 사람들은 '정치적 패자'가 되고 그 자원을 정부로부터 보조받는 사람들은 '정치적 승자'가 된다. 정치적 승자와 정치적 패자는 갈등 관계에 놓이기 쉽다. 복지혜택이 많아질수록 갈등 관계는 점점 더 악화될 수 있다. 넷째 복지혜택으로 정부 관료의 권력 또는 힘은 증가한다. 다섯째 정부 보조금이 제도화되면 보조금 지원을 받는 사람들의 정신이 타락한다. 복지 부정 수급자를 생각해

보라. 이런 타락은 무질서, 범법 등으로 가는 기초 토양을 제공한다. 한 마디로, 빈곤을 진정으로 해결할 수 있는 길은 일자리를 창출하는 것이고, 일자리는 복지원리가 아니라 시장원리에 의해 만들어진다.

'동일노동 동일임금 원칙'의 함정

동일노동 동일임금 원칙은 스웨덴의 '렌-마이드너 모델'에서 규정된 것이다. 산업 간 또는 기업 간 생산성 또는 이윤율의 차이에 상관없이 동일한 일을 하면 동일한 임금을 주는 정책을 말한다. 이 원칙은 의료와 같은 일부 부문을 제외하고 사실상 국가 전역에서 노동조합이 결정한 임금이 효과적으로 영향을 미치도록 하기 위한 것이다.

데마크와 스웨덴의 실업률

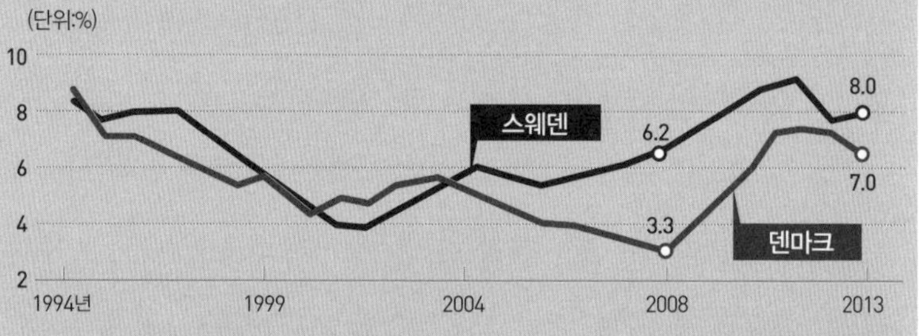

자유시장에서 노동(자본도 동일)은 특정 장소와 특정 시간에 특정한 질의 노동이 수요되고 공급된다. 그러므로 자유시장에서는 동일노동이 존재하지 않고 그 결과 동일임금이라는 개념은 뿌리가 없다.

백번 양보해 동일노동이 존재한다고 가정하자. 그러나 현실에서는 노동시장의 현재 상태에 대한 거래자들의 정보는 불완전하다. 임금 격차를 이용해 이윤을 얻고자 하는 중재거래도 즉각 실현되지 않는다. 이 두 가지 이유로 동일노동의 경우에도 동일임금이 실현될 가능성은 희박하다.

스웨덴과 덴마크에서 시행되고 있는 동일노동 동일임금 원칙은 노동조합이 노동자들의 임금 차이를 억제하기 위한 것이다. 그러나 그런 임금상승 효과는 불필요하게 실업률을 높이게 된다. 자유시장에서 결정되는 임금보다 높은 임금 때문에 다른 문제도 발생한다.

첫째 경영상 어려움을 겪는 기업의 퇴출이 초래된다. 자유시장보다 높은 임금은 정상적인 기업을 한계기업으로 내몬다.

둘째 임금이 인위적으로 높아지면 자본이 높은 임금수준에 맞게 투입되지 않으면 안 된다. 이것은 기업과 경제를 과나하게 자본집약적으로 만든다는 것을 의미한다. 적절한 자본을 소유하지 못한 기업은 시장에서 생존할 수 없다.

셋째 노동조합에 의해 초래되는 영구적 실업 또는 반영구적 실업은 사회통합을 어렵게 한다. 각종 사회보험정책 등이 사회통합에 어느 정도 기여하지만 임금 상승으로 인한 실업을 없애주지는 못한다.

넷째 노동조합에 의한 임금 상승은 산업 내 모든 기업의 비용을 상승시켜 경제 내 모든 기업의 경쟁력을 약화시킨다. 다섯째 임금 상승으로 인한 노동비용 상승은 일자리 자체를 전일제의 정규직에서 비전일제, 비정규직 등으로 바뀌게 만든다. 실제로 주당 30시간 미만을 근무하는 노동자 비중은 2009년 현재 덴마크 18.9%, 스웨덴 14.6%다.

03 반면교사 삼아야 할 복지파탄 그리스

정권유지 위한 무분별한 '복지 확대'…

'빚 폭탄' 키운 그리스, 국가부도 위기

2015년 2월 24일 구제금융이 4개월 연장됨에 따라 그리스는 적어도 2015년 6월 말까지는 국가 부도를 면할 수 있게 됐다. 그리스는 2010년 5월부터 2차에 걸쳐 국제통화기금(IMF), 유럽연합(EU), 유럽중앙은행(ECB) 등으로부터 2400억유로의 구제금융을 받고 있었다. 이 구제금융이 2월 말로 끝나게 됐는데 연장된 것이다. 만일 6월 말 이전에 유로존의 추가 유동성 지원을 받지 못한다면 그리스는 결국 국가 부도를 맞게 될 운명에 처해 있었다.

그리스는 인류 역사상 처음으로 자유를 보장하는 제도를 실현하며 찬란한 문명과 문화를 남긴 위대한 역사를 지닌 국가다. 그런 그리스가 현대에 와서 경제적, 정치적 파탄을 상징하는 국가가 됐다. 그리스는 잘못된 제도를 도입할 경우 국가가 어떻게 실패하는지를 보여주는 교과서적 사례다.

그리스의 비극은 1981년 안드레아스 파판드레우의 사회당

(PASOK)이 집권하면서 시작됐다. 사실 그리스는 1929년부터 1980년까지는 비교적 우량한 국가에 속했다. 이 기간 쿠데타와 독재, 내전 등 여러 가지 우여곡절을 겪으면서도 연평균 경제성장률이 5.2%에 달했으며, 1981년 EU 회원국으로 가입할 당시 국가부채가 국내총생산(GDP)의 28%, 재정적자는 3% 미만이었고, 실업률도 2~3% 수준인 건실한 국가였다. 이런 국가가 파판드레우의 사회당이 집권하면서 곤두박질치기 시작한 것이었다.

그리스 경제성장률 추이

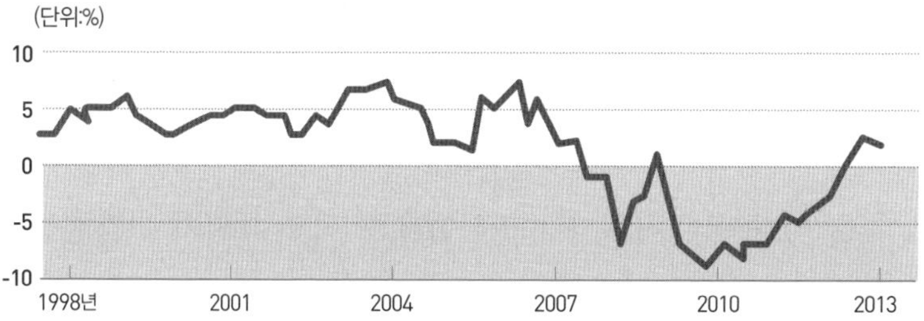

1981년 총리에 취임한 파판드레우는 즉각적으로 연금과 임금을 대폭 인상했고, 의료보험을 확대하며 그리스 포퓰리즘의 토대를 구축했다. 파판드레우 총리는 연금이 많을수록 돈이 많이 돌아 자기가 이끄는 당인 사회당이 더 많은 표를 얻을 수 있다고 생각했다. 그는 사용할 사람도 별로 없는 시골과 오지에 많은 병원과 학교를 세웠다. 이런 복지프로그램은 돈이 많이 들었다. 그는 그 비용을 EC(유럽공동체·EU의 전신)로부터 빌리거나 보조를 받아 충당했다. 그 결과 파판드레우 집권 8년 사이 그리스의 국가 부채 비율은 GDP의 28%에서 80%로 대폭 증가했다. 지금은 175%에 달한다.

파판드레우 총리가 목표로 삼은 것 중 하나가 노동자 지위 향상이었다. 그는 노동자 지위를 향상시키기 위해 노조 편향적 입법을 추진하며 파업권을 보장했다. 그러나 노동자 임금은 급격하게 상승했지만 생산성은 떨어졌다. 노동자들은 경영자에게 적대적이었다. 자본주의적 착취라고 비난하며, 하찮은 이유를 들어 툭하면 파업했다. 특히 외국 기업들에 적대적이었다. 외국 기업들을 '노동자의 피를 빨아먹는' 착취자로 인식했다. 외국인 투자가 고갈됐을 뿐만 아니라 많은 외국 기업들이 그리스를 떠나갔다. 경제가 쇠퇴해 갔다.

사회당은 집권 기간(1981~1989년)에 자신들의 지지자들에게 많은 특혜를 줬다. 그리스 국내 대학에 들어가지 못한 학생들에게 장학금을 줘 해외유학을 보내줬고, 주말 여행비를 대줬으며, 외국에 사는 사람들에게는 투표를 위해 그리스로 오도록 무료 항공권을 제공하기도 했다. 그 일을 하는데 상당히 많은 국가 돈을 갖다 썼다. 국가 돈이 당의 정치자금과 개인계좌로 빼돌려졌다. 부정부패가 만연했고 정치인들은 무감각했으며, 의원들은 부와 특권을 누렸다.

이런 부정부패와 경제 쇠퇴로 인해 1991년 정권이 신민당(New

Democracy)으로 넘어갔다. 그러나 정권을 잡은 신민당도 국가를 개혁하기보다는 포퓰리즘 정책을 남발했다. 복지를 줄이면 다음 선거에서 정권을 내놓게 될지 모른다는 생각 때문이었다. 사회당이 참으로 나쁜 정치적 유산을 남긴 것이다. 신민당은 복지정책을 더욱 확대하는 쪽을 선택했다. 노동조합과 결탁하고 지지자들을 공무원으로 고용하거나 지지한 집단을 위해 경쟁을 제한하는 규제와 법을 제정했다. 1981년부터 2009년까지 양 정당은 경쟁적으로 복지 포퓰리즘, 정치적 후견주의 정책들을 제공했다. 오늘날 그리스의 비극은 양 정당이 경쟁적으로 제공한 이 포퓰리즘 정책들의 결과다.

그리스에서 공공부문은 신(神)의 직장이다. 공공부문 근로자는 퇴직 후 연금액이 퇴직 시 근로소득의 100~110%를 받기도 한다. 연금제도는 일반적으로 민간 근로자보다는 공공부문 근로자에게 유리하게 돼 있다. 그래서 열심히 일하는 민간 부문 근로자와 한가하게 시간을 보내며 지내는 공공 부문 근로자 간에는 보이지 않는 시기와 질투가 존재한다. 쓸데없는 일자리가 많이 만들어지다 보니 예전에는 한 사람이 하던 일을 이제는 2~3명이 한다. 철도를 유지하는 것보다 승객들에게 목적지까지 차라리 택시비를 주는 것이 낫다는 자조적인 말까지 나온다. 이런 비정상적인 경제가 유지될 수는 없다.

사실 그리스 위기는 2001년에 찾아왔다. 그리스는 과감한 구조조정을 하고 경제체질을 개선해 늘어나는 재정지출 문제를 해결하기보다는 유로존 가입으로 해결하려고 했다. 다시 정권을 잡은 사회당은 국가 부채 데이터를 하향 조작해 유로존에 가입했고, 유로존 가입 덕택에 낮은 금리로 국채를 발행하며 재원을 마련해 위기에서 벗어날 수 있었다. 그리스가 낮은 금리로 국채를 발행할 수 있었던 것은 독일과 같은 유로존의 건실한 국가가 그리스와 같은 부실한 국가를 암묵적으로 보증해줬기 때문이었다.

그러나 그리스의 유로존 가입은 문제의 해결책이 아니라 문제를 연장시키며 오히려 악화시킨 독이 됐다. 그리스는 그렇게 마련한 돈을 저축, 투자, 인프라 구축, 제도개혁 등에 지출한 것이 아니라 소비 지출에 썼다. 그 결과 1인당 국민소득이 2008년 3만2000달러, 민간 지출이 EU 평균보다 높은 12%에 달했다. 그 덕분인지 그리스는 인간개발지수와 삶의 질 지수에서 세계 22위를 차지했다. 그러나 이것은 속 빈 강정일 뿐이었다. 2008년 금융위기의 직격탄을 맞아 늘어난 부채를 감당할 수 없게 돼 국가 부도 위기를 맞았고 구제금융을 받게 된 것이었다. 남의 돈으로 '파티'를 즐긴 결과였다.

어떤 조직이나 개인의 재정상태가 어려워지면 지출을 줄이고 고통을 감내하는 노력을 기울여야 한다. 국가도 마찬가지다. 경제가 위축돼 국가재정이 어려워지면 정부와 국민들은 씀씀이를 줄이고 그에 따른 어려움을 극복하려고 노력해야 한다. 2차에 걸쳐 구제금융을 받으면서 그리스는 재정 긴축과 경제 구조조정을 약속했다. 그러나 그리스 국민들은 여기에 불만을 표하고, 그 불만 앞에 정치권은 여전히 우왕좌왕하고 있다.

그리스가 주는 교훈은 경제적 번영은 결코 정부의 차입과 지출에서 나오는 것이 아니며 포퓰리즘 정치는 결국 국가를 쇠퇴시키고 망하게 한다는 것이다. 한번 잘못된 길로 들어서면 돌이키기 힘든 것이 바로 포퓰리즘 정책이다. 우리가 정말 반면교사(反面教師)로 삼아야 할 일이다.

뿌리깊은 정치적 후견주의

공공부문 일자리 늘려 친인척·지지세력 채용

그리스 사회에 뿌리 깊이 자리 잡고 있는 것은 정치적 후견주의다. 정권을 잡은 정당은 지지자들에게 다양한 방법으로 혜택을 줘 왔다.

GDP 대비 그리스부채 비율

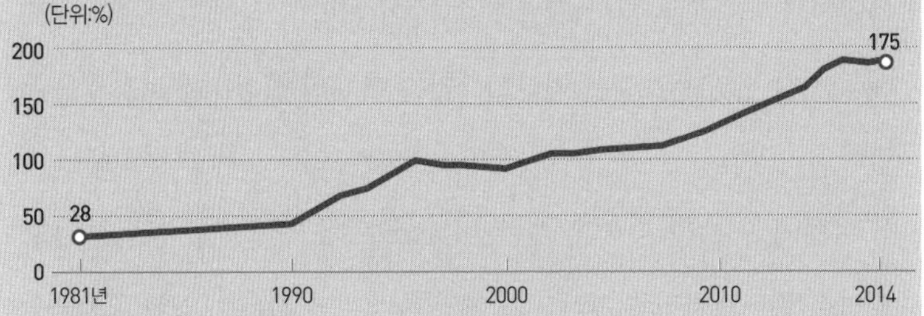

그 첫 번째가 공공 부문의 일자리를 늘리는 것이었다. 정권을 잡은 정치세력은 자신들의 친인척과 지지세력을 위해 공공 부문에 새로운

일자리를 만들어 공무원으로 채용했다. 그 결과 공무원이 약 100만명에 달해 전체 노동인구의 27%를 차지하고 있다. 늘어난 공무원은 필연적으로 관료제를 낳았고, 불필요한 규제가 양산됐다. 법이 얼마나 많고 복잡한지 특정 법을 개정하려 해도 쉽지 않을 정도다. 관련법들을 조사하는 데 수개월이 걸려 그동안 개정으로 손해볼 것으로 생각하는 집단이 개정에 반대하고 투쟁하기 때문이다.

두 번째 방법은 특정 그룹에 이익이 돌아가게 하는 규제를 만들어 주는 것이다. 수도 아테네의 야채시장에 있는 하역노조가 단적인 예다. 이 노조는 100명 정도의 조합원으로 구성돼 있다. 농부들이 야채를 팔기 위해 트럭에 싣고 오면 다른 사람은 하역할 수 없고 이 노조 조합원들만 하역할 수 있도록 돼 있다. 하역비가 법으로 정해져 있음은 물론이다. 그러나 실제로 하역하는 사람들은 이들이 아니고 농민들이 직접 고용한 외국인 노동자들이다. 그렇다고 농민들이 노조원에게 하역비를 주지 않아도 되는 것은 아니다. 농민들은 하역작업을 하지 않는 이 노조 조합원들에게도 하역비를 따로 줘야 한다. 농민들이 하역비를 이중으로 부담하는 것이다. 이 부담이 싫어 노조원이 하역해 주기를 바라며 그들을 기다리다가는 야채의 신선도를 보장받을 수 없다.

이외에도 2011년 미국 케이토(Cato)연구소가 발표한 자료를 보면 그리스에는 정치적 지지자들이 이익을 챙기게 하는 다양한 부과금들이 있다. 예를 들어 선박 여객 요금 중 10%가 부두 노동자들의 연금 재원에 들어가도록 돼 있으며, 군에 납품할 때 받는 돈의 4%는 군인

연금에 할당된다. 또 축구 경기 입장권 가격의 25%는 경찰연금으로 들어가도록 돼 있다. 이런 종류의 부과금이 1000개가 넘을 것으로 추정하고 있다.

이런 정부의 정치적 후견주의로 인해 경제적 이득을 얻기 위한 개인과 집단의 지대추구 행위가 만연했고, 수혜집단은 기득권을 지키기 위해 파업과 농성을 일삼았다. 부패도 만연해 있다. 탈세는 기본이다. 탈세액이 연 2000억~3000억유로에 이른다고 한다. 이는 2009년 재정적자의 3분의 2에 해당하는 금액이다. 그리스에서는 수영장이 딸린 집이 부의 상징이다. 국세청은 탈세 여부를 적발하기 위해 종종 수영장 시설을 확인한다. 2009년 아테네에서 364명만이 집에 수영장이 있다고 신고했는데 위성사진 촬영 결과 1만6974개나 됐다고 한다. 정직하게 신고한 사람은 2%밖에 되지 않은 것이다.

이런 비생산적인 행태로 인해 그리스 경제는 쇠퇴해 갔다. 재정적자가 누적됐으며 국가부채도 천문학적으로 늘어 국가 부도 위기에 직면한 것이다. 경제 성장과 번영은 정부가 아니라 시장으로부터 나온다. 자발적 거래, 저축, 투자, 생산, 기업가 정신으로부터 나오는 것이다. 정부가 할 일은 시장을 보호하는 치안과 법적 제도를 만드는 일이다. 그리스 사태의 해법이 없는 것은 아니다. 지금부터라도 허리띠를 졸라매고 구조 개혁을 하며 시장 친화 정책을 쓴다면 현재의 곤경에서 탈출할 수 있다.

그리스 비극의 시작은

1981년 총리된 안드레아스 파판드레우
"국민 원하는 것 다줘라" 포퓰리즘 남발

안드레아스 파판드레우(1919~1996)는 그리스 최초의 사회당 총리다. 1981~1989년, 1993~1996년 총리를 지냈다.

그는 1919년 정치가 게오르기오스 파판드레우의 아들로 키오스섬에서 출생해 1996년 지병으로 세상을 떴다. 아테네대에서 법학을 공부했고, 1939년 독재자 이오안니스 메타크사스 정권하에서 레지스탕스 활동을 하다가 잠시 투옥되기도 했다. 석방 후 미국으로 건너가 1943년 하버드대에서 경제학 박사학위를 받았다. 1944년에는 미국 시민권을 취득했으며, 미국 해군에서 복무하기도 했다. 이후 미네소타대와 노스웨스턴대에서 교수로 재직했고, 버클리 캘리포니아대에서는 경제학과 학과장까지 지냈다. 그가 쓴 논문은 경제학의 최고 학술지인 아메리칸 이코노믹 리뷰(1949년, 1963년)와 이코노메트리카(1953년)에 실릴 정도로 경제학자로서 제법 평판이 높았다.

그는 1963년 부친이 총리로 선출되자 그리스로 돌아와 부친이 이끄는 중도연합당 후보로 총선에 출마, 국회의원에 당선되면서 정계에 뛰어들었다. 정치활동 중 군부의 쿠데타로 체포돼 8개월간 수감생활을 했다. 석방 후에는 외국을 떠돌며 망명생활을 했다. 1974년 그리스 군사 독재정권이 붕괴되자 귀국해 좌파정당인 범그리스 사회주의운동(PASOK)을 결성했다. 그리고 1981년 선거에서 의석 300석 중

172석을 차지하는 대승을 거두며 총리에 취임했다.

취임 직후 그는 내각에 "국민이 원하는 것은 다 줘라"는 지시를 내렸다. 이것이 그리스 포퓰리즘과 비극의 시작이었다. 정치인들은 단기간에 선거에서 표를 얻을 수 있기 때문에 정부 지출을 늘리고 싶어 한다. 유권자들도 정부의 퍼주기를 좋아한다. 정부가 주는 돈을 수혜라고 생각하기 때문이다. 사람들은 그 돈이 자신의 호주머니가 아닌 정부나 다른 사람들의 호주머니에서 나온다고 생각한다.

정부가 퍼준 돈은 언젠가 국민들이 갚아야 할 돈이다. 케인스는 대공황을 처방하기 위해 정부 지출을 늘리지 않으면 "장기에 우리 모두는 죽는다"고 했다. 그러나 그리스 경우에서 보는 것처럼 정부 지출을 늘리면서 경제를 유지하려고 한다면 오히려 "장기에 우리 모두가 죽는다"는 사실을 직시해야 한다.

04 복지 국가와 로빈 후드 시스템

'복지정부' 역할했던 의적 로빈 후드…

시장 위축·세수기반 약화 '부메랑'

'요람에서 무덤까지'를 표방한 영국의 복지국가 모델은 한때 많은 나라의 부러움의 대상이었다. 1970년대 초만 해도 한국 교과서에 소개됐을 정도였다. 그러나 이런 복지모델은 지속될 수 없다는 사실이 판명나기까지 오래 걸리지 않았다. 재정 적자는 눈덩이처럼 불어나고, 고비용·저효율 구조가 판치면서 영국은 1976년 국제통화기금(IMF)으로부터 구제 금융을 받아야 하는 상황에 몰리게 됐다. 영국의 사회보장제도는 재정 적자만 늘린 게 아니었다. 근로의지, 투자의욕, 기업가 정신을 크게 약화시키는 영국병(British Disease)을 낳고, 종국에는 국민경제를 위기로 내몰았다.

그래도 영국은 때마침 마거릿 대처(1925~2013)라는 구국 결단의 리더십을 갖춘 걸출한 인물이 있었다. 1979년 집권한 대처 총리는 기득권층의 온갖 반발을 무릅쓰고 재정지출 삭감, 공기업 민영화, 규제 완화와 경쟁 촉진 등의 개혁을 통해 영국병 치유에 나섰다. 여기까지는 한번쯤 들어봤음직한 이야기다. 그런데 1979년 대처가 선거에 승리했을 때 언뜻 뜬금없어 보이는, 그러나 복지 국가의 한계를 새삼 생각하게 하는 '로빈 후드 논쟁'이 일었다. 그해 5월 대처가 선거에서 승리한 뒤 한 언론사에서 '영국의 유권자가 로빈 후드를 체포했다'는 내용의 칼럼을 실었기 때문이다.

로빈 후드는 한국의 홍길동처럼 중세 영국에서 전설적인 의적(義賊)으로 알려진 인물이다. 로빈 후드는 그 일당과 함께 셔우드 숲 속에 숨어 있다가 근방을 지나는 귀족과 승려, 상인을 습격하고 재물을 빼앗아 가난한 이웃에게 나눠 줬다. 어떤 면에서는 부자로부터 가난한 자에게 소득을 재분배하는 '복지 정부'의 역할을 한 셈이다. 민주적 다수결의 원칙이 아니라 강압과 약탈에 의존하기는 했지만 소득 재분배라는 원리는 오늘날의 복지 정책과 다르지 않다. 심지어 로빈 후드는 재산의 가치보다 세금이 더 빠르게 증가하는 오늘날의 누진세제와 비슷한 방식으로 통행세를 매겼다고도 한다.

그런데 경제학적 관점에서도 로빈 후드와 그의 사회주의 친구들을 의적이라 할 수 있을까. 로빈 후드는 영국의 복지정부를 상징한다. 로빈 후드의 정의감은 의심의 여지가 없지만 그의 행동은 결과적으로 사회에 더 많은 해악을 끼쳤다는 게 경제학적 평가였다. 영국의 복지정부에 대한 평가도 마찬가지였다. 특히 세율과 조세 수입은 역 U자형 관계에 있다는 래퍼 곡선 이론으로 레이건 행정부의 경제개혁 정책을 뒷받침한 미국의 경제학자 아서 래퍼는 로빈 후드를 아예 악당으로 치부한다.

그 이유는 상인의 입장에서 생각하면 이해가 쉽다. 상인들이 셔우드 숲길로 다닌 까닭은 편리함과 비용 면에서 효과적이었기 때문이다. 그런데 산적이 출몰하면서 그 길은 더 이상 안전하지도, 비용 효과적이지도 않게 됐다. 운이 좋으면 무사통과할 수 있겠지만 로빈 후드가 열심히 일할수록 그 확률은 낮아진다. 그래도 그 길로 가겠다면 상인들은 산적들이 넘보지 못할 만큼 호송병을 많이 고용하거나 아니면 셔우드 숲을 멀리 우회하는 길을 선택해야 했다. 맞서거나 피하거나 어느 경우든 상인의 비용은 크게 증가했다. 그리고 당연하게 비용 상승분은 가격에 반영됐고, 소비자들은 로빈 후드가 없을 때보다 훨씬 비싼 가격을 부담해야 했다.

그렇다면 셔우드 지역 주민으로선 로빈 후드에게 나눠 받은 전리품의 가치와 가격 상승으로 인한 손실 중 어느 것이 더 클까. 초기에는 공짜(?) 전리품의 가치가 더 높을 수도 있다. 그러나 시간이 흐르면서 이야기가 달라진다. 로빈 후드의 활약에 셔우드 숲을 지나는 상인과 물동량은 점차 줄어든다. 약탈 대상 물량과 기회는 갈수록 줄고 그에 따라 나눠 줄 물량도 감소한다. 조세 부담이 높아지면 시장교환과 경제활동이 위축되면서 세수 기반이 약화되는 것과 마찬가지 원리다.

로빈 후드 시스템의 문제는 여기에서 그치지 않는다. 당연한 일이지만 로빈 후드는 약탈에 성공하면 마리안, 리틀 존과 한바탕 자축연을 열었다. 그렇게 자기 집단을 유지하고 내부 결속하는 데 비용을 쓰고 나머지를 나눠 줬다. 100을 거둬 100을 나눠 줘도 전체적으로 득보다 실이 많을 판인데, 소득 재분배 또는 복지 전달과정에서 상당한 누수가 발생한 것이다.

스웨덴 조세지원 받는 사람과 시장 부문에서 일하는 사람의 수

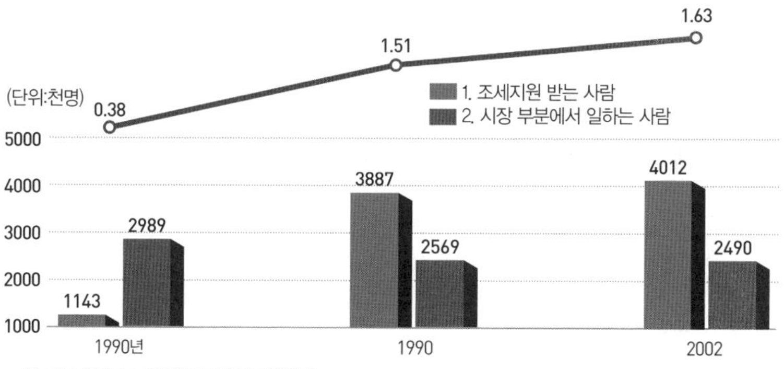

※ 자료:인더스트리얼&코퍼레이트체인지

로빈 후드에 대한 재평가는 복지국가가 직면하는 딜레마의 한 측면을 보여준다. 이 밖에도 복지국가에서 나타나는 문제점은 많다. 예컨대 스웨덴의 경우 '고부담-고복지'의 모범적 성공 사례로 알려

져 있다. 그러나 내부적으로는 높은 조세 부담 때문에 기업가 정신은 급격히 약화되는 반면 복지 수혜를 노리고 일하지 않는 사람은 갈수록 늘어나 골머리를 앓는 중이다. 스웨덴에서 조세 지원을 받는 사람은 1960년 약 110만명에서 2002년에는 약 400만명으로 급증했다. 반면 시장부문에서 일하는 사람은 같은 기간 약 290만명에서 250만명가량으로 감소했다. 복지재원 공급자 대비 수혜자 비율이 1960년 0.38에서 2002년 1.63으로 급증했다. 배보다 배꼽이 1.6배나 더 커진 기형적 구조가 지속 가능할 수는 없다.

복지 정책의 본질은 계층 간 또는 세대 간 소득을 비자발적으로 이전하는 것이다. 비자발적 소득 이전은 부자연스러운 제도며, 로빈후드의 예화에서 보듯이 고비용, 저효율의 문제를 수반한다. 그러나 어느 정도의 복지는 사회 공동체의 안녕과 질서 유지를 위해 필요한 것도 사실이다. 관건은 정치적 단견주의에 쏠려 복지 제도가 지속 가능한 범위를 벗어나 과잉으로 흐르지 않도록 경계해야 한다는 것이다. 1830년께 프랑스의 정치 철학자 토크빌은 다수결 투표 원칙에 기초한 정치 체제에서는 항상 복지 수요가 과잉으로 흐를 가능성을 내포하고 있다며 경계한 바 있다. 토크빌의 경고는 21세기 한국에도 그대로 유효할 것이다.

래퍼 곡선이란

과도한 세율, 세수 감소시켜…
레이건 행정부 감세정책 뒷받침

래퍼 곡선은 미국 경제학자며 지금은 래퍼연구소 소장으로 있는 아서 래퍼가 주창했다. 세율과 세수는 역(逆)U자 관계에 있음을 곡선으로 보여주는 이론이다.

세율을 올리면 세수가 늘 것으로 생각하기 쉽다. 한국에서도 복지 지출에 필요한 재원을 만들려면 세율 인상이 불가피하다는 증세 논리가 퍼져 있다. 그러나 래퍼 곡선은 세율이 지나치게 높으면 오히려 세수가 감소한다는 이론으로, 공급주의 경제학 및 1980년대 레이건 행정부 감세 정책을 뒷받침했다.

래퍼곡선

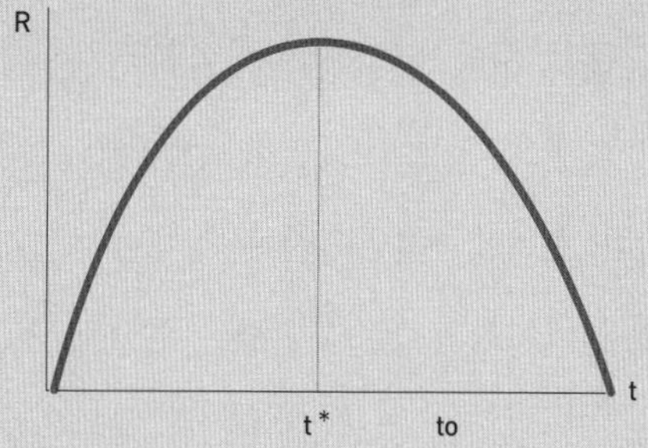

좀 더 자세히는 세율 t와 조세수입 R의 관계를 나타내는 것이 래퍼 곡선(그림)이다. 이 그림은 세율이 낮을수록 노동, 저축, 투자의욕이 높다는 전제를 깔고 있다. 세율이 0%면 사람들의 경제활동 인센티브는 높지만 세금을 내지 않으니 조세수입은 제로(0)다. 여기에서부터 세율을 점점 높이면 어느 수준까지는 세수도 증가한다.

그러나 세율이 일정 수준(t*) 이상으로 넘어서면 사람들은 일하는 만큼 돌아오는 몫이 적다고 판단하면서 경제활동이 위축되고, 세수도 감소하게 된다. 따라서 세율 변화에 대한 사람들의 반응까지 감안해 조세수입을 극대화할 수 있는 최적 세율은 't*'가 된다.

래퍼 곡선에서 어떤 나라의 세율이 t*보다 높은지는 검증의 대상이다. 래퍼는 1980년대 초 미국에서 세율이 적정 수준을 넘어섰다고 하면서 세수를 늘리려면 세율을 인하해야 한다는 역발상 논리를 제시했다. 이 논리는 감세 정책을 통해 미국 경제의 생산성을 향상시키고 잠재적 공급 능력을 증대시키려는 레이건 행정부의 이론적 토대로 활용됐다.

래퍼는 최근 스티븐 무어 헤리티지재단 수석이코노미스트와 공동으로 '미국 주(州)정부의 경제성장 원인'이라는 저서를 출간했다. 이 책에서 래퍼는 미국에서 개인 소득세가 없는 9개 주와 개인 소득세율이 높은 9개 주의 지난 10년간 인구·고용·생산·개인소득 증가율을 비교해보니 예외 없이 소득세가 없는 9개 주가 월등히 높게 나타났다며, 낮은 세율이 경제 활성화의 밑거름이라는 주장을 꾸준히 펼치고 있다.

05 무상복지의 두 얼굴

"복지는 당연히 받아야 하는 권리?

남의 주머니서 나오는 '강요된 자선'일 뿐"

"아이들 밥그릇 뺏는 것은 도정(道政) 아닌 비정(非情)이다."(문재인 새정치민주연합 대표)

"학교에 공부하러 가지 밥 먹으러 가나?"(홍준표 경남지사)

홍준표 경남지사가 보편적 무상급식 대신에 선별적 무상급식으로 전환하고, 재원을 서민 자녀 교육 지원에 활용하겠다고 하면서 무상급식 관련 논쟁이 다시 촉발됐다. 급기야 문재인 새정치민주연합 대표가 홍준표 지사를 만나 설전을 벌였다.

이런 와중에 경기 성남시에서는 '무상 산후조리'를 하겠다고 나섰다. 공공 산후조리원을 설치해 산모 1인당 2주간 산후조리 서비스를 무상으로 제공할 예정이라고 한다. 이 시설을 이용하지 못하고 민간시설이나 가정에서 산후조리를 하는 산모에게는 우선 1인당 50만원의 조리비를 지원하고 2018년에는 100만~150만원 수준으로 현실화할 계획이라고 한다.

이렇듯 '무상급식' '무상의료' '무상교육' 등은 복지와 관련해 현재 한국에서 이미 제공하고 있거나 정부와 정치권이 앞으로 제공하겠다고 공언하고 있는 복지 리스트다. 정치인의 복지 약속을 듣다 보면 한마디로 천국이 따로 없을 지경이다. 이른바 '복지천국'이다.

그런데 최근 북한의 노동신문에 다음과 같은 김정일 교시가 소개됐다. "우리나라처럼 국가가 어린이로부터 아기 어머니, 늙은이에 이르기까지 모든 사람의 건강을 책임지고 돌봐주며 돈 한 푼 받지 않고 무상으로 치료해주는 나라는 세상에 없습니다." 북한은 '무상 산후조리' 정도가 아니라 돈 한 푼 받지 않고 태어나서 죽을 때까지 '무상의료'를 하고 있다는 것이다.

무언가 이상하다. 한국에서는 아직까지도 많은 사람이 '무상의료'를 해야 한다고 목소리를 높이는데, 북한에서는 이미 '무상의료'를 하고 있다니. 우리가 북한을 따라가야 한다는 것인가. 아니면 북한의 '무상의료'와 우리가 지향해야 한다고 하는 '무상의료'는 다르다는 말인가.

복지(福祉)를 한자(漢字)로 보면 '복 복(福)자'에 '복 지(祉)자'가 결합된 것으로 '하늘에서 내리는 행복' 정도의 뜻을 갖는다. 불행한 것은 복지가 말처럼 하늘에서 내려오는 게 아니라는 점에 있다. 복지는 다른 사람의 주머니로부터 나온다.

반값 등록금을 예로 들어보자. 편의상 정부와 정치권이 없다고 생각하자. 즉 세상에는 대학 당국과 학생, 그리고 제3자인 나 이렇게 셋만 존재한다고 가정하자. 대학은 학생에게 등록금 400만원을 가져와야 등록을 받아주겠다고 한다. 하지만, 학생은 그럴 마음이 없다. 그만한 돈이 없을 수도 있다. 이유야 어찌됐든, 학생 자신의 주머니에서는 200만원만 등록금으로 지출하고자 한다. 하지만 이 200만원만 갖고는 등록할 수 없다. 이 학생이 대학에 등록하고 공부하는 방법, 다시 말해 이 학생이 자신의 돈 200만원을 제외한 나머지 200만원의 등록금을 마련할 수 있는 방법은 무엇이 있을까. 기댈 곳은 제3자인 나밖에 없다.

두 가지 방법을 생각할 수 있다. 한 가지는 평화적인 방법으로서, 제3자인 내게 와서 등록금이 부족해 대학을 다니기 어려우므로 도와주면 감사하겠다고 호소하는 방법이다. 이런 때 내가 그 학생의 등록금 절반에 해당하는 돈을 장학금 등으로 내놓는다면, 나는 자선을 베푸는 사람이 되고, 그 학생은 나로부터 은혜를 받아 공부할 수 있는 행운을 얻는다. 이런 자발적인 자선의 경우에는 자선을 베푸는 사람이나 그 혜택을 받는 사람에게나 서로 기쁜 일이고 가슴 벅찬 일이다. 혜택을 받은 학생은 혜택을 준 사람에게 감사의 마음도 가진다.

나머지 방법은 폭력적인 방법이다. 내가 자발적으로 나의 재물을 내놓지 않을 경우, 학생이 등록금을 마련하기 위해서는 내가 사는 집에 몰래 와서 돈을 가져가거나(절도) 나를 흉기로 위협해 강제로 돈을 빼앗아가는(강도) 방법이 그것이다. 절도나 강도는 모두 나의 의사에 반해서 나의 재물을 강탈해 가는 짓으로 범죄행위다.

사회복지 재정 추이

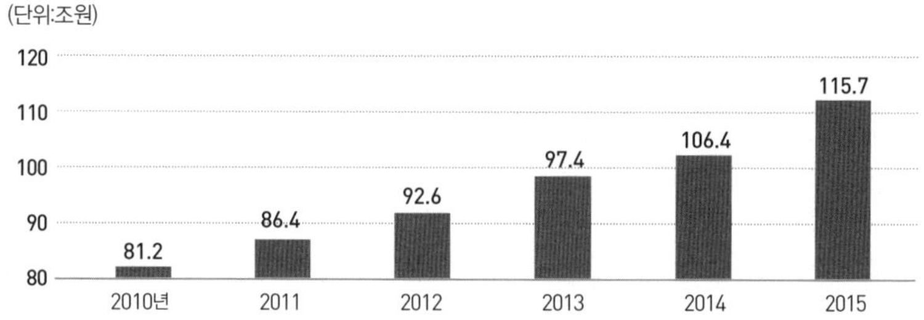

그런데, 이 이야기에 한 명을 추가해 보면 이야기가 조금 달라진다. 합법적으로 폭력을 행사할 수 있는 한 사람을 추가해 보자. 이 사람이 학생을 대신해 내게 와서는 그 학생의 등록금 절반에 해당하는 돈을 내놓으라고 협박한다면, 나는 울며 겨자 먹기로 그 돈을 내놓을 수밖에 없다. 그렇게 해서 합법적으로 빼앗은 돈을 '복지' '반값 등록금'이라는 이름으로 학생에게 전달하는 사람이 바로 정부나 정치권이다. 따라서 복지를 늘리면 늘릴수록 내가 내야 하는 세금은 증가할 수밖에 없다. 이런 정황은 한국의 복지재정 규모를 보면 쉽게 알 수 있다. 2010년 81조2000억원이던 사회복지 재정 규모는 2014년 106조4000억원으로 100조원을 돌파한 뒤 2015년에는 115조7000억원으로 늘어난다. 5년 만에 34조5000억원이나 늘었다.

흥미로운 점은 정부 및 정치권의 등장과 함께 묘한 현상이 벌어진다는 사실이다. 정부와 정치권은 복지 혜택이 국민이 당연히 받아야 하는 권리라고 속삭이고, 이제 사람들은 내게 도와 달라고 호소하지 않는다. 대신 그들은 정부나 정치권으로 달려가 자신의 것을 내놓으라고 당당하게 요구한다. 이렇게 해서 복지는 '강제로 빼앗는 돈'이 아니라 '당연히 받아야 하는 권리'가 돼 버린다. 수많은 이익단체가 자신들에게 복지 혜택의 보따리를 내놓으라며 시위를 벌이는 일이 일상사가 된 것이다.

하지만 본질은 변하지 않는다. 사람들이 받게 되는 복지 혜택은 타인의 주머니로부터 나온다는 점에는 변함이 없다. 그것도 대부분 국가의 공권력을 동원해 세금이라는 명분으로 강제로 가져간 것으로부터 나온다. 복지는 '하늘에서 내리는 행복' 혹은 '당연히 누려야 하는 권리'가 아니라 '강요된 자선'에 불과하다.

빌헬름 뢰프케의 진보론

복지 확대는 시대정신? 스스로 책임져야 진짜 진보

복지가 '시대정신(Zeitgeist)'이라는 사람이 많다. 그래서 그런지, 경제가 성장하고 소득이 증가하는데도 복지는 점점 더 확대되고 있다.

빌헬름 뢰프케

최근 다시 논란이 일고 있는 무상급식을 봐도 그렇다.

1989년 무상급식을 처음 시작할 때는 밥을 굶는 결식아동들에게 밥을 먹이자는 취지였다. 10년 후 김대중 정부인 1999년 무상급식은 '굶는 아동을 위한 복지'에서 '저소득층을 위한 복지'로 확대됐다. 그 결과 1997년 1만2000명에 불과하던 무상급식 수혜 학생 수는 10년 후인 2009년에 무려 70만명을 넘어섰다. 마지막으로 '눈칫밥론'이 등장하면서 무상급식은 전체 학생을 대상으로 시행되고 있다.

이런 식으로 복지를 확대하는 측은 진보진영이고, 반대로 복지를 축소하거나 더 이상 확대하지 않는 측은 보수라고 생각하는 사람이 많다. 그런데 이런 식의 진보와 보수의 구분에 어이없어했던 사람들이 있다. 독일의 자유주의 학자인 빌헬름 뢰프케(1899~1966·사진)도 그중 하나였다.

뢰프케에게 복지란 타인의 주머니로부터 나오는 것이며, 따라서 복지를 확대한다는 것은 다른 사람의 호주머니에서 나오는 돈에 기생하면서 살아가는 사람을 더 많이 만들어낸다는 의미다. 그는 이런 것이 어떻게 진보냐고 하면서 이렇게 묻고 있다. "국가라고 하는 거대한 후견인의 후견을 받는 사람들의 범주를 자꾸만 확대하는 것이 진정한 진보인가. 아니면 더 많은 사람이 자신의 소득을 바탕으로 자유롭고 성숙한 인간으로서 자신의 책임 아래 자신의 삶을 건설하도록 하고, 그에 따라 복지국가를 점차 축소해 나가는 것이 진정한 진보인가."

그가 보는 진정한 진보란 무엇인가. 그는 많은 사람으로 하여금 자기 자신의 힘으로, 자기 자신의 책임 아래 또는 다양한 자발적인 도움을 통해 삶의 위험에 대비하도록 하는 것이야말로 진정한 진보라고 한다. 진정한 진보는 자유롭고 성숙한 인간에 대한 진정한 존중 그 이상도 그 이하도 아니다.

제3장

시장경제와 도덕

01 반시장정서의 뿌리

수렵시대 공동체 생활이 집단주의 성향의 뿌리…

자유·시장·책임정신은 후천적 학습의 결과물

사람의 두뇌에는 경제를 인지하고 다루는 다양한 성향(이론)이 각인돼 있다. 이 중에는 보기 듣기 말하기 능력처럼 본능적으로 갖고 태어나 별도의 학습 없이도 습득한 선호와 믿음이 있다. 예를 들어 생산보다 나눔을, 자유보다 평등을 먼저 생각하는 태도와 경쟁에 대한 혐오, 부자에 대한 의심과 질시 등이 경제에 대한 본능적 지식에 기초한 성향이다. 이런 선천적인 경제지식을 '민속경제학'이라고 한다. 경제학을 배우지 않은 대중이 가진 경제지식이다.

이런 경제지식은 자유 경쟁 재산 인격존중 약속이행 등을 기반으로 하는 현대 자본주의의 태도에 매우 적대적이다. 그래서 인간심성은 본능적으로 친(親)사회주의, 반(反)시장적이라고 할 수 있다. 자유주의 거성 하이에크의 말이다. 자유와 재산권은 태어날 때부터 가진 천부인권이라는 주장은 틀렸다고 보는 이유다. 자유와 시장 관련 도덕·인지적 정서는 셈하기 읽기 쓰기 능력처럼 각별한 시간과 노력을 들인 후천적 학습을 통해서 비로소 습득할 수 있다. 친자유시장 정서·믿음·지식은 후천적 학습을 의미하는 '문화적 진화'의 산물이라는 게 데이비드 흄, 애덤 스미스 등 스코틀랜드 계몽주의의 핵심적 진화사상이다. 만약 인간이 본능적으로 친시장 성향이라면 자유주의는 자동적으로 성공할 수 있고 모방을 통해서 확산될 것이다. 이런 세상에서는 경제활동도 아주 자유로울 것이다.

따라서 왜 인간의 정신구조가 본능적으로 반시장적인가의 문제를 주목해야 한다. 인간의 정신성향은 생물학적 진화사에 뿌리를 두고 있기 때문에 신생 인류의 본능과 심리적 구조가 형성됐던 원초적 환경이 이 문제의 해결을 위한 단초를 제공한다. 이 환경은 두 가지 중요한 특징이 있었다. 첫째, 원시인의 사회관계는 부족 혈연으로 소규모 집단(15~30명)을 이뤄 우두머리의 지휘에 따라 수렵채취를 하면서 살았다. 둘째, 수렵채취자들은 유대감을 갖고 뭉친 사회였다. 생산이란 없었다. 분업, 자본, 기술 변화도 거의 없었다. 자연이 주는 것에만 의존해 살았다. 그래서 한 사람이 더 가지면 다른 사람은 적게 가질 수밖에 없는 '영합게임(zero sum game)' 세계였다.

이런 환경에서 터득한 경제에 대한 태도가 유전자에 각인돼 그 당시와는 전적으로 다른 경제적 환경에서 사는 현대인의 본능에도 뿌리 깊이 자리 잡게 된 것이다. 인간본능이 형성된 석기시대부터 지금까지 약 5만년의 세월이 흘렀지만 다른 성격의 본능으로 교체하는 '생물학적 진화'가 없었던 것이다. 그래서 경제에 대한 본능적 성향은 자유, 사유재산, 시장경제, 일부일처제를 기반으로 하는 열린 확장된 사회에는 맞지 않는다. 우두머리에 대한 수렵채취인의 본능적 의존심은 국가를 가부장으로 여기는 온정적 국가관, 그리고 국가가 개인보다 우위에 있다는 국가주의로 확대됐다. 따라서 원시인과 그 후예인 우리 모두는 본능(자연)적으로 집단주의자다. 사회주의 나치즘 군국주의 파시즘 등 지난 세기에 인류를 파멸로 이끈 갖가지 전체주의도 길들이지 못한 이런 본능의 소산이 아니던가.

건강 노후 보육 교육 일자리 등 개인의 삶을 국가가 책임져야 한다는 복지국가 이념이 오늘날 정치적으로 인기를 끄는 이유도 우두머리의 명령에 따라 나눠먹고 보살피면서 살아가던 원시사회에 대한 본능적 향수 때문이리라.

그러나 사회 규모에 따라 도덕도 달라져야 한다. 소규모 사회의 도덕을 거대한 열린 사회에 적용하는 건 압제와 횡포다. 그 결과는 열린 사회의 기초가 되는 책임정신, 다른 사람의 인격과 재산 존중 등 시장도덕의 손상일 뿐이다.

자연이 주는 것에 의존해야 했던 원시인들은 가진 것의 격차를 용서할 수 없었다. 이윤은 훔치거나 빼앗거나 속인 결과로 이해했다. 노동만이 가치의 유일한 원천이고 그래서 이윤과 이자는 착취의 결과라는 사회주의 논리도 자본 개념이 없던 원시적 사고의 산물이다. 수렵채취사회는 일부다처제였다. 부유한 남자는 다른 사람의 유전적 존립까지도 빼앗았다. 이것이 반부자정서 또는 부의 축적을 악과 연결하는 본능적 성향을 형성하는 계기였다는 게 석기시대 연구자들의 견해다.

오늘날 이런 성향은 무용할 뿐만 아니라 극단적으로 해가 된다. 자유시장에서 부의 획득은 다른 사람에게 편익을 주기 때문에 가능하다. 따라서 시장은 영합게임도 아니다. 일부일처제 사회에 살고 있기 때문에 후손을 갖기 위한 투쟁도 불필요하다. '선한(악한) 의도는 선한(악한) 결과를 가져온다'는, 그래서 행동의 결과보다 동기를 중시하는 성향도 원시적 태도라는 진화론의 인식도 흥미롭다. 서로 얼굴을 마주하는 소규모 사회에서 특정 행동의 동기와 결과는 밀접하게 연관돼 있었다.

그러나 이기적인 개인들이 재화를 생산하고 교환하는데, 여기에는 자신은 물론 다른 사람에게도 이익이 되게 하는 시장의 '보이지 않는 손'의 원리가 작동한다는 데서 볼 수 있듯이 오늘날과 같은 열린 사회에서는 동기보다 결과가 중요하다는 걸 직시해야 한다.

따라서 행동의 도덕적 가치를 행동의 결과보다는 행동의 동기로 판단하는 원시적 정신은 자본주의를 적대시하고 정부를 선호하는 태도를 불러들였다. 시장은 사익 추구의 장이요 정부는 공익을 추구한다고 믿었기 때문이다. 이런 맥락에서 흥미로운 건 의도가 좋으면 결과도 좋다는 의미로 법을 정하는 입법부의 태도다. 이 때문에 입법의 과잉이 초래됐는데 이것도 소규모 사회에서 살던 원시인의 의사결정 방법과 관련한 정서의 부활이라고 할 수 있다.

낯선 사람에 대한 인간의 본능적 적대감은 석기시대에는 매우 유익한 태도였다. 부족 간 전쟁은 수렵채취인에게 일상적인 일이었다. 그래서 낯선 사람에 대한 불신이 진화했고 불신은 쉽게 적대감으로 전환됐다는 게 진화론의 인식이다. 이런 적대감에서 거래를 제한하는 무역규제가 생겨났다. 그러나 보호무역은 국제적 분업의 축소와 번영의 훼손을 초래한다. 이민 제한은 값싼 노동력을 이용할 기회를, 이민자는 삶을 개선할 기회를 박탈당한다.

인간의 본능과 심리가 형성된 석기시대의 특수한 경제·자연환경 탓에 생겨난 게 반자본주의 정서라고 할 수 있다. 그래서 우리 모두는 본능적으로 시장경제에 관한 한 문맹이다. 그런 문맹을 그럴듯하게 포장한 게 간섭주의·사회주의 정책이다.

자유주의 경제교육 필요성

고질적 반(反)자본주의 편향, 시장교육 통해 바꿀 수 있어

반(反)시장 정서는 시장경제를 위태롭게 하고 자유사회의 존속을 방해한다. 그 결과는 치명적이다. 수십억명의 인구를 지속적으로 먹여 살릴 수 없다. 기다리는 건 야만적이고 척박한 원시적 삶이다.

중요한 건 '경제문맹'을 어떻게 치유할 것인가의 문제다. 원인을 알기 때문에 그 치유 방법은 어렵지 않게 찾을 수 있다.

생물학적으로 진화한 반시장적 선호·편향성이 인간 정신에 고착해 있다고 해도 인간은 본능의 완전한 노예는 아니다. 독일 철학자 아놀트 겔렌이 주장하는 것처럼 인간은 본능의 지배로부터 상당히 해방돼 있고 그래서 인간행동은 변화 가능성이 크다. 이런 점이 인간과 동물의 차이라고 볼 수 있다. 우리는 반자본주의 편향을 어느 정도는 막을 수 있다. 시장논리를 의식적으로 가르치고 배우려는 노력을 통해서다. 읽기 쓰기 셈하기처럼 우리에게는 모방능력도 있다.

경제문맹을 이겨낼 강력한 무기는 대중을 위한 자유주의 경제교육이다. 이게 가장 현실적이고 유일한 해결책이다. 이런 경제교육을 중단 없이 영구적으로 펼쳐야 한다. 반시장적 사회주의 오류는 타고난 것이고 그래서 대대손손 유전적으로 전달되기 때문이다.

경제교육을 통한 문맹 퇴치가 쉬운 것은 아니다. 대중은 의학 전자 화공 물리 분야에 대해 잘 모른다. 이 분야 지식은 전적으로 전문가에게 맡긴다. 그러나 경제는 경제학자에게 맡기려 하지 않는다.

확실히 잘못된 경제지식이라고 해도 이를 고집하는 걸 현실에서 어렵지 않게 볼 수 있다. 진화심리학자들이 말하는 것처럼 아직도 현대인의 본능은 현대사회에서 생겨나는 경제문제를 해결하고 적응하는 데 장애가 될 수 있다.

그러나 경제학 지식은 도덕과 지식, 기술, 의료 등 모든 부문의 성공을 위한 기초다. 그런 지식을 최선으로 이용하지 않거나 그 가르침과 경고를 무시하면 경제학은 파멸하고 문명의 발전은 침몰한다는 자유주의 거성 미제스의 말에 귀를 기울일 필요가 있다.

02 자본주의와 돈-자본주의 초기

자본주의는 '개인의 자유'에 최고 가치 부여…

돈을 최우선시한다는 오해, 마르크스에서 비롯

자본주의를 상대로 한 가장 근원적인 오해는 자본주의 자체에 대한 오해다. 많은 사람이 자본주의를 돈에 최고의 가치를 두는 사회, 자본가만을 위하는 사회로 알고 있다. 돈 때문에 어린이를 유괴하고 부모를 살해하는 사건이 발생하는데 이는 자본주의 때문이라는 지식인까지 있다. 심지어 어린이 유괴 사건은 자본주의에서만 발생한다고 주장하며 이런 자본주의를 붕괴시키기 위해서는 '취업도 하지 말고, 기업이 만든 물건도 사지 말라'고까지 선동한다. 그리고 '공동체 사회'를 만들자고 한다. 참 지독한 오해다.

기원전 1800년께 고대 바빌로니아의 함무라비 법전에 소아 유괴는 사형에 처하는 것으로 나와 있다. 그렇다면 그 시기에도 어린이 유괴가 있었다는 얘기다. 고대 중국에서도, 조선시대에도, 자본주의 국가가 아닌 북한에서도 어린이들이 유괴된 사건이 많았다. 그런데도 어린이 유괴가 자본주의 때문이라고 할 수 있을까. 사람들이 어린이를 유괴하고 살인하는 등의 범죄를 저지르는 것은 원초적인 부정적 욕망 때문이다. 그런 욕망은 자본주의가 도입되기 훨씬 이전, 아니 태초부터 존재했다.

많은 지식인이 자본주의를 돈에 최고의 가치를 두는 사회라고 잘못 인식하고 있는 이유는 카를 마르크스 때문이다. 마르크스는 산업혁명 이후 전개된 사회를 '자본주의'라 부르며, 그 사회는 부유한 자본가만을 위한 사회라고 했다. 이후 많은 지식인이 그를 추종해 자본주의는 자본가만을 위한 사회이고 돈에 최고의 가치를 두는 사회라고 되뇐다.

마르크스가 그렇게 생각한 이유는 산업혁명이 전개됐던 자본주의 초기 노동자들의 궁핍한 삶 때문이었다. 그러나 당시 노동자들의 궁핍한 삶은 대부분 그 이전 시대로부터 물려받은 유산이었다. 노동자들은 전 시대에 비해 훨씬 잘살게 됐고 빈부차도 작았다. 그럼에도 불구하고 마르크스는 당시 노동자 삶의 한 단면만 보고 자본주의가 자본가들만을 위하는 체제라고 오해했다.

자본주의는 결코 돈에 최고의 가치를 두는 사회가 아니다. 자본주의는 개인의 자유를 중요시하고 보장하는 사회, 즉 자유주의 이념이 실현되는 사회다. 자유주의는 다른 사람의 자유를 침해하지 않는다면 개인이 자신의 방법대로 자신의 목표를 추구하는 데 자유롭다는 사상이다. 자유주의는 사유재산, 재화 및 사상의 자유로운 교환을 주창한다. 경제적으로는 민간의 경제활동에 대한 정부 개입을 최대한 줄일 것을 제안한다.

이런 사상에 의한 자본주의 체제가 도입된 이후 인류의 삶이 달라졌다. 인류의 생산력이 증가하면서 과거와는 비교할 수 없을 정도로 잘살게 됐다. 번영의 혜택은 특정 그룹에 국한된 것이 아니라 모든 사람에게 돌아갔다. 주기적으로 발생했던 '맬서스의 함정'에서 벗어났고, 유아사망률이 격감했으며 인류의 평균수명이 늘었다. 자본주의를 택한 사회의 사람들은 과거의 왕과 귀족보다 훨씬 더 청결한 환경에서 살고, 능력과 소망을 갖고 있는 사람들은 누구나 자신의 사회적 지위를 향상시킬 수 있게 됐다.

자본주의가 도입되고 사람들의 생활 형편이 나아진 이후에 문화도 꽃피우기 시작했다. 18세기 영국에서 문학이 성행하기 시작한 것은 산업혁명으로 종이값이 하락하고 사람들의 소득이 증가해 도서 구입이 많아졌기 때문이었다. 당시의 문화적 비주류로 가난했던 인상파와 후기 인상파 화가들이 작품 활동을 할 수 있었던 이유도 산업혁명으로 인한 기술의 발달로 각종 물감 붓 크레용 종이류 등 미술 재료의 가격이 하락하고, 작품들을 상업적 유통망을 통해 판매해 부와 명성도 얻을 수 있기 때문이었다.

과거와 달리 오늘날의 예술가들은 왕이나 귀족과 같은 단 한 명의 후원자나 고객에게 의존하지 않고 대중을 상대로 창의적인 활동을 하며 생활한다. 부유한 경제는 다양한 예술과 문학 사조가 공존할 수 있게 했다. 그뿐만 아니라 예술가와 문학가들에게 사회 관습적 가치를 거부할 여지를 줬다. 그래서 역설적으로 자본주의에 반대하는 아방가르드 예술가와 문학가들이 자본주의 때문에 존재한다.

모든 영역에서 더욱 위대한 성취를 이루기 위해 필요한 것은 사람들이 향유할 수 있는 자유다. 누구든지 발명하고, 발견하고, 정신적인 가치를 추구하는 사회가 자본주의다. 자본주의, 사회주의, 공동체주의 등은 사회체제로서 수단이지 목적이 아니다. 그 자체는 인간적이지도 비인간적이지도 않다. 중요한 것은 체제가 드러내는 실제 결과다. 자본주의는 문제가 전혀 없는 완벽한 체제가 아니다. 그러나 다른 그 어떤 체제보다도 개인의 자유를 바탕으로 하는 자본주의에서 더 인간적인 가치가 실현된다.

이런 자본주의를 붕괴시키고 공동체주의로 가자고 하는 것은 개인의 자유가 제한되는 전체주의로 가자는 것과 같다. 돌아오는 것은 피폐해지는 삶이다. 자신의 생각대로 경제활동, 사회활동, 문화활동을 할 수 없게 된다. 체제를 비난할 자유마저 없어질 수 있다. 자본주의를 비난할 것이 아니라 정부의 개입이 커지면서 자본주의에서 멀어져 가는 것을 바로잡아야 한다.

미래 위한 '저축의 열매'…자본축적이 발전 원동력

자본주의를 돈에 최고의 가치를 두는 사회라고 잘못 알고 있는 이유는 '자본'을 돈(화폐)으로 알고 있기 때문이다. 자본은 돈이 아니다. 돈은 재화의 교환을 쉽게 하기 위해 사람들이 인정하는 도구에 불과하다. 사람들은 자신의 욕망을 충족시키기 위해 활동을 하는데 그 활동에 쓰이는 것이 돈, 즉 화폐다.

자본은 이와 달리 자본재의 총 화폐액이다. 자본재는 미래에 더 많은 소비재를 얻기 위해 오늘 소비하지 않고 저축한 재화로서 본원적 생산요소인 토지(광석 석유 산림 등과 같은 자연자원 포함)와 노동을 조합해 생산된다. 자본재에는 건물 기계 시설 등 고정설비 외에 원료 반제품 완제품의 재고가 포함된다. 이런 자본재들의 시장가치를 모두 합한 것이 자본이다.

사람들이 저축을 하는 이유는 '시간선호(時間選好)' 때문이다. 시간선호란 동일한 재화라면 현재 재화를 미래 재화보다 더 선호하는 것을 말한다. 미래에 더 많은 양을 얻을 것으로 기대하면 자원의 일부를 현재의 소비에 사용하고 나머지는 미래를 위해 저축한다. 그래서 어떤 사람이 자신의 자원 일부를 저축하고 여기에 노동과 토지를 조합해 기계와 시설 같은 자본재를 생산한다면 그 사람은 자본가의 기능을 한다.그는 생산된 자본재를 가지고 다른 노동과 토지를 고용해 시간이 걸리는 생산과정을 거쳐 미래에 완성되는 제품을 팔아 소득을 얻는다. 이런 생산과정의 활동은 돈을 매개로 이뤄진다. 그러다 보니 본질은 보지 못하고 드러난 모습만 볼 줄밖에 모르는 사람들의 눈에는 사람들이 돈만 추구하는 것으로 보인다.

그러나 현재의 자원을 제공할 수 있는 자본가가 없다면 경제는 생산성이 높은 자본주의적 생산 양식을 갖출 수 없어 발전할 수 없다. 사회발전의 근원은 사람들이 자신이 생산한 것을 전부 다 소비하지 않고 일부를 저축한, 즉 '자본축적'의 결과이기 때문이다. 자본가를 배제하고 자본축적을 무시하면 결과는 사회후퇴뿐이다.

03 자본주의 사회와 저질 문화

음악·미술 등 고급문화 꽃 피운 자본주의…

포르노 같은 저질문화는 타락한 욕망의 결과

자본주의가 '천박한 물질주의'를 조장한다고 비난하는 사람이 많다. 자본주의가 사람들로 하여금 고차원적이고 고상한 것보다는 감각적이고 쾌락적인 것만을 추구하게 하고, 물질적으로는 풍요롭게 하지만 사람들의 영혼과 정신은 파괴한다는 것이다. 그래서 예술이 쇠퇴하고 허접스럽고 천박한 대중문화가 판을 친다는 것이다.

그것은 정말 오해다. 물론 자본주의 사회에서 저질 출판물이나 영화, 포르노와 같은 천박한 대중문화가 많은 것은 사실이다. 그러나 그런 것들은 자본주의 사회의 한 단면에 불과할 뿐이다. 오히려 자본주의가 도입되고 발전하면서 예술이 더 발달했으며 많은 사람이 고상한 문화를 더욱 즐기게 됐다.

인간의 삶에서 먹고 마시는 것이 전부가 아니다. 그보다 더 중요한 고상한 정신적인 욕구가 있다. 그런 정신적인 욕구도 물질적인 토대가 있어야 쉽게 충족시킬 수 있다. 하루하루 끼니를 걱정하는 생활환경에서는 정신적인 욕구를 충족시키고 문화를 창조해갈 수 없다. 물론 수도승처럼 모든 물질적인 것을 벗어나 완전한 행복을 느끼며 살아가는 사람도 있다. 대부분의 사람은 그런 생활을 하지 못한다. 그래서 물질적인 생활조건을 개선하려고 노력한다.

그렇다고 사람들이 물질적인 면만을 개선하려고 노력하는 것은 아니다. 먹고 마시는 것에 중점을 두는 그런 생활은 그야말로 권태롭고 공허하기 때문이다. 그래서 사람들은 권태로움과 공허함에서 벗어나고자 음악 미술 문학 등의 예술활동을 하며 즐겼다. 이런 과정에서 사회 분업의 결과로 음악가 미술가 문학가라는 새로운 직업이 나타났다. 처음에는 이런 예술 행위로 생계를 유지하는 사람은 없었다. 그저 남다른 재주였고 다른 직업을 가지면서 수양이나 취미로 한 것이었지 직업이 아니었다. 차츰 시간이 지나면서 그런 재주를 직업으로 삼는 사람이 생겨나기 시작했다. 그런 사람들조차 대부분은 자본주의 이전 시대에는 학문과 예술을 좋아하는 왕이나 귀족과 같이 부유한 사람들의 후원으로 생계를 이어갔다.

그러다가 자본주의가 도입되고 인류의 생활 형편이 나아진 이후에 정신적인 문화가 꽃피우기 시작했다. 프랑스의 인상파 화가와 조각가들, 바그너 베를리오즈 비제 브람스 슈만 등과 같은 음악가들, 발자크 모파상 프루스트 위고 예이츠 등의 문학가들이 대거 등장했다. 시간이 지나면서 점점 자유가 많아졌고 예술가들은 그 자유를 만끽했다. 과거와는 달리 오늘날 예술가들은 단 한 명의 후원자나 고객에 의존하지 않고 대중을 상대로 창의적인 활동을 하며 생활할 수 있게 됐다.

더 중요한 사실은 자본주의가 발달하면서 과거 귀족만 누릴 수 있던 고상하지만 값비싼 문화를 더 많은 사람이 즐길 수 있게 됐다는 것이다. 오늘날 세계의 수많은 사람이 비디오, CD, DVD, 컴퓨터 동영상을 통해 엘리자베스 시대보다 셰익스피어의 작품을 더 쉽게 관람할 수 있고, 고전음악 작곡가가 살았던 동시대 사람들보다 더 쉽게 고전음악에 접근할 수 있으며, 더 많은 사람이 바그너의 오페라를 감상할 수 있게 됐다. 또 디지털 기술을 이용한 새로운 예술 형태가 창조돼 누구나 즐길 수 있다.

자본주의가 천박한 물질주의를 조장한다고 비난하는 사람들은 자유로운 경제체제와 그 안의 사람들이 행하는 선택을 혼동하고 있다. 자본주의는 사람들이 상품과 서비스를 자유롭게 교환할 수 있는 경제시스템을 말한다. 이 시스템하에서 자유로운 교환에 의해 개별적인 욕구가 표출된다. 이런 특징을 지닌 자유 시장은 사람들의 욕망에 대해 응답할 뿐이다. 사람들의 욕망이 타락하면 자유 시장은 타락을 공급하고, 우리의 욕망이 고상하게 승화하면 승화된 고상함을 공급한다. 자본주의는 많은 사람에게 수많은 선택을 할 수 있는 수단을 제공한다. 그러나 일반대중이 언제나 고상한 선택을 하는 것은 아니다. 타락한 기업들이 저질 출판물이나 영화, 포르노로 소비자를 유혹할 수 있고 또 이에 대한 욕망을 가진 사람들은 그것을 구입할 수 있다. 그런 선택을 자본주의 탓이라고 하는 것은 엉뚱한 곳에 대고 비난하는 꼴이다.

그뿐만 아니라 천박한 문화에 대해서 자본주의를 탓하는 것은 결국에는 사람들에게 주어진 자유를 탓하는 것과 다를 게 없다. 그렇다면 천박한 물질주의에서 벗어나 고상한 문화를 이루는 길은 국가가 나서서 사람들에게 주어진 자유를 제한하는 것이다. 그러나 국가가 국민의 자유를 통제했을 때 사람들이 더 고차원적이고 고상한 선택을 한다는 증거는 어디에도 없다. 사회주의와 국가주의 나라에서 오히려 낙태와 알코올 중독이 더 만연했고, 가족의 붕괴가 더 많았던 사실이 이를 말해 준다.

인간사회는 불완전하다. 그것이 자본주의 사회든, 사회주의 사회든, 국가주의 사회든 모두 그렇다. 인간 자체가 불완전하기 때문이다. 또 선한 사람, 악한 사람 등 인간의 종류도 다양하다. 그래서 자본주의 사회에서 나쁜 결과가 나오기도 한다. 천박한 물질주의 문화가 형성되기도 한다. 그러나 '천박함'은 자본주의만의 문제는 아니다. 어느 사회나 존재한다.

그리고 사회주의나 국가주의와 같은 사회에서 더 물질주의를 추구한다. 그것은 경제목표와 경제계획을 성취하는 데 총력을 기울였던 데서 알 수 있다. 오히려 그런 사회에서 비물질적이고 정신적인 것들이 더 많이 파괴됐다. 누구든지 발명하고, 누구든지 발견하고, 누구든지 자기가 하고 싶은 것을 할 수 있는 자유가 보장된 자본주의 사회에서 비물질적이고 정신적인 문화가 훨씬 더 발달했다.

예술은 퇴락하고 있다?

고급-대중문화의 공존…자본주의의 다양성 반영
저질 가려낼 교육은 필요

문학과 예술의 진가를 재는 척도는 있을 수 없다. 그 판단은 매우 주관적이기 때문이다. 어떤 사람은 다른 사람들이 경멸하는 것을 찬양한다. 단테의 '신곡'과 같은 작품에 감동하는 사람도 있지만 그것에 관심조차 두지 않는 사람도 있다. 클래식 음악과 오페라에 심취하는 사람도 있지만 그것에는 무관심하고 록이나 힙합에 열광하는 젊은이들도 있다.

이런 다양성 때문에 문학과 예술의 형태가 다양해졌다. 클래식 음악만이 아니라 블루스 재즈 팝 록 펑크 샹송 등 다양한 대중음악이 나타났고, 문학에서도 소설이나 희곡뿐만 아니라 수필 미스터리 전기 만화 등 다양한 장르가 나왔다.

비평가들이 말하는 '고급문화'와 대중적인 이른바 '천박한 문화'는 우리 문화의 다양성과 고도화를 반영하는 것이다. 예술의 쇠퇴가 아니다. 현대에서 어떤 예술가는 틈새 고객을 대상으로 작업할 수 있다. 그러므로 오늘날 소위 천박한 문화라고 하는 것은 실제로는 우리가 즐기는 다양한 예술적 풍요로움의 현상이다.

물론 현대 건축물이나 가구들은 프랑스 베르사유궁전이나 영국 버킹엄궁전과 같은 건축물과 그 안의 가구들에 비해 웅장함과 탁월함이 뒤떨어지는 것이 사실이다. 그 이유는 왕조가 사라지면서 궁전 건축에 대한 열망도 사라졌으며, 과거 왕들만큼의 부를 쌓은 자본가가 없어 이처럼 호화로운 건축물을 지을 수 없기 때문이다. 사정이 이러하므로 과거 왕이나 귀족이 누렸을 가구나 예술 건축물을 현대의 가구와 건축물과 비교해 예술의 쇠퇴를 언급하는 것이라면 그것은 정말로 무의미하다.

자본주의의 문화에 대한 비판은 자본주의에 대한 오해에서 나온다. 자본주의에서 나타나는 저질 출판물이나 영화, 포르노와 같은 허접스러운 쓰레기 문화는 자본주의 자체에 있는 것이 아니라 그 안에 사는 사람들에게 있다. 그러므로 자본주의를 탓하기보다는 그 드러난 행태가 인간의 감춰진 모습이라는 것을 인식하고, 교육이나 캠페인을 통해 그런 것들이 덜 일어나도록 하는 것이 바람직하다.

04 투기자의 역할과 부정적 시선

투기는 남의 기회 빼앗아 부당이익 챙기는 도박?
가격 급등락 완화시켜 시장안정 돕는 경제행위

많은 경우 사람들은 투기자를 부정적으로 생각한다. 금융위기가 발생하거나 어떤 특정 재화 가격이 폭등할 때마다 '투기꾼'에 대한 비난이 쏟아진다. 투기꾼 때문에 금융위기가 발생하고 재화 가격이 폭등했다는 기사가 등장한다. 정치권에서는 정책의 실패나 정치 개입 결과를 투기꾼 탓으로 몰아가기도 한다. 투기꾼으로 인해 다른 많은 사람이 고통을 겪기 때문에 투기꾼을 철저히 조사해 단호히 응징해야 한다고까지 단정한다.

그러나 이런 비난은 투기자에 대한 이해 부족의 소치다. 사실 투기자는 경제에서 가치 있는 일을 한다. 투기는 시장가격 차이를 이용해 이윤을 얻으려는 행위다. 투기로 이윤을 얻는 것은 미래의 시장가격 변화에 대한 예측에 달려 있다. 시장가격을 잘 예측하면 이윤을 얻고 그렇지 못하면 손실을 본다. 위험이 제로(0)인 완벽하게 안전한 투자 같은 것은 있을 수 없다.

예를 들어 소금 가격 변화를 이용해 이윤을 얻으려는 전문 투기자를 보자. 그는 기후조건이나 시장상황 변화 등에 대해 다른 어느 소비자보다 더 주의를 기울일 것이다. 일반 소비자의 생활에서 소금은 아주 사소한 부분을 차지하지만 그에게는 자신의 생활이 달려 있기 때문이다. 소금 가격이 1㎏당 500원일 때 투기자가 미래에 소금 공급 부족이 있으리라고 판단한다면 그는 소금을 사기 시작할 것이다. 그의 투기적 수요로 인해 소금가격이 상승한다. 예를 들어 1000원으로 오른다고 하자. 그러다가 시간이 흘러 투기자가 예상한 대로 실제로 소금 공급이 감소한 때 더 높은 가격, 예를 들어 2000원에 사뒀던 소금을 내다 팔아 막대한 이윤을 얻는다.

이것이 투기자가 비난받는 이유다. 쌀 때 사서 비싸게 팔아 이윤을 많이 챙겼다는 것이다. 그러나 여기서 투기자가 이윤을 얻을 수 있었던 것은 그의 예측대로 시장상황이 변했기 때문이다. 만약 예측이 빗나갔다면 그는 커다란 손실을 보는 것은 물론이다. 이 경우도 투기자는 다른 사람에게 피해를 준 것이 아니라 오히려 도움을 준다.

만약 이런 투기자가 없다면 예상치 못한 갑작스러운 공급 감소로 소금 가격은 2000원보다 더 높은 가격(예를 들어 3000원)으로 상승했을 것이다. 이것은 소비자에게 더 좋지 않은 상황임은 물론이다. 그러나 투기자가 사뒀던 소금을 시장에 내다 판매함으로써 3000원이 될 소금 가격이 2000원이 된다. 투기자는 소비자가 미래의 높은 가치를 모르고 있을 때 사 뒀던 소금을 시장에 내놓으면서 공급 감소를 완화해 보이지 않게 소비자에게 도움을 준 것이다.

어떤 의미에서 투기자는 미래의 재화 부족을 예견하는 선각자다. 앞으로 닥칠 재화의 부족을 아무도 예측하지 못할 때 미래를 위해 많은 양을 확보해 저장하고, 재화 부족이 확실해질 때 비축해 놓았던 재화를 시장에 내놓으면서 공급 부족을 줄여준다. 그리해 수요와 공급 간의 격차를 줄이고 가격의 극단적인 등락을 완화시킨다. 다시 말하면 극단적으로 낮아질 가격을 올려주기도 하고, 높아질 가격을 내려주는 역할을 하는 것이다. 투기자는 이런 역할을 통해 자신의 이익을 추구하면서 다른 사람에게 도움을 주는 일을 하는 것이다.

이뿐만 아니라 투기자는 다른 사람의 위험을 떠맡는 일도 한다. 마늘 농사를 짓는 농부를 생각해보자. 농부는 9월에 파종을 한다. 파종 시 마늘 가격이 한 접에 5만원이었지만, 수확할 시점인 이듬해 6월 중에는 시장 상황에 따라 변할 것이다. 수확기에 인도할 수 있는 마늘에 대해 한 접에 6만원에 한 투기자와 계약을 했다고 하자.

그런데 수확기인 이듬해 마늘가격이 8만원이 됐다면 그 투기자는 막대한 이윤을 얻는다. 이 경우 농부에게 돌아갈 이윤을 투기자가 가로챘다고 비난하는 경우가 많다.

그러나 만약 마늘 가격이 3만원이 됐다면 어떻게 될까. 커다란 손해를 보는 쪽은 투기자이고 이익을 보는 쪽은 농부다. 이 투기자와의 거래로 인해 농부는 커다란 손실을 피할 수 있었기 때문이다. 이런 경우 투기자의 개입 덕분에 생긴 농부의 이익, 혹은 투기자의 손실에 대해 일반적으로 어떻게 평가하고 있나. 대개 투기자의 손실에 대해서는 언급조차 하지 않는다.

투기자와의 계약으로 인해 농부가 져야 할 가격 변동 위험을 투기자가 지게 된다. 농부는 미래 가격에 노심초사할 필요 없이 편안한 잠을 자며 농사에 전념할 수 있다. 미래 가격 변화 부담을 투기자가 지기 때문이다. 달리 표현하면 투기자는 다른 사람 위험을 부담하는 보험가의 역할을 하는 것이다. 이것은 또 농부는 마늘 농사에, 투기자는 위험 부담에 각각 특화해 농부와 투기자 간 분업하며 서로 협동하는 것이라고 볼 수 있다.

미래를 예측해 행동하는 투기를 부정적으로 보는 이유는 투기를 도박과 같은 것으로 잘못 알고 있기 때문이다. 투기는 도박과는 전혀 다르다. 도박은 존재하지 않는 위험을 인위적으로 만들어 낸 게임인 반면, 투기는 경제에 내재된 위험에 대처하는 방식이다. 그런 까닭에 투기자를 다른 사람을 희생시켜 돈을 버는 철면피 같은 사람, 혹은 행운이나 도박 또는 내부농간에 의해 돈을 버는 사람이라고 비난하는 것은 잘못이다.

물론 어느 직업에서나 거짓말을 하고 사기를 치는 사람이 있듯이 나쁜 투기자가 있다. 그러나 그렇지 않은 일반 투기자는 일반 경제 주체처럼 자신의 이윤을 얻기 위해 행동하지만 결국 다른 사람들을 이롭게 하는 역할을 한다. 이들은 경제에서 가격변화 폭을 줄이고, 다른 사람 위험을 떠맡는 중요한 역할을 한다.

그리스 국채가격 폭락

투매 탓 비난받은 투기자 '디폴트 경보기'였을 뿐

투기가 발생하는 것은 인간세계에 내재된 불확실성 때문이다. 이런 점에서 불확실한 세계에 사는 인간들이 하는 모든 행위는 투기행위라 할 수 있다.

기업의 새로운 투자, 영화 제작, 탤런트와 가수의 노력, 미술가의 작품, 작가의 저작 등 모두 투기 행위다. 심지어 학생 전공에 대한 선택과 직업 선택 또한 투기 행위라 할 수 있다. 그들이 선택하고 만든 것들이 폭발적인 인기를 얻으면 그들은 많은 소득을 얻는다. 그러나 인기를 얻지 못하면 완전히 손해를 보고 빈털터리가 될 수도 있다.

자본시장에서 투기자가 이윤을 얻기 위해서는 미래의 사건에 대해 잘 예측해야 한다. 잘못 예측하면 커다란 손해를 입는다. 예를 들어 아무런 유동성이나 지급불능 문제를 갖고 있지 않는 국가가 디폴트(채무불이행)할 것이라고 믿어 그 국가 채권을 투매한다면 투기자는 커다란 손해를 본다. 이런 이윤동기 때문에 투기자는 가능한 한 많은 정보를 획득하려고 노력한다.

이렇게 획득된 정보로 형성된 미래에 대한 예측에 근거해 투기자는 구매와 판매 의사를 표시하고 거래한다. 투기자의 구매와 판매에 대한 의사표시로 인해 자본시장에서 정보가 다른 사람에게 알려지게 되고 거래가 활성화된다. 요컨대 투기자는 자본시장에서 정보를 생산하고 생산된 정보를 전파하는 역할을 한다.

사정이 이런데도 불구하고 최근 그리스의 재정위기로 인해 국채 가격이 폭락했을 때 많은 정치인은 투기꾼을 비난했다. 그러나 그리스 국채 가격이 폭락한 원인은 재정정책 때문이지 투기자 때문은 아니다. 국채 가격의 폭락은 그 나라 정치인이 수년에 걸쳐 만들어낸 방만한 재정지출이 반영된 것이다. 투기자는 그 나라 정부가 파놓은 커다란 구멍을 발견하고 그 나라 국채를 투매하면서 그 발견된 지식을 다른 시장 참가자에게 전달했다. 투기자는 화재를 경고하는 연기감지기와 같다. 그리스의 국채 가격이 폭락한 것을 투기자 탓으로 돌리는 것은 화재 원인을 화재경보기 탓으로 돌리는 것과 같다.

05 책임원칙, 자유시장의 핵심가치

자유로운 경제활동의 성공·실패는 개인 책임…

'사회 탓' 좌파 주장은 두뇌과학을 오독(誤讀)한 것

자유시장의 도덕적 핵심가치는 책임원칙이다. 개인이 행동을 통해 자신 또는 타인의 재산, 자유, 인격 등에 끼친 피해나 손해에 대해 책임을 져야 한다는 것이다. 책임이 따르지 않는 자유는 의미가 없고 자유 없는 책임도 있을 수 없다. 자유와 책임은 서로를 보완하는 가치다. 자유롭고 책임감이 투철한 인간을 육성하는 걸 자유사회의 교육 목표로 여기는 것도 자유와 책임 간 상보(相補)관계의 중요성 때문이다.

그런데 그 관계를 전적으로 부인하는 패러다임이 있다. 오늘날 최첨단 과학으로서 젊은 학자들의 관심을 독차지하고 있는 두뇌과학이다. 두뇌과학이 초점을 맞추고 있는 건 '자유의지의 존재 문제'다. 그것이 개인적 책임의 논거이기 때문이다. 인간에겐 과거의 경험이나 외부 환경으로부터 그 어떤 영향도 받지 않는 자유의지가 존재하는데, 이 자유의지가 투자, 생산, 소비 같은 경제행동을 결정하기 때문에 개인은 자신의 이런 경제적 행동에 대해 책임을 져야 한다는 것이다. 그런 자유의지에서 결정된 행동이야말로 자유로운 행동이라고 믿는 게 책임론이다.

그런데 자유의지의 존재에 대한 두뇌과학의 주장이 흥미롭다. 최첨단 장비를 통해 두뇌 속을 구석구석 탐색했지만 '물리화학적 인과율'에 따라 작동하는 신경연결망만 있을 뿐, 이와 독립적으로 존재하는 자유의지 또는 정신이란 어디에도 없다고 두뇌과학은 목소리를 높인다. 인간행동을 결정하는 건 자유의지가 아니라 인과법칙에 따르는 신경구조이기 때문에 행동과 행동의 결과에 대해 행위자에게 책임을 물을 수도, 죄가 있을 수도 없다는 게 두뇌과학의 인식이다.

약삭빠른 좌파 지식인들이 이런 논리를 무심히 지나칠 리 없다. 이들은 자유와 책임은 성립할 수 없고 자유시장은 그 어떤 철학적 정당성도 없다고 주장한다. 경제적 실패는 물론 죄를 저질러도 자신의 마음 탓이 아니기 때문에 가벼운 처벌이나 정신치료의 사법(司法)적 온정주의가 마땅하다는 것이다.

두뇌과학의 이런 주장은 자유사회의 헌정질서에 대한 정면 도전이 아닐 수 없다. 따라서 그 주장의 타당성을 진지하게 따져볼 필요가 있다. 우선 눈길을 끄는 건 신경연결망의 바깥에는 그 어떤 정신 또는 의지도 없다는 두뇌과학의 인식이다. 그런 인식은 자유주의의 거성 하이에크가 보여주듯이 전적으로 옳다. 하이에크는 21세 때 집필한, 오늘날 두뇌과학의 효시로 알려진 저서 《감각적 질서》에서 "자유의지 또는 정신이라는 독립된 실체는 존재하지 않는다"고 목소리를 높였다. 정신이란 물리화학적 인과율에 따르는 두뇌(신경)작용의 산물이고 인간행동도 마찬가지로 신경작용의 결과라는 게 하이에크의 독창적인 인식이었다.

신경망에는 본능적 후천적 경험이 축적, 저장돼 있다. 그 경험에 비춰 환경의 신호 자극이 해석·분류되고 정신현상과 인간행동이 결정된다. 물리적인 것을 재화, 자본 등 정신적인 것으로 인지하는 게 자연의 인과법칙에 따르는 신경구조다. 정신현상은 신경의 물리적 과정 이외에 아무것도 아니다. 정신은 독립적 실체가 없고 그래서 사실상 정신과 육체는 하나다. 그럼에도 정신이라는 말을 사용하는 건 정신현상을 물리화학적으로 완전히 설명할 수 없기 때문이다. 정신과 육체를 분리해서 말하는 게 편리한 것이다.

자유의지가 없다면 자유와 책임의 상보성이 허물어진다는 두뇌과학의 인식은 옳은가. 결코 아니다. 두뇌과학의 자유개념은 외부 환경이나 경험으로부터 어떠한 영향도 받지 않는다는 의미의 자유의지를 말하는데 우선 이것부터 틀렸다. 그런 자유개념은 개인의 내면적 심리를 기술하기 때문에 교환관계처럼 인간관계로 이뤄지는 시장에서는 아무 의미도 없다.

시장질서의 진정한 자유개념은 강매, 폭력, 허위광고, 경쟁방해 등 부당한 행동을 금지하는 제도적 틀 내에서 행동할 자유다. 금지된 행위는 타인들의 생명, 인격, 재산을 손상하기 때문에 (범)죄다. 그런 행위가 없는 자유로운 상황에서 행한 경제활동의 실패와 성공은 개인 스스로가 책임진다.

두뇌과학의 책임개념도 틀렸다. 이는 '달리 행동할 수 있었음에도 이렇게 행동했기 때문에 책임이 있다'는 걸 뜻하는 심리적, 개인적 차원의 개념이다. 진정한 책임개념은 자신의 행동으로 타인에게 끼친 피해에 대해 책임져야 한다는 뜻이다. 그런 도덕은 인간관계를 안내하는 사회적 규칙이다.

사회적 규약으로서 개인적 책임이 왜 필요하고 중요한가. 그 이유는 사람들의 행동을 바람직한 방향으로 유도하기 위해서다. 사람들을 칭찬·비난하는 것도 그들의 행동에 영향을 미쳐 지금까지와는 다르게 행동하도록 하기 위한 것이다. 따라서 책임원칙의 존재 이유는 자유의지가 아니라 교육적 기능이다. 책임이 뒤따르니까 투자, 생산, 소비 등 경제활동을 신중하게 선택하거나 타인에게 끼친 재산·신체상 피해에 대한 엄격한 책임 때문에 죄를 범하지 않으리라는 기대다. 따라서 범죄를 개인 자신이 아니라 빈곤, 실업 등 사회병리 탓이라고 보는 온정주의 입장에서 범법자를 형무소 대신에 병원으로 보내거나 죄를 실수로 가볍게 보는 사회는 범법자를 재생산할 뿐이고 그래서 지속적 존립이 가능하지 않다.

자신의 운명을 스스로 책임진다는 믿음이 있을 때 사람은 투자, 생산, 소비를 신중하게 선택하고 자기 일에 노력과 열정을 쏟는다. 아마추어를 프로로 길들이는 게 책임 정신이라는 말이다.

그런 믿음을 가진 사람들이 사는 사회에서만이 빈곤과 실업의 극복, 보편적 번영이 가능하다는 것을 직시해야 한다. 가난과 실패를 환경 탓으로 돌리는 사람에게는 성공 기회도 없고, 기껏해야 정치를 이용해 타인들이 번 돈을 뜯어먹는 무능하고 비생산적 활동만 있을 뿐이다.

책임정신이 활성화하기 위해서는 규제를 통한 기업 활동의 범죄화는 금물이다. 개인과 기업이 자유로이 활동할 수 있도록 하는 탈규제·탈관료화가 필요하다. 자유가 없으면 책임윤리가 기능할 수 없고, 책임정신이 없으면 온정적 정부 개입으로 자유는 소멸된다. 그래서 자유와 책임은 서로 분리할 수 없는 자유헌법의 기본 가치인 것이다. 첩첩이 쌓인 정부 간섭을 걷어내고 폭력, 사기, 강압 등 자유와 재산을 침해하는 범법자를 엄격히 다스리는 게 스스로 책임지는 성숙한 시민을 위해 번영으로 나아가는 길이다.

후천적 학습의 결과 '책임원칙'

소유안정·계약자유·약속이행
경제적 법질서 진화 이뤄내

사람들은 인간행동의 인과적 결정성 때문에 책임원칙에 용이하게 반응할 수 있다. 자연적, 사회적 환경의 변동에 매우 효과적으로 적응할 수 있었던 것도 인간행동의 인과성 때문이라는 걸 직시할 필요가 있다.

인간은 환경의 영향을 받아 행동과 인격을 바꾸게 마련이다. 그러나 자유의지란 우리의 행동이 과거의 어떤 경험이나 기억에도 좌우되지 않으며 과거의 어떤 영향에 대해서도 반응하지 않는 행동이다. 그래서 '자유의지자(Free Willer)'는 타인의 비난, 칭찬, 보상, 처벌 등 어떤 것에도 아랑곳하지 않고 멋대로 행동할 가능성이 높다. 그런 사람들이 사는 사회에는 질서가 형성되고 유지될 수 없다.

책임 부여에 의해 행동변동을 기대할 수 없으면 책임원칙의 사회적 기능도 기대할 수 없다. 그런 사람들의 세상에는 가격이 행동유인물로서 작동하는 시장질서도 생겨날 수 없다. 그러나 인간행동은 인과적으로 결정되기 때문에 사람들은 보상과 처벌, 칭찬과 비난 등에 용이하게 반응할 수 있고 그래서 시장경제의 작동도 가능하다는 걸 주지할 필요가 있다.

책임원칙의 원천은 무엇인가. 책임관행은 본능의 산물이 아니라 후천적으로 학습한다는 의미에서 문화적 진화의 선물이다. 현생 인류의 심리·신경구조가 형성되던 석기시대에 등장한 원초적 본능은 책임지기를 싫어한다.

오늘날 문명화된 사회의 경제적 자유를 가능하게 하는 소유안정, 계약자유, 약속이행 등과 관련된 법질서의 성공적인 진화의 상당 부분은 책임원칙이 등장함으로써 생성된 진화적 산물이다.

흥미롭게도 그런 진화는 인간에게 접근 가능한 기회와 선택 대안들의 범위를 확대했지만 자유의지를 선물하지는 않았다. 자유의지는 진화론적 설명의 정당성도 없다.

그래서 자유의지는 현실적 바탕이 없는 개념이다. 이런 허구적인 것을 가지고 책임과 같은 중요한 도덕적 가치를 정당화하려는 것은 부도덕한 일이다.

06 광고, 감성으로 녹인 제품 정보

광고가 제품값 부풀리고 과소비 조장한다고?
시장선택 돕는 정보…과장광고 소비자가 걸러내

광고에 대한 오해가 많다. 광고가 소비자를 현혹해 제품을 구매하도록 한다든지 혹은 광고비를 절약하면 제품 가격이 낮아져 소비자가 이익을 볼 텐데 많은 광고비 때문에 소비자가 높은 값을 치르게 돼 피해를 입는다고 주장하는 사람이 많다. 바로 이런 오해로 인해 몇 년 전 한 국회의원이 아파트 광고 모델을 하는 유명 연예인들에게 광고 출연을 자제해 달라고 호소한 일까지 있었다.

광고비가 가격에 전가돼 소비자로 하여금 비싼 값을 치르게 한다는 주장에는 광고비가 불필요한 비용이라는 인식이 자리 잡고 있다. 다시 말하면 광고비는 생산비가 아니라 판매비용으로써 생산에 직접 투입한 원자재, 노동, 토지에 대한 비용과는 다른 것으로 본다. 그래서 기업이 제품 가격을 책정할 때 생산원가에 일정 마진을 붙이면 되지 굳이 판매비용을 들여서 소비자에게 부담시킬 필요가 있는가라고 생각한다.

그러나 소비자 눈에는 생산비용과 판매비용을 구분하는 것이 아무런 의미가 없다. 예를 들어보자. 식자재, 조리법, 메뉴 등 모든 면에서 같은 음식을 제공하는 두 개의 식당이 있다. 한 식당은 깨끗하고 분위기 있게 가꿔 놓았고, 다른 식당은 그런 것에 전혀 신경을 쓰지 않았다고 하자. 식당을 깨끗하고 분위기 있게 가꿔 놓은 것은 엄밀한 의미에서 음식을 생산하는 데 직접적으로 들어간 비용이 아니다. 그것은 판매비용임이 분명하다. 그러나 사람들은 같은 가격이면 당연히 깔끔한 식당에 갈 것이며, 깔끔한 식당이 약간 더 비싸게 받더라도 그 식당을 선택할 것이다. 따라서 소비자의 입장에서 보면 재료비나 임금 같은 생산비용이 얼마나 들어갔는지는 중요하지 않다. 소비자는 생산비용을 고려하지 않고 기업이 제시한 가격을 보고 디자인, 색상, 포장 등을 살펴 제품 구입 여부를 결정한다.

광고 역시 이와 같다. 광고는 판매를 촉진하는 것으로써 분명 생산물과는 다르다. 그러나 판매를 촉진하기 위한 광고비용을 생산비용과 다른 종류의 비용으로 구분할 필요는 없다. 광고비가 생산비용에 더해져서 가격이 책정된다고 하더라도 소비자가 그 가격을 받아들인다면 광고는 필요한 것이고, 또 다른 생산물이 된다. 광고는 생산물 자체와 함께 결합해 구매되며 포장의 일부이고 소비자가 평가하는 것이다.

광고가 판매를 촉진하는 것은 소비하도록 선동하고 현혹하는 것이 아니라 사람들이 기꺼이 값을 치르고 싶어 하는 정보를 제공하기 때문이다. 물론 광고에는 제품에 관한 충분한 정보가 포함돼 있지 않다. 광고를 통해서 가전제품과 스마트폰의 세세한 기능이 무엇인지, 어떤 홉을 사용한 맥주인지, 얼마나 안전한 자동차인지 등을 알 수는 없다. 그러나 단순한 광고 카피나 순식간에 지나가는 광고가 아무런 가치가 없는 것처럼 보이지만 소비자에게는 중요한 정보를 제공해준다. 새로 TV나 가전제품을 장만하려고 하는 가정이나 신혼부부는 유명 스타를 떠올리며 그 제품을 기억해낼 것이다. 또 단순히 가구 개념이던 침대는 "침대는 가구가 아니다. 과학이다"라는 카피 한 줄로 전 국민의 선택 기준을 바꿔 놓기도 했다.

우리가 어떤 제품을 잘 선택하려고 한다면 각 제품의 표면에 적혀 있는 제품에 대한 정보를 꼼꼼하게 읽고 따져 보는 것이 현명할 것이다. 그러나 대부분 사람은 그리 하지 않는다. 그런 행위는 시간을 많이 쓰는 일이기 때문이다. 그래서 단순한 광고 카피를 확 떠올리며 사야겠다고 마음먹는 경우가 대부분이다. 기업들은 이 점을 잘 알고 있다. 그래서 광고할 때 제품에 대해 시시콜콜하게 자세한 정보를 굳이 제공하지 않는다. 기발한 광고 카피, 눈과 관심을 끄는 영상과 음악, 유명 배우나 탤런트, 스포츠 스타 등을 이용해 감성에 호소한다.

광고는 기업의 존재와 제품의 특징을 알리는 수단이다. 기업의 장기적인 생존은 소비자의 반복적인 구매에 달려 있다. 소비자가 한 번 구매한 뒤 품질이 조악하다고 판단하면 그 제품은 두 번 다시 선택하지 않는다. 소비자의 반복적인 선택을 받기 위해서는 일단 품질이 좋은 제품을 만들어야 한다. 그리고 그것을 알리는 수단으로 광고를 이용한다. 광고비는 한 번 투입하면 회수할 수 없는 매몰비용(Sunk Cost)이다. 따라서 엉터리 제품을 만들어 놓고 과대광고나 허위광고를 해 그것이 들통나면 들어간 광고비는 고스란히 날아간다. 이 점을 잘 아는 기업들은 엉터리 제품에 엄청난 광고비를 쓰지 않는다. 이런 점에서 광고 그 자체는 일단 제품 품질이 좋다는 정보를 제공하는 신호다. 단순히 소비자를 현혹하는 것이 아니다.

물론 과대광고나 허위광고가 전혀 없는 것은 아니다. 특정한 생산자가 소비자에게 정직성이 의심스러운 광고 내용을 계획함으로써 단기적인 이익을 볼 수 있다. 그러나 자유시장경제에서 그렇게 치고 빠지는 수법으로 장사해 돈을 버는 기업은 극소수에 불과하다. 또 그런 기업은 소비자가 다시 선택하지 않기 때문에 오랜 기간 생존할 수 없다.

그리고 우리가 사는 세상은 허위와 기만이 없는 완벽한 세계가 아니다. 우리가 살고 있는 세계에서는 허위와 과대광고가 있고 그것을 찾아내는 데 비용이 든다. 중요한 문제는 그런 기업을 어떻게 하면 적은 비용으로 찾아내는가에 있다. 그것은 기업 간 경쟁에 의해서 가능하다. 다시 말하면 경쟁자들이 유포한 정보를 이용해 광고의 허위성과 잘못된 점을 보다 쉽게 발견할 수 있는 것이다.

그러므로 경쟁의 자유가 존재하는 한 소비자가 어떤 제품을 살 것인지, 무엇을 살 것인지, 무엇을 믿어야 할 것인지를 선택하는 것은 시장에 맡길 필요가 있다. 광고에 대한 오해로 정부나 제3자가 간섭하는 것은 바람직하지 않다.

갤럭시, 광고하지 않았다면…

단숨에 애플과 경쟁구도 만든건
제품 우수성+ '광고의 힘' 때문

광고의 또 다른 기능 중 하나가 공공재를 효율적으로 공급할 수 있다는 점이다. 공공재는 비(非)배제성과 비경합성을 가진 재화를 말한다. 비배제성은 값을 치르지 않더라도 소비가 가능한 것을 말하고, 비경합성은 다른 사람이 사용할 수 있는 양이 감소하지 않으면서 많은 사람이 동시에 사용할 수 있는 것을 말한다. 이런 특성을 가진 재화는 국방, 치안, 방송, 수학 정리, 노래, 시, 아이디어, 지식 등이다.

이런 공공재의 문제는 사적 재화와는 달리 일단 생산되면 그것에 대한 가격 책정이 어렵다는 데 있다. 각 개인이 생산물을 항상 소비할 수 있으므로 가격을 지급하려는 유인이 적어 가격을 지급하지 않으려는 무임승차자 문제가 있기 때문이다. 그래서 정부가 세금을 걷어 공공재를 생산·공급하는 게 효율적이라는 것이 일반적이다. 대표적인 예가 바로 국방과 치안이다.

그러나 공공재라고 해서 반드시 정부가 생산·공급하고 세금으로 소요 자금을 조달할 필요는 없다. 정부가 아닌 민간기업에서 훨씬 더 효율적으로 생산·공급할 수 있는 공공재가 있다. 그것은 바로 방송이다. 방송 프로그램은 민간 방송사가 생산하는 데 비용이 들지만 소비자에게 가치가 있는 재화다. 상업광고는 민간 방송사가 생산하는 데 비용이 들지 않고 오히려 수입이 발생하지만 방송 프로그램을 즐기는 사람에게는 불편함을 주는 재화다. 이 둘을 혼합하면 방송사는 생산하는 데 비용이 들지 않고 수입이 생기면서 사람들에게 이익이 되는 방송 프로그램을 효율적으로 제작·운영할 수 있다.

이뿐만 아니라 광고는 매우 효과적인 경쟁 수단이다. 신규 진입자가 기존 제품에 대해 확고하게 자리 잡은 소비자의 관심을 자신의 제품으로 돌리게 할 수 있는 것이 광고다. 삼성전자가 광범위하고 반복적인 광고를 하지 않았다면 애플의 스마트폰을 따라잡을 수 없었을 것이다. 결론적으로 광고는 사람들에게 방송과 같은 공공재를 효율적으로 제공할 수 있게 하며, 경쟁을 촉진해 소비자의 후생을 증가시키는 중요한 수단이다.

07 오남용되는 기업의 사회적 책임

사회공헌 앞세워 기업에 강요하는 후원·기부…

자발성 관계없이 주주 재산권 침해로 귀결

기업의 사회적 책임(CSR)에 관한 개념적 혼란과 오·남용이 심각하다. 지난해 말 한·중 자유무역협정(FTA) 비준 동의안을 처리하는 과정에서 농어촌상생협력기금을 조성하겠다는 발표만 해도 그렇다. FTA는 관세 인하 및 철폐를 통해 정부 개입에 의한 거래비용을 낮추고 시장교환과 경쟁을 촉진하기 때문에 국민의 경제적 후생을 높이는 효과가 크다. 따라서 국회가 이를 반대할 이유가 없음에도 불구하고 정치권과 정부는 한·중 FTA 비준안을 통과시키는 대가로 민간기업의 부담으로 매년 1000억원씩 10년에 걸쳐 총 1조원 규모의 농어촌상생협력기금을 조성하겠다고 발표하면서 논란을 야기했다.

만약 한·중 FTA로 인한 농·어촌 피해대책이 꼭 필요하고 합당한 일이라면 국회의 동의절차를 거쳐 정부의 재정사업으로 추진하는 것이 정도다. 그렇지 않고 CSR을 구실로 법적 근거도 없는 기금 조성에 민간기업을 동원하는 것은 행정 편의적 발상이나 정치 포퓰리즘의 단순한 차원의 문제가 아니라 시장경제질서의 근간인 사유 재산권을 위협하는 위험천만한 행위다. 국민의 재산권을 지켜줘야 할 책무가 있는 정부가 거꾸로 재산권을 침해하면 개인도 기업도 맘 놓고 경제활동을 할 수 없게 된다. 내가 번 돈을 제3자가 자신의 쌈짓돈인 양 꺼내가는 사회에서는 돈을 벌기 위해 열심히 일할 유인이 줄어들 수밖에 없기 때문이다.

재산권의 실질적 보호가 경제발전에 필수 불가결한 요소라는 사실은 일찍이 《국부론》(1776)에서 애덤 스미스도 강조한 내용이다. 스미스는 상업과 공업이 번성하고 나라가 부강해지기 위해서는 재산권 및 계약의 보호가 필수적임을 역설했다. 그리고 재산권 및 계약을 보호하는 일이 '정부의 정의(justice of government)'이며, 정부의 정의에 대한 신뢰가 없는 나라에서는 경제가 발전할 수 없다고 단언했다.

한국을 비롯한 대부분의 국가가 헌법에 조세법률주의를 명시하는 까닭도 이런 이유 때문이다. 즉 법률의 근거 없이 국가는 조세를 부과·징수할 수 없고 국민은 조세 납부를 강요받지 않는다는 원칙을 국가의 최상위 규범에 못박음으로써 정부의 재량적 판단이나 임의적 정책에 의해 국민의 재산권이 침해되지 않도록 한 것이다.

그러나 현실은 다르다. 올림픽 같은 체육행사 유치와 준비, 국제적 정치·외교·문화행사에 기업들의 후원과 기부는 당연한 일처럼 됐다. 국내의 다양한 정치적 동기에서 비롯된 사업에 기업이 수단으로 활용되는 경우도 비일비재하다. 예를 들면 이명박 정부 때 만든 미소금융과 동반성장기금을 위해 대기업들은 지금도 많게는 매년 수백억원씩 내야 한다. 현 정부 들어서는 청년희망펀드, 창조혁신센터에 이번의 상생협력기금에 이르기까지 법적 근거가 없는데도 세금과 진배없이 내야 하는 준조세 부담은 갈수록 커지고 있다. 사정이 이러니 규제가 아니라 해도 정부와 정치권 등쌀에 한국에서 대기업을 하는 게 갈수록 어렵다는 말이 나올 법하다.

여기에 대해 관련 당사자들은 CSR 차원에서 기업이 자발적으로 참여한 것이라고 항변할 수 있다. 설령 자발적으로 했다고 해도 재산권 침해라는 문제의 본질에서 벗어날 수는 없다. 왜냐하면 해당 기업이 개인회사 또는 그에 준하는 비상장회사가 아니라 많은 사람에게 주식이 공개된 회사라면 돈의 주인이 따로 있기 때문이다. 주식회사의 주인은 기업을 경영하는 사람이 아니라 잔여 청구권이 있는 주주들이다. 경영자가 사회공헌 또는 사회적 책임의 이름으로 정부의 정책성 사업이나 다양한 공익사업에 통 큰 기부를 하는 것은 그것이 다시 회사의 이익으로 돌아오지 않는다면 주주의 재산권을 침해하는 행위와 다르지 않다.

혹자는 기업의 사회공헌 활동은 회사의 평판을 높이고, 평판은 다시 경영실적을 개선시킬 것이기 때문에 장기적으로는 주주에게도 손해가 아니라고 말한다. 그러나 CSR을 하면 경영실적이 개선된다는 주장은 통계적으로 확증되지 않은 가설일 뿐이다. 오히려 돈을 많이 번 기업들이 돈을 쓰기 위해 CSR을 강조한다는 반대 가설도 있다.

어느 경우든 분명한 점은 경영자로서는 사회공헌 사업을 많이 하는 게 자신에게 유리한 선택이라는 사실이다. 회사의 자원으로 경영자가 선호하는 사회적 책임사업을 하면 주주는 손해를 봐도 경영자 자신의 명성을 쌓을 수 있기 때문이다. 그렇게 주주의 가치와 회사의 발전적 존속을 위해 써야 할 이익을 다른 데에 쓰다 보면 경쟁력이 약화되는 문제가 생기고 급기야는 종업원 해고를 비롯한 구조조정 상황까지 몰릴 수 있다. 그러나 이런 일이 생긴다고 해도 임기 이후의 나중 문제다. 이 때문에 특히 주식의 소유가 분산되거나 주인이 없는 회사의 경영자일수록 CSR 개념을 확대 해석하거나 오·남용하려는 유인이 상존한다.

이렇듯 CSR을 구실로 회사 자원을 오·남용하는 것은 경영자의 자발성과 관계없이 주식회사의 재산권 원리에 어긋나고, 기업의 영속성과 경제 전반에 부작용을 끼칠 소지가 있다. 이에 자유주의 시카고학파를 이끌었던 밀턴 프리드먼은 "기업인들이 사회적 책임을 운운하며 환경문제나 사회 불평등을 해결하겠다고 앞장서는 것은 위선 아니면 정신분열증이며, 더 나아가서는 자본주의 근간을 흔드는 위험천만한 발상"이라고까지 혹평한다. 해당 기업인의 철학이 정말로 그렇다면 회사의 자원이 아니라 개인의 자원으로 사회적 책임 활동에 나서라는 것이다. 그리고 법령과 규범의 테두리 안에서 기망이나 사기를 치지 않고 회사의 이익을 늘리는 데 온 힘을 기울이는 것이 기업의 유일무이한 사회적 책임이라는 게 프리드먼의 논지다.

지금 우리 주변에는 계속되는 경기불황 속에서 실적 부진의 몸살을 앓는 기업이 많다. 지금이 외환위기 때보다 더 힘들다는 이야기도 나온다. 기업이 도산할 때 주주와 채권자는 물론이고 종업원, 소비자, 협력업체, 지역사회에 끼칠 피해를 생각해보면 기업의 발전적 존속이 왜 유일무이한 사회적 책임인지를 이해할 수 있을 것이다.

기업을 보는 관점

사회적 협약의 산물에서 주주 재산으로 인식 변화

기업을 보는 관점은 재산권과 사회적 실체론으로 양분된다. 전자는 기업을 주주의 재산으로 보며 주주 자본주의를 뒷받침한다. 후자는 기업을 주주 외에 다양한 이해관계자의 사회적 협약의 산물로 본다.

사회적 실체론에 의하면 기업은 정부가 제정한 법률에 의해 유한 책임의 특권과 법인격을 특별히 부여받았기 때문에 주주보다는 국가와 공익을 위해 봉사해야 한다. 소비자 욕구의 충족, 고용 유지 외에 환경문제와 사회적 불평등의 개선, 그리고 기업을 국가 목적의 달성

수단으로 보는 입장도 여기에 속한다.

19세기 이전까지는 사회적 실체론이 우세했다. 그러나 기업에 대해 사회의 다양한 가치 증진에 앞장서라는 것은 정치 논리에 따라 경영하고 이윤을 배분하라는 것과 같다. 투자자, 종업원, 소비자, 협력업체, 시민단체, 지역사회가 주창하는 가치가 서로 다른데 정치 논리에 따라 우선순위를 정하고 바꾸다 보면 어느 기업도 살아남을 수 없게 된다. 공공성을 강조하는 기업관은 자기모순의 논리적 한계가 있는 데다 비효율로 귀착되기 때문에 19세기 말을 전후로 퇴조하기 시작했다.

미국에서 재산권적 기업관이 확립된 계기는 1919년 미시간주 대법원에서 내린 판결(Dodge v. Ford Motor Co)이다. 이는 포드자동차 대표이던 헨리 포드가 주주 배당을 무기한 중지하겠다고 하자, 외부 주주였던 닷지 형제가 부당하다며 소를 제기한 사건이다. 포드자동차의 당시 자본금은 200만달러였다. 120만달러를 배당하고, 회사 안에는 아직 5800만달러의 이익금이 있었지만 포드는 이후의 배당을 무기한 중지한다고 선언했다. 기업의 목적은 돈을 버는 게 전부가 아니며 다른 사회적 가치를 지향해야 한다는 포드의 철학 때문이었다.

그러나 미시간주 대법원은 회사는 주주의 이익을 위한 활동 목적으로 조직됐음을 명시하면서 이사는 오로지 이 목적을 위해 선임되고 재량권을 부여받은 것이고, 이사가 주주의 이익을 줄이는 행위를 해서는 안 된다고 판시했다.

08 시장의 본질은 불인(不仁)

소비자의 선택은 '정의의 여신' 저울처럼 냉정…

시장이 약육강식? 온정 개입 땐 정치판으로 변질

그리스·로마 신화 속에서 정의를 상징하는 여신은 오른손에 칼, 왼손엔 천칭저울을 들고 있다. 저울은 정의와 불의를 판단하는 기준을, 칼은 엄정한 제재를 상징한다. 그리고 정의의 여신은 대개 수건으로 눈을 가리고 있거나 장님의 모습으로 묘사된다. 앞을 보지 못한다는 것은 상대가 누구든 인정과 사정을 두지 않고 무정(無情)하지만 공명정대하게 일을 처결한다는 의미다.

오늘날 이 무정한 여신은 많은 나라에서 법을 관장하는 사법부의 상징 문양으로 사용된다. 오른손에 칼 대신 법전을 끼고 있는 점이 신화 속 여신과 다르지만 한국 법원의 상징도 이 여신이다. 한국 법원이 서양 신화의 신을 상징으로 삼은 까닭은 모든 국민이 법 앞에 평등함을 강조하는 데 이만한 게 없다고 생각했기 때문일 것이다. 법 앞의 평등을 구현하려면 법관부터 무정해야 한다. 재판을 받는 사람의 지위의 높고 낮음, 재력의 많고 적음, 인연의 깊고 얕음에 따라 법관의 법률 해석과 판단이 오락가락한다면 법 앞의 평등 원칙은 깨지고, 유착비리와 부정이 만연하면서 국가 근간이 흔들리게 될 것이다.

중국의 고대 철학자 노자도 이와 다르지 않아 '훌륭한 지도자(聖人)는 어질지 않다(不仁)'고 했다. 2500년 전 그가 쓴 도덕경(제5장)을 보면 '하늘과 땅은 어질지 않아서 세상 만물을 꼴개로 삼는다, 훌륭한 지도자는 어질지 않아서 세상 사람을 꼴개로 삼는다'는 내용이 있다. 여기에서 꼴개는 고대 중국에서 제사를 지낼 때 쓰기 위해 지푸라기로 만든 개의 형상인데, 제사가 끝나면 함부로 내다버리는 물건이다.

노자가 말한 요지는 추측건대 올바른 정치는 법과 원칙에 충실해야 하고 사사로운 인정(仁情)에 휩쓸리지 않아야 함을 경고한 것으로 풀이된다. 오늘날의 정치 상황을 보면 정치인들은 이익단체 또는 지지자의 환심을 사기 위해 현행법 체계에 어긋나는 주장을 하는가 하면 재정적 부담은 고려하지 않은 채 개인이 사적 판단으로 행한 일에 대해서도 국가가 책임지고 지원하겠다는 약속을 하는 사례가 많다. 2500년 전의 노자가 설마 지금의 상황까지 내다보고 이런 말을 하지는 않았을 것이다. 그러나 법과 원칙에 어긋나면서까지 국민 각자의 사정에 대해 국가 부담으로 인심을 쓰고 환심을 사려는 정치인의 속성은 예나 지금이나 다르지 않은 듯하다.

자연이 어질지 않듯이 시장도 어질지만은 않다. 시장을 불인(不仁)하다고 여기는 이유는 첫째, 시장 거래는 비인격성(Impersonality)을 전제하기 때문이다. 물건을 사려고 어느 가게에 들어가 한참을 고르다가도 끝내 가격이나 품질이 맘에 들지 않으면 나와서 다른 가게를 찾는 일이 다반사로 일어나는 게 시장이다. 똑같은 메뉴를 제공하는 음식점이 이웃하고 있는데 한 집은 손님이 줄을 서서 기다리는가 하면 바로 옆집은 휑하니 파리 날리는 경우도 종종 본다. 간혹 남다른 이타심이나 동정심에 이끌려 장사가 안되는 가게를 찾아주는 사람도 없지는 않지만 음식 맛이 다른데 두 번 하기는 쉽지 않다. 그리고 그렇게 소비자의 선택을 받지 못한 상품이나 서비스 사업은 적자생존의 경쟁에서 밀려 도태된다. 시장에서 소비자의 선택은 마치 정의의 여신이 왼손에 든 천칭저울처럼 무정하고 냉정하게 작동한다.

둘째, 시장 과정은 끊임없는 경쟁의 연속이다. 기회 포착에 뛰어난 역량을 갖추고 불확실한 상황에서 과감하게 행동에 나서는 사람이 오랫동안 성공적으로 유지해오던 일도 하루아침에 사양산업이 될 수 있는 게 시장경제다. 스티브 잡스가 스마트폰을 출시하자 기존 폴더폰 산업 생태계가 순식간에 무너진 것도 그런 사례다. 창조적 파괴가 경제발전의 원동력이라는 슘페터의 지적은 논리적으로 맞지만 파괴의 대상인 산업에 종사하는 사람에겐 이 무정한 논리가 위안이 될 수는 없는 법이다.

자본주의를 비판하는 이들은 이 틈새를 파고들며 시장경제를 약육강식의 원리가 지배하는 동물의 세계로 비유한다. 아프리카 초원에서 사자가 병약한 들소를 쫓고, 치타가 가젤을 먹잇감으로 사냥하듯이 시장경제는 자유로운 경쟁이라는 이름으로 강자가 약자를 희생시키는 문제가 심각하다고 주장한다. 그리고 국가의 개입과 조정을 통해 정글 자본주의 문제점을 시정해야 한다며 예를 들면 '동정적 보수주의' '제3의 길' '자본주의 4.0' '사회적 경제' 등을 새로운 가치로 내세운다. 이들이 한결같이 주장하는 바는 따뜻한 정치의 손길로 시장경쟁을 제한하거나 조절해야 하고, 또 그렇게 하면 모두가 함께 행복하게 사는 세상이 온다는 것이다.

경쟁은 누구에게나 힘든 과정이다. 사람이든 짐승이든 경쟁하지 않고도 얻고자 하는 바를 얻을 수만 있다면 그 길을 마다할 이유가 없다. 그러나 불행히도 시장경제 비판론자들이 약속하는 그런 길은 존재하지 않는다. 지금까지의 세계 역사를 보면 자유로운 시장, 사유 재산권 보호, 작은 정부의 원칙을 지켜온 나라는 성공했고 거꾸로 간 나라는 쇠퇴했다.

왜냐하면 경제는 인센티브의 문제기 때문이다. 네덜란드에서도 아주 관대한 장애인 정책을 시행한 적이 있는데, 그 결과 1980년대 말에 이르러 전체 노동 인구의 15%가 장애인으로 분류돼 정부 보조금을 타 갔다. 이와 같이 시장 과정에 국가의 직접적이고 온정적인 개입은 개미를 희생시켜 베짱이를 우대하는 격이라 국민 사이에 무임승차와 도덕적 해이의 문제를 야기한다.

따라서 이런 일이 생기지 않게 하려면 매정하지만 시장의 불인을 인정하고 경제는 시장원리에 따라 움직이도록 맡겨야 한다. 정의의 여신이 눈을 가렸던 수건을 벗고 상대방이 누군지 보고, 개인적 사정과 정무적 판단까지 감안해 천칭저울을 조절한다면 그 여신은 더 이상 정의의 여신일 수 없을 것이다. 또 법관이 그렇게 법 판단을 한다면 유착비리와 부정이 만연하면서 법치주의 원칙이 붕괴될 것이다. 이와 마찬가지로 불인의 시장 과정에 국가가 온정의 잣대로 개입하기 시작하면 생산적인 기업가 정신은 쇠퇴하고, 시장은 제한된 파이를 더 가져가기 위해 다투는 지대추구 정치판으로 변질될 것이다. 복지와 사회안전망의 확보도 필요하지만 그 문제는 시장경제와는 전혀 다른 사회정책의 영역에서 고민해야 할 사안이다.

경쟁 없이 모든 걸 얻겠다니…

미(美)대학 수강생 전원이 'F학점'을 받은 사연

경쟁하지 않고도 모두가 얻고 싶은 것을 얻을 수 있을까. 이 질문의 답은 친구가 보내준 다음 이야기 속에 담겨 있다. 친구 말로는 인터넷에 떠도는 이야기라 하는데, 비유인지 실제 상황인지는 알 수 없다.

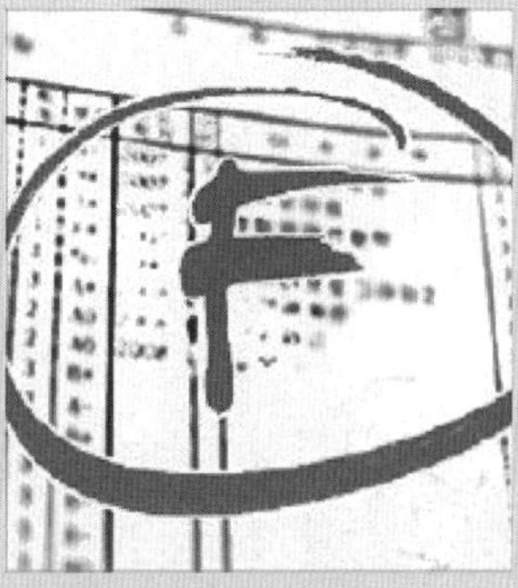

'미국의 어느 대학교 경제학 교수가 재미있는 실험을 했다. 이 교수는 지금까지 경제학을 가르치면서 단 한 명에게도 F학점을 줘본 일이 없는데 이번 학기에는 수강생 전원이 F를 받았다고 한다. 사연인즉슨 학기 초에 학생들은 미국이 복지국가라면 어느 누구도 너무 가난하거나 넘치는 부자로 살아서는 안 된다고 주장했다. 그러자 교수가 한 가지 제안을 했다. "그렇다면 이번 학기에 이런 실험을 해보자. 수강생 전원의 평균 점수로 똑같이 학점을 받으면 어떻겠나?"

학생들은 동의했고 수업이 시작됐다. 그리고 얼마 후 첫 번째 시험을 봤는데 전체 평균이 B가 나와 학생들은 약속대로 첫 시험 점수로 모두 똑같이 B를 받았다. 공부를 열심히 한 학생은 불평했고 놀기만 했던 학생은 당연히 좋아했다. 얼마 후 두 번째 시험을 쳤다. 공부를 안 하던 학생들은 계속 안 했고 전에 열심히 했던 학생도 이번에는 무임승차를 하고 싶어 공부를 덜 했다. 그 결과 전체 평균은 B 학점이었고 모든 학생이 이 점수를 받았다.

이번에는 모든 학생이 학점 결과에 불평했지만 그래도 공부를 열심히 하려는 사람은 없었다. 그 결과 다음 세 번째 시험에는 모두가 F를 받았으며 그렇게 쭉 학기 말까지 모든 시험에서 F 학점을 받았다. 학생들은 서로를 비난하고 불평했지만 아무도 남을 위해 더 공부하려 하진 않았다.

09 경제학자와 반기업 정서

기업가 역할 간과한 '주류 경제학' 이론, 비현실적 가정으로 반기업 정서 키웠다

"유한책임 원리에 기초한 주식회사는 근대사에서 가장 훌륭한 발명품이다. 주식회사가 없었다면 제임스 와트의 증기기관과 토머스 에디슨의 전기조차 무용지물이 됐을 것이다." 1930년대 미국 컬럼비아대 총장이던 니컬러스 버틀러는 주식회사의 사회적 기능을 이와 같이 극찬했다. 경제원론의 관점에서 보면 기업은 생산과 일자리 창출의 주역이며, 기업 투자와 혁신활동은 경제성장을 견인하는 원동력이다.

그러나 모든 사람이 기업, 기업가를 좋게 보는 것은 아니다. 기업가에 대한 호불호(好不好)는 사람마다 국가별로 다르다. 기왕이면 기업가 이미지가 좋은 나라일수록 규제는 적고 기업가 정신은 왕성할 것이다. 이에 유럽연합(EU) 집행위원회는 지속가능하고 포용적 성장을 위해 회원국의 기업가 정신을 진흥시키겠다는 목표 아래 세계 주요국의 기업가 이미지를 조사, 비교하고 있다. 2012년도 조사 결과 EU 회원국의 기업가 호감도는 평균 53%며, 부정적 인식은 7%다. 이 둘을 뺀 나머지는 중립 의견이다. 아마도 여기에서 기업인이 가장 부러워할 나라는 덴마크일 것이다. 덴마크의 기업가 호감도는 74%로 가장 높고, 반기업인 정서는 1%로 가장 낮기 때문이다.

기업인에 대한 인식 국제비교

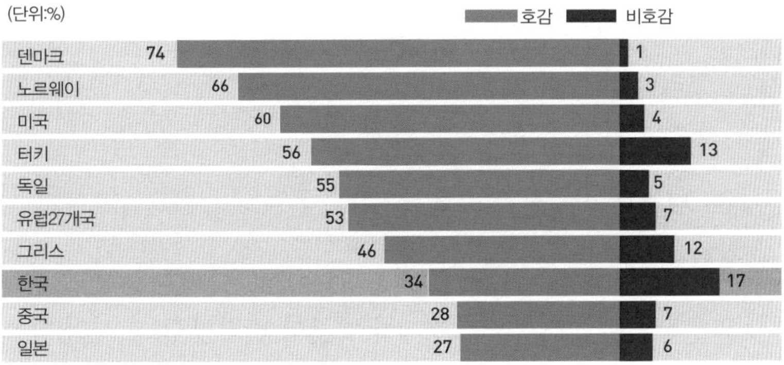

자료:유럽집행위원회(2013), EU회원국 및 주요국의 기업가 정신

우리는 어떨까. 결론부터 말하면 한국은 조사대상 40개국 중 반(反)기업인 정서가 가장 높은 편이다. 한국에서 기업가 호감도는 EU 평균에 한참 못 미쳐 34%에 불과하다. 반면에 반기업인 정서는 17%로 EU 평균보다 약 2.5배 높고 미국보다 4배 이상 높다. 우리와 이웃하며 경쟁관계에 있는 중국, 일본에서도 반기업인 정서는 6~7%로 한국보다 크게 낮다. 한국에서는 기업인뿐만 아니라 기업 자체에 대한 부정적 인식도 높다. 지난해 한국경제연구원에서 조사한 바에 따르면 반기업 정서가 다른 나라보다 높다고 응답한 비율이 60%에 달했다.

한국에는 왜 이렇게 기업, 기업가에 대한 부정적 인식이 높을까.

여기에는 여러 이유가 거론된다. 예를 들면 비교적 짧은 기업 역사와 발전 과정, 기업 본질과 사회적 책임에 대한 남다른 인식과 기대, 언론에 주기적으로 대서특필되는 정경유착은 단골로 등장하는 메뉴다. 그러나 반기업(인) 정서 이면에는 기업의 본질을 간과하고 기업가의 역할을 인정하지 않는 주류 경제학에도 상당한 책임이 있다. 역설적으로 들리겠지만 경제학 이론이 반기업(인) 인식의 싹을 키우고 있는 셈이다. 2009년도 노벨상 수상자인 올리버 윌리엄슨은 주류 경제학의 이런 경향을 기업에 대한 '적대적 전통'이라 하며 오래전부터 문제를 제기해왔다.

반기업(인) 인식에 주류 경제학도 책임이 있다고 하는 까닭은 세 가지다. 첫째, 경제이론에서 기업은 생산함수에 불과하며, 기업이 시장과는 다른 조정원리에 따라 움직이는 실체임을 간과하고 있다. 이론에 따르면 생산량은 노동과 자본의 투입량과 기술 수준에 의해 결정된다. 따라서 생산량을 늘리려면 인적, 물적 자본을 늘리거나 또는 기술 진보가 선행돼야 한다. 그러나 이 이론은 다양한 이해관계자가 촘촘한 계약망으로 얽혀 있으면서 거래비용을 줄이기 위해 애쓰는 기업의 본질과는 거리가 멀다. 또 자본과 기술, 경험이 크게

부족한 상태에서 고도성장을 이룬 한국의 경험에서 보듯이 기업 성장과 발전에 가장 중요한 생산 요소는 기업가 정신이다. 그런데도 경제학적 기업 모형에는 기업가 정신의 역할을 고려하지 않고 있다.

둘째, 기업가는 이윤기회 민첩성, 창의성, 불굴의 추진력으로 새로운 가치를 창출하지만 이론은 이를 감안하지 않는다. 경제이론에서 기업가는 이윤을 극대화하기 위해 최적 생산량 또는 최적 요소 투입량을 결정하며, 그 결정 방법은 수학적 미분이다. 미분을 통해 최적량을 정하고는 가치 창출에 기여하는 바 없이 투입 요소가 최종 생산물로 전환되는 기술적 과정을 지켜보는 것이 기업가다. 이런 것이 기업가라 한다면 수학에 밝은 학자나 인공지능 컴퓨터가 더 잘할 것이다. 그러나 현실은 전혀 다르다. 수학을 잘한다고, 가방끈이 길다고 기업가로 성공하는 경우는 오히려 드물다.

셋째, 경제학의 완전경쟁균형이론도 반기업(인) 인식 확산에 일조하고 있다. 완전경쟁균형은 '보이지 않는 손'의 가격 신호에 따라 모든 경제주체의 생산과 소비 의사결정이 합리적으로 이뤄지고 자원이 최적으로 배분되는 상태다. 이처럼 정부 통제와 조정이 없어도 자원 배분이 최적화될 수 있다는 완전경쟁균형이론은 시장원리에 대한 무한 신뢰를 뒷받침하는 것처럼 보인다. 그러나 문제는 완전균형에 이르는 데 필요한 가정 또는 조건들이 비현실적이라는 것이다. 협상과 거래에 비용이 수반되지 않는다는 가정, 기업은 서로 영향을 줄 수 없을 만큼 작고 동일하다는 가정이 대표적인 경우다.

만약 이 가정대로 거래비용이 없다면 로널드 코즈의 지적처럼 누구도 기업을 만드는 수고를 할 필요가 없을 것이다. 또 모두가 '원자적 개체'로 동일하다면 해럴드 뎀세츠가 지적한 것처럼 사실상의 경쟁이 일어날 여지도 없다. 그럼에도 완전균형모형은 애덤 스미스 이후 200년에 걸쳐 많은 경제학자가 노력해 얻은 결실이고 수학적으로 완벽하고 멋진 이론이다. 그래서일까. 많은 사람이 이 멋진 이론에 반한 나머지 비현실적인 가정에 기초하고 있다는 사실을 종종 망각하고는 한다. 그리고 이론의 가정 또는 예측과 다른 경제현상을 보면 '시장실패'로 의심해 규제의 필요성을 주창하곤 한다.

어떤 학문보다 기업의 본질과 기업가 정신의 중요성을 가장 잘 이해할 것 같은 경제학이 오히려 반기업(인) 인식의 원인을 제공하고 있음은 불편한 진실이다. 문제의 발단은 기업을 있는 그대로가 아니라 수학적으로 미분 가능한 함수로 지나치게 추상화했기 때문이다. 이 영향으로 우리 주변에서는 경제학을 안다는 사람이 더욱 규제 지향적인 경우를 흔히 볼 수 있다. 누구의 통제와 조정이 없어도 가격조절기능에 의해 자원이 최적 배분될 수 있다는 이론이 시장 실패와 규제의 논거로 역이용당하고 있음은 대단한 아이러니다.

"거래비용 절감이 기업 탄생의 동기"

코즈, 논문 내고 59년 후 노벨상

로널드 코즈

근대적 주식회사의 효시는 1602년 생긴 네덜란드 동인도회사다. 이후 경제학계에서는 기업을 생산함수로 취급했다. 주식회사가 태동한 지 300년이 넘도록 누구도 이의를 제기하지 않았다.

경제학의 생산이론에 사실상 기업이 없다며 처음 문제를 제기한 사람이 로널드 코즈(1910~2013·사진)다. 1937년 발표한 논문에서 코즈는 경제활동에 수반되는 거래비용을 절감하기 위해 기업이 조직화된다고 했다. 집을 살 때 집값만 지급하는 게 아니라 중개수수료, 취득·등록세를 내야 하는데 이런 부대비용이 거래비용에 해당한다. 거래비용이 높으면 시장 교환을 꺼리고 해당 거래를 내부화하려는 유인이 생기는데, 이 내부화의 동기가 기업이 생기는 원리라는 게 코즈의 설명이다.

전통 경제학에서는 거래비용이 없다고 봤기 때문에 코즈의 문제 제기는 획기적인 사건이었다. 반발도 따랐다. 거래비용은 물리학의 마찰과 비슷한 개념이며, 물리학에서도 마찰이 없다는 가정 아래 연구하기 때문에 별문제가 없다는 논리였다. 그러나 올리버 윌리엄슨에 의하면 물리학자와 경제학자의 태도는 크게 다르다. 물리학자는 마찰이 존재함을 알고 이를 감안하지만 경제학자는 경제시스템 운용에 관한 마찰비용을 무시하는 경향이 있다는 것이다.

결과적으로 거래비용은 경제학뿐만 아니라 법학, 행정학 등 다방면에 영향을 끼쳤다. 그 공로를 인정받아 코즈는 1991년 노벨상을 받았다. 1992년 여름, 필자는 몇몇 교수와 빈 강의실에서 코즈를 만나 사적인 대화를 나눈 적이 있다. 그때 코즈는 1937년 논문을 사실은 미국에서 교환학생으로 공부하던 1932년에 썼다고 했다. 그 논문 덕에 59년이 지나 상을 받았으니 노벨상 받으려면 건강 관리가 중요하다며 농담도 했다.

이제 거래비용은 상식이 됐다. 그러나 기업에 대해서는 거래비용 절감을 통한 효율 증진보다 전통 경제학의 독점화 시선으로 보는 경향이 아직도 우세하다. 모두가 거래비용을 말하지만 실질적인 활용은 여전히 미흡하기 때문일 것이다.

10 사익과 공익

"쌀값 오른다고 시장 단속하면 혼란만 커져"…

220년 전 연암도 외쳤던 '사익의 공익 기여'

"전하, 흉년이 들어 서울의 곡물 가격이 하늘 높은 줄 모르고 치솟고 있습니다. 기회는 이때다 싶어 장사치들이 매점매석을 일삼고 있습니다. 곡물 가격을 엄히 통제하고 매점매석을 하는 장사치들을 엄벌에 처해야 하옵니다."

"아니 되옵니다, 전하. 옛사람이 시장에 인위적으로 개입해 그 흐름을 교란하지 말라고 경계한 까닭은 무엇 때문이겠습니까. 상인이란 싼 곳의 물건을 가져와 비싼 곳에다 파는 존재이며, 백성과 나라는 그 도움을 받고 있습니다. 진실로 장사하는 데 이익이 없다면 뒤도 돌아보지 않고 가버릴 게 뻔합니다. 무엇 때문에 값을 내려서 팔려고 하겠습니까. 지금 이 명령을 시행한다면 서울 상인들은 장차 곡물을 다른 데로 옮겨가 버릴 것입니다. 또 매점매석을 막는다면 서울로 오던 사방의 곡물상들이 그 소식을 전해 듣고는 필시 다시는 서울로 들어오지 않을 것입니다. 이렇게 되면 서울의 식량 사정은 더욱더 어려워질 것입니다."

조선 정조대왕 시절이던 1791년 심각한 흉년이 들어 서울에 쌀이 크게 부족한 사태가 벌어졌다. 당연히 가격이 치솟았고, 백성들의 불만도 높았을 것이다. 흉년을 틈타 이익을 챙기려는 상인들을 질타하면서, 가격을 통제해야 한다는 상소가 빗발쳤고, 대신들의 생각이라 해서 다를 바가 전혀 없었다.

이런 상황이었지만, 단 한 사람 연암 박지원(1737~1805)만은 정반대의 주장을 하고 나섰다. 그는 시장가격을 통제해 가격을 강제로 낮춰버리면 서울로의 식량 유입이 중단돼 식량 사정은 더욱더 어려워질 것이라는 사실을 정확히 꿰뚫고 있었다. 나아가 그는 상인들의 이익추구가 백성과 나라에 도움을 주고 있다는 점도 명확하게 파악하고 있었다. 연암의 이런 주장을 믿고 따라 준 정조대왕 덕분에 서울의 식량 사정은 곧 회복됐다고 한다.

사익(私益)의 추구는 사람들로 하여금 행동하게 만드는 커다란 힘을 가진다. 그냥 행동하게 하는 것이 아니라 보다 적극적이고 능동적으로 행동하게 한다. 이런 사정은 1878~1903년 교황을 지냈던 레오 13세도 긍정하고 있다. "일한 결과를 자신이 가져갈 수 있을 때 사람들은 더 열심히 그리고 더 자발적으로 일한다." 이런 개인의 사익추구는 한발 더 나아가 사회 전체적으로는 경제 발전을 견인하는 막강한 원동력이 된다. 사익추구를 긍정적으로 평가하기 시작한 이래 세계 경제가 극적으로 발전하기 시작한 것이 이를 잘 보여준다. 유사 이래 1인당 국내총생산(GDP) 증가율 제로(0)퍼센트로 가난과 굶주림에 시달리던 인류는 자본주의 시장경제가 본격화된 후에야 비로소 1.21%의 성장률을 보이며 비약적인 발전을 거듭하게 된다. 이로써 수천년간 제자리에 머물던 1인당 GDP도 200년 만에 열 배나 급증하는 기적을 보였다. 세계 인구도 대폭 증가한 것은 물론이다.

1인당 GDP변화

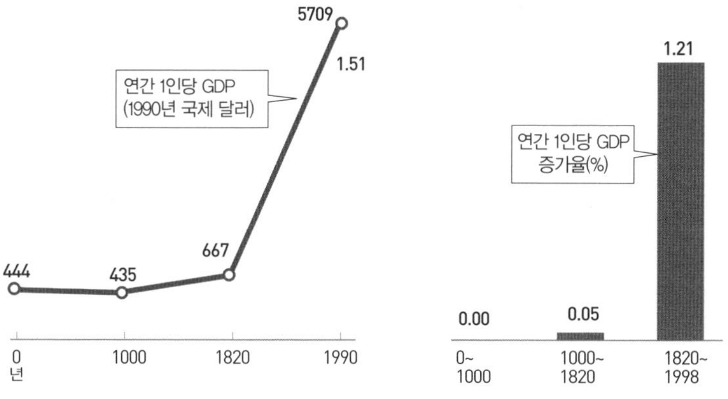

연암은 시장 역할과 개인의 사익추구를 긍정적으로 평가했다. 그

것도 지금으로부터 무려 220여년 전 사농공상(士農工商)이라는 신분제가 여전히 위세를 부리고 있던 시절에 이런 안목을 가졌다는 것은 실로 놀라운 일이다. 경제학의 아버지라 불리는 애덤 스미스가 국부론을 저술하면서 개인의 사익추구가 공익에도 이바지한다고 한 것이 1776년의 일이다. 연암의 안목과 비교할 때 20여년의 차이가 날 뿐이다. 애덤 스미스는 이렇게 말했다. “모든 개인은 자신이 자유롭게 처분할 수 있는 모든 자본을 가장 큰 이득이 되도록 이용할 수 있는 방안을 찾아내려고 끊임없이 노력한다. 그가 목표로 하는 것은 자신의 이득이지 사회의 이득이 아니다. 그러나 자신의 이득에 관한 연구를 통해 그는 자연스럽게, 오히려 필연적으로, 사회에 가장 이득이 되는 이용 방안을 선호하게 된다.” 애덤 스미스의 말과 박지원의 말은 일맥상통한다. 사익추구가 곧 공익에도 공헌한다는 것이 그것이다.

사람들이 자신의 이익을 추구하는 가운데 의도하지 않았던 결과, 즉 사회나 국가 전체의 이익도 증진시키는 과정을 애덤 스미스는 시장의 ‘보이지 않는 손’의 작용으로 표현했다. 쌀을 생산하는 농민이나 고기를 제공하는 축산업자는 원래 자신이 이익을 얻고자 물건을 생산하지만, 그것이 결국 우리 소비자들의 배고픔을 해결하고 밥상을 풍부하게 만들어 사회 전체의 이익도 증진시킨다는 것이다. 나아가 애덤 스미스는 공익을 위한다는 명분의 사업이나 정책보다도 개인의 사적 이익의 추구가 사회에 더 많이 공헌한다고 보았다.

200여년도 훨씬 이전인 18세기에 살았던 옛사람들도 알고 있었던 이런 '진리'를 21세기에 살고 있으면서도 여전히 파악하지 못하고 사익과 공익을 대립적인 것으로 보는 사람들이 많다. 국내에서 베스트셀러가 됐던 마이클 샌들의 《정의란 무엇인가》도 태풍으로 인해 피해를 입은 지역에서의 물가폭등과 이로부터 이익을 얻는 상인들에 대해 은근히 질타하는 것으로 시작된다. 사익추구가 공익을 해친다는 것이며, 자본주의 시장경제가 무언가 잘못됐다는 인상을 심어주고자 하는 의도다. 18세기 조선시대에 살았던 연암이 들어도 코웃음 칠 일이 21세기에도 여전히 벌어지고 있다.

사익추구가 공익 실현으로까지 자연스럽게 이어지는 구조를 이해하지 못하는 근저에는 시장에서의 거래 특성에 대한 무지나 오해가 자리하고 있다. 시장 거래에 참여하는 사람들 모두는 자신들의 사적 이익을 추구하며, 그렇기 때문에 거래가 성사됐다는 말은 거래에 참여한 모두가 그 거래로부터 이익을 얻게 된다는 말과 같다. 즉 자기 이익을 추구하기 위해 거래가 이뤄지지만 이 과정에서 타인의 이익도 자연스럽게 충족시켜준다. 거래는 일방적이 아닌 상호적이다. 시장에서는 이런 상호 이익 주고받기가 연속적으로 일어나면서 사회 전체의 이익도 증대된다. 사익추구가 보이지 않는 손에 이끌려 자생적이고 자발적인 협력 네트워크를 구성하고 공익의 실현에도 이바지하는 것이야말로 자유시장경제가 보여주는 기적이다.

"여러 나라와의 통상이 가난 구제하는 지름길"… 개방 주창한 연암 박지원

조선 최고, 당대 제일의 문장가란 명성의 연암 박지원(그림)은 1737년 서울의 서쪽인 서소문에서 가난한 양반가의 자손으로 태어났다. 집안이 워낙 빈궁해 제대로 공부할 여건이 되지 못해 16세까지 글공부를 하지 못했다. 16세에 결혼해 처가 덕으로 비로소 글공부를 하게 된 연암은 한 차례 과거에 응시했으나 백지를 제출, 벼슬에 뜻이 없음을 보였다. 이후 다시는 과거를 보지 않고 학문과 저술활동에 전념했다.

연암은 다른 실학자들, 특히 이용후생(利用厚生)학파에 속하는 학자들과 교류하는 한편 현장에서 일하는 백성들의 삶을 직접 목격했다. 여기서 그는 상공업 발전의 중요성을 통감하고, 유통 확대와 기술혁신으로 생산력의 발전을 증진시켜야 한다는 것을 실감했다. 나아가 가난을 구제하는 지름길로서 해외통상을 강조했다.

연암하면 떠오르는 것이 《열하일기》다. 그의 삼종형인 박명수가 청나라에 진하사절 정사로 베이징에 갈 때 수행하면서 황제의 피서지인 열하(熱河)까지 여행하고 돌아와 기록한 기행문집이다. 여기서 그는 외국과 통상한다면 국내의 산업 발전을 촉진시킬 뿐만 아니라 문명의 수준을 향상시키고 국제 정세를 파악하는 데도 큰 도움이 될 것이라고 주장하고 있다. 나아가 그는 세상에 대해 편견을 버리고 개방적인 자세로 탐구할 것을 요구하고 있다. 이 부분은 '지식의 오만을 버리고 겸손할 것'을 강조한 자유주의 석학 하이에크를 떠올리게 한다.

연암은《양반전》《호질》《허생전》등의 저술을 통해 당시의 시대상을 호되게 비판하면서 개혁을 주장했으나 실현되지는 못했다. 개방과 통상을 중히 여기는 그의 사상도 마찬가지였다. 그러나 21세기 대한민국에 연암이 다시 나타난다면, 상공업 발달과 해외무역으로 부강한 나라를 이룩한 후손들을 흐뭇한 표정으로 바라보지 않을까. 그러면서 한편으로는 자유무역협정(FTA) 반대, 원가공개와 가격규제를 외치는 정치인들을 바라보면서 혀를 끌끌 차지는 않을까.

11 자본주의와 도덕

신뢰 깨는 반사회적 행위는 시장서 걸러져…
사익 추구하는 자본주의가 더 나은 결과 낳아

자본주의가 도덕적이지 않다며 비난하는 사람이 많다. 자본주의가 도덕적이지 않은 이유로는 자본주의가 개인의 이익만을 강조한다는 점을 든다. 자본주의에서는 사람들이 공공의 이익보다는 개인의 이익을 추구하기 때문에 사회적 협동이 일어나지 않고 불평등이 심화되며 사회정의가 실현되지 않는다는 것이다. 그들은 그런 숭고한 목표를 달성하기 위해서는 개인의 이익을 배제하고 이타심이 주가 되는 공동체 윤리로 대체할 것을 주장한다.

자본주의가 개인의 이익을 강조하기 때문에 도덕적이지 않다는 것은 자본주의에 대한 이해 부족에서 온다. 자본주의 체제에서 가장 중요한 것은 개인의 권리다. 이것은 모든 사람이 자기 삶의 주인이며, 타인의 권리를 침해하지 않는 한 자신이 선택한 방식대로 자기 삶을 살아갈 권리가 있다는 것을 의미한다. 이런 사회에서는 개인이 이타심이 아니라 자기 이익에 따라서 경제행위를 하더라도 '보이지 않는 손'에 의해 자원이 효율적으로 배분되고 결과적으로 자신에게는 물론 다른 사람에게나 사회 전체에도 유익하게 된다는 것이 애덤 스미스의 혜안이다. 만일 자기 이익을 배제하고 이타심이 주가 되는 공동체 윤리로 대체하면 사회의 번영을 기대하기 어렵다. 이타심은 인간 행동의 주요 동기가 아니기 때문이다.

인간 본성 중에 가장 기본적이며 가장 많은 부분을 차지하고 있는 것은 자기애와 자기 이익이다. 이를 무시하거나 배제하면 사람들의 행동 동기가 사라져 경제활동이 위축된다. 따라서 자기 이익을 배제하기보다는 그것을 인정하고 남에게 피해가 가지 않도록 하는 도덕적 제약을 가하는 것이 더욱 합리적이다. 남에게 피해가 가지 않도록 하는 도덕을 강조한다고 해서 사기, 횡령, 절도, 폭행, 살인 등과 같이 남에게 피해를 주는 행위가 사라지는 것은 아니다.

인간은 완전한 존재가 아니기 때문에 도덕률로도 해결되지 않는 경우가 발생한다. 이런 행위들로부터 개인을 보호하기 위해 정부가 필요하고, 여기에 중요한 정부의 역할이 있는 것이다.

남에게 피해를 주는 행위는 자본주의 사회보다는 사회주의나 정부가 개입하고 통제하는 사회에서 더 많이 발생한다. 자본주의 시장경제에서도 사기나 횡령, 절도가 존재하지만 만연하지는 않는다. 왜냐하면 사람들 간의 교환과 관계는 단 한 번에 그치는 것이 아니라 반복되기 때문이다.

교환과 관계가 반복, 지속되기 위해서는 서로 적어도 상대에게 피해를 주는 행동을 하지 않아야 한다. 자본주의 시장경제에서는 정직하지 못하고, 남을 속이며, 소비자를 기만하고, 종업원을 착취하는 기업이나 기업인은 시장에서 퇴출되는 경우가 많다. 따라서 자본주의 시장경제에서는 그만큼 남에게 피해를 주는 행위가 덜 발생하는 것이다. 오히려 정부가 개입하고 통제하는 사회에서 남에게 피해를 주는 행위가 더 많이 발생한다. 교환과 관계에서 타인에게 해가 되는 결과가 초래되더라도 정부나 정치권력에 의해서 그것이 감춰지거나 보호되기 때문이다.

도덕적이지 않다는 이유로 자본주의를 비난하는 사람들 중 사회주의나 정부개입주의에 매력을 느끼는 사람이 많다. 그런 체제들이 사회협동, 평등, 사회정의와 같은 인간적인 가치를 목표로 하기 때문이다. 그러나 분명한 것은 목표는 그럴지 모르지만 그 결과는 그렇지 않다는 점이다. 자본주의 시장경제는 개인의 권리를 강조하는 만큼 개인의 책임을 강조한다.

사회주의나 정부개입주의 사회체제는 자기 자신의 문제에 대해 그 개인의 책임을 강조하지 않고, 개인이 저지른 잘못을 사회의 책임으로 돌리는 경향이 짙다. 자기 행동에 스스로 책임지지 않고 사회의 책임으로 돌리는 것은 결국 남에게 피해를 주는 결과를 초래한다. 이것은 가장 기본적인 도덕률에 어긋난다. 따라서 개인이 저지른 잘못에 대해 비난하지 않고 사회의 책임으로 돌리는 사회주의나 정부개입주의 사회체제보다는 개인의 책임을 강조하는 자본주의 사회가 훨씬 더 도덕적이다.

이뿐만 아니라 정부 개입이 크고 많을수록 구성원 간의 갈등이 증폭돼 사회적 협동이 오히려 잘 이뤄지지 않는다. 국가권력이 비대하면 정부나 정치인들은 그 국가권력을 이용해 특정 이익집단에 유리한 경제규제나 정책을 발효시킬 수 있다. 그 과정에서 부정부패가 심해지고 자원 배분이 학연, 지연, 혈연 등에 따라 이뤄지면서 구성원 간에 갈등이 생긴다. 관치가 만연하게 되며 무사안일, 적당주의, 형식주의가 팽배하게 된다. 자연스럽게 국민들 간에 분열이 생기고 자기 책임 의식이 줄어들며, 공동체 의식이 쇠퇴한다. 우리는 국가권력이 강했던 사회주의 국가와 정부의 개입과 통제가 많은 국가들에서 이런 사실을 확인할 수 있다.

자본주의, 사회주의, 정부개입주의 등은 수단이지 목적이 아니다. 그것 자체는 도덕적이지도 비도덕적이지도 않다. 중요한 것은 그것이 의도하는 것이 무엇이든 그것이 드러내는 실제 결과다. 개인의 자유가 억압되는 사회주의나 정부의 개입과 통제가 많은 사회보다는 개인의 자유가 보장되는 자본주의가 더 인간적이고 도덕적인 결과를 낳는 사회다.

경제적 유인 바꾸자 영국 죄수호송선 생존율⬆

개인의 자기 이익 추구가 공공의 이익을 늘린다는 것을 간파한 사람이 애덤 스미스다. 그는 《국부론》(제4권)에서 이렇게 얘기한다. "생산물이 최대의 가치를 갖도록 생산활동을 유도한 것은 오로지 자기 이익을 위해서다. 이 경우 그는 많은 다른 경우처럼 '보이지 않은 손'에 이끌려 그가 전혀 의도하지 않았던 목적을 증진시킨 것이 된다. 그의 의도에 없었다고 항상 사회에 해가 되는 것은 아니다. 그는 정말 의도적으로 증진시키고자 할 때보다 자기 자신의 이익을 추구하다가 사회의 이익을 더 효과적으로 증진시키는 일이 많다. 나는 공공의 이익을 위해 일한다고 떠드는 사람들에 의해 그 이익이 실현된 예를 본 적이 없다."

도덕에서도 마찬가지다. 어떤 특정 윤리와 도덕을 강요하기보다는 개인의 이익을 따르도록 할 때 바람직하다고 생각하는 인간적이고 도덕적인 결과를 낳은 실제 사례가 있다. 1860년대 영국은 선주, 선장들과 계약을 맺고 죄수들을 호주로 이송했다. 그러나 호주에 도착했을 때 죄수들의 생존율은 40%가 채 되지 않았다. 영국의 인권단체, 교회, 정부기관들은 도덕적 견지에서 죄수들을 인간적으로 잘 다뤄 생존율을 높여 달라고 선주와 선장들에게 호소했다. 그러나 죄수의 생존율은 높아지지 않았다.

그러자 한 경제학자가 선주와 선장들의 유인을 변화시킬 것을 제안했다. 죄수를 이송할 때 그 대금을 영국 항구에서 주는 대신 호주에

도착한 뒤 죄수 숫자로 계산해 지급할 것을 제안했다. 그 제안대로 시행하자 죄수 생존율은 즉각 98% 이상으로 올랐다. 이는 어느 날 갑자기 선주와 선장들의 도덕심이 높아졌기 때문이 아니었다. 죄수와 함께 무사히 호주 항구에 도착해야만 이익이 생기기 때문이었다. 이전에는 선주와 선장들이 정원의 3~4배를 태우고 위생시설도 갖추지 않고 좋은 음식도 제공하지 않아 승선한 죄수 대부분이 병들어 죽었다. 이제는 죄수들을 생존시켜 호주까지 많이 데리고 가면 갈수록 이익이 되기 때문에 정원만 태우고 좋은 음식을 제공하고 위생시설을 잘 갖췄던 것이다.

사람들로 하여금 바람직한 일을 하도록 하는 가장 좋은 방법은 그것을 할 유인을 주는 제도다. 정부가 통제하고 간섭하는 사회에서보다 개인의 자유를 허용하는 자본주의가 그런 제도를 더 많이 허용한다.

제4장

시장경제의 자유와 규제

01 간섭주의와 로마제국 멸망

인기 얻기 위한 빵값 통제가 시장간섭 불러…

로마제국 '도농분업체계' 붕괴돼 생산성 추락

적어도 로마제국의 초기, 즉 기원후 150년께까지 로마제국은 상당 부분 자유시장경제 국가라고 할만 했다. 로마제국은 자본재를 거래하는 주식시장이 발달하지 않았다는 점에서 오늘날의 자본주의 국가보다 훨씬 덜 자본주의적이지만, 산업혁명 이전의 어느 농업국가보다도 자본주의적이었다.

전성기의 로마 인구는 어림잡아 100만명으로, 산업혁명 이전까지는 서양에서 가장 큰 도시였다. 제국에는 인구가 10만명 이상인 도시가 최소 6개나 됐다. 이전의 어떤 농경사회보다 도시화가 진행됐다는 의미다. 도시화는 지중해 전역에 걸쳐 도농 간 분업을 촉진해 교역을 발달하게 했다. 밀, 와인, 올리브오일 등과 같은 농산물은 로마를 중심으로 제국에 유입됐다. 교역량이 늘어나고 교역 범위가 확대되면서 로마제국 초기 상인은 산업혁명 이전의 그 어떤 지역과 시기의 상인보다 생산적이었다.

무역, 공공공사 등을 위해 금융중개를 위주로 하는 금융시장도 발달했다. 토지 소유권도 보장해 그 행사에 제한을 가하지 않았다. 이것을 '피 심플(fee simple)'이라고 한다. 기원전 111년에는 국공유지의 상당부분을 사유지로 전환했다.

자유로운 임금노동자의 상당수는 농업에 종사했고 제국 초기의 노예는 노동시장의 일부였다. 노예는 명령에 따라야 하지만 자유인과 대등하게 노동시장에 참여할 수 있었기 때문이다. 노예제도가 매우 개방적이었다는 것이다. 노예 해방이 자주 이뤄졌을 뿐 아니라 노예는 돈을 내고 시민권을 살 수도 있었고, 재산을 소유할 수도 있었다. 극단적으로 노예가 노예를 소유한 경우도 있었다. 로마의 노예는 교육을 받고 책임 있는 경제적 역할을 하도록 장려됐다. 상벌제도, 직업의 다양함 등에 미뤄볼 때 로마의 노예는 오늘날 장기계약의 피고용인과 큰 차이가 없었다. 즉 노동시장은 노예노동과 자유노동을 구분할 수 없을 만큼 매우 자유로웠다. 노예제가 창조성을 떨어뜨렸다거나 로마의 경제제도가 다른 길로 가는 것을 막아 궁극적으로 로마제국의 경제를 정체로 이끌었다는 주장은 틀린 것이다.

이렇듯 제국 초기 무역, 금융, 토지, 노동 등에서 자유시장이었던 로마제국이 멸망한 이유는 무엇인가. 황제들의 경제정책에서 해답을 찾아야 한다. 제국시대 황제들은 인민의 지지를 얻기 위해 두 가지 사업에 역점을 뒀다. '빵과 서커스'가 그것이다. 황제들은 검투사(영화 '글래디에이터'에서 러셀 크로가 분한 막시무스 장군을 생각해보라)를 이용해 검투경기를 열었고 '안노나(Annona)'라는 식량분배제도를 통해 무산자들에게 식량, 특히 밀을 무료 또는 아주 낮은 가격으로 나눠줬다. 때로는 생필품을 구입하라고 주화도 나눠줬다.

오늘날의 복지제도라고 할 수 있는 안노나는 많은 자원이 필요했다. 인구 100만명의 로마시에 안노나의 혜택을 보는 사람은 적을 때는 10만명 정도고 많을 때는 30만명을 웃돌았다. 안노나로 나눠주는 밀의 가격은 무료거나 시장가격의 절반을 넘지 않았다. 안노나는 간헐적이었던 것으로 보이지만 재정적 부담은 작지 않았다. 안노나를 위해 수입된 밀의 양은 로마 수입량의 약 15~50%라고 역사가들은 추정한다. 여기에 황제들은 군사비용도 마련해야 했다. 전쟁에서 이기기 위해선 군인에게 급료를 넉넉하게 지급하지 않으면 안 되기 때문에 군사비용도 만만치 않았다. 세금과 공물로 그 많은 비용을 댈 수 없었던 황제들은 주화에 들어가는 귀금속의 양을 줄이는 방법, 즉 '가치변조'를 이용해 시민으로부터 시뇨리지(화폐주조차익)를 징수했다.

그러나 세상에 공짜는 없는 법. 주화의 가치변조가 잦아짐에 따라 인플레이션이 기승을 부렸다. 황제들은 안노나를 위해 밀 가격을 정했는데, 점차 다른 곡물은 물론 임금, 이자율 등에까지 그렇게 하

기 시작했다. 디오클레티아누스 황제는 인플레이션을 통제하기 위해 화폐개혁을 단행했을 뿐 아니라 기원후 301년에 모든 재화와 용역의 가격을 통제하는 칙령을 반포했다.

그러나 이런 광범위한 간섭주의는 상황을 개선한 것이 아니라 그때까지 유지됐던 도농 간 복잡한 분업 체제를 더 무너뜨리고 말았다. 특히 도시 근교의 농민은 자급자족을 하거나 도시의 무산자로 전락해 안노나에 의존하는 신세가 됐다. 인구가 점점 증가하면서 로마시 재정은 예전보다 더 어려워졌다. 곡물과 생필품 거래가 불가능해지면서 도시 사람들은 도시를 버리고 농촌에서 자급자족하려고 노력했다. 도시와 농촌 간 분업 체제의 붕괴는 특히 노동시장에 큰 충격을 줬다. 이런 분업체제 붕괴는 제국의 재정에 커다란 압박을 가했다. 안노나, 인플레이션, 간섭주의가 차례로 악순환을 하게 된 것이다. 이에 따라 로마시를 포함한 제국 전체의 생산성도 누적적으로 떨어졌다. 오늘날의 이탈리아를 포함한 로마제국은 분업이 매우 발달한 시장경제(노예제 때문에 '완전한' 시장경제는 아니다) 체제에서 분업이 붕괴한, 자급자족 위주의 농경상태로 되돌아갔다.

로마의 시장경제가 노예제 때문에 멸망했다거나 로마가 점점 더

퇴폐적으로 변했기 때문에 야만인에게 정복당했다는 주장은 틀린 것이다. 로마가 게르만 이주민의 반란을 군사적으로 제압하지 못했기 때문에 멸망했다는 주장도 틀렸기는 마찬가지다. 현대 경제학 용어로는, 로마는 복지정책, 인플레이션, 가격규제 때문에 시장경제가 무너졌고 그 결과 야만인을 대적할 경제적 능력이 없었던 것이다. 이 복지정책, 인플레이션, 가격규제 등을 총칭해 간섭주의라고 한다.

루트비히 폰 미제스는 로마제국의 멸망에 대해 이렇게 역설했다. "로마제국은 자유주의(경제적으로는 자본주의를 말함) 정신과 자유기업 정신을 결여했기 때문에 산산이 부서져 먼지가 됐다. 간섭주의 정책과 그 정치적 귀결인 '총통원리(모든 걸 황제 혼자서 결정하는 체제)'가 어떤 사회적 실체건 항상 해체하고 파괴하듯이 강력한 제국도 해체했다."

통화증발 따른 고(高)인플레…이자율도 통제, 금융 마비

로마제국은 기원후 약 150년간 연 1%대의 물가 상승이 있었다. 이 기간 물가가 상당히 안정돼 있었다는 것이다. 한 연구에 의하면 밀 가격은 기원전 150년쯤 6.5㎏당 3~4세스테르티우스(로마제국 화폐의 최소 단위·銅貨)였고 기원후 50년께에는 5~6세스테르티

우스였다는 것이다.

그러나 그 이후 200년 정도, 기원후 151년부터 350년까지의 로마 제국 후반기는 물가상승률이 연 3.5~5%를 웃돌았다. 이 기간의 물가 상승률을 복리로 계산하면 174~1508배 상승했다는 계산이 나온다. 가히 살인적인 인플레이션이라고 하겠다.

제국의 후반기에 인플레이션이 지속되고 높았던 것은 정부가 은화에 포함된 은의 양을 지속적으로 떨어뜨려 통화공급을 늘렸기 때문이다. 물론 통화공급과 관련한 구체적인 자료는 아직 발견되지 않았다. 이론적으로는 지속적인 물가 상승은 통화공급의 증가밖에 없다. 전염병, 자연 재해 등은 일부 재화가격의 일시적인 상승을 가져오지만 모든 재화의 지속적인 가격 상승은 일으키지 않기 때문이다.

로마제국은 금융시장이 매우 발달했다. 은행, 브로커, 파트너십, 개인, 공공기관 등이 오늘날 금융기관들이 하는 각종 금융중개를 했다. 그 결과 제국 초기 금융기관들은 18세기 프랑스 금융기관보다 효율적이었고 18세기 런던의 금융기관과 비슷했다. 그러나 높은 인플레이션은 당시 로마 전역을 연결했던 금융시장을 서서히 마비시켰다.

로마제국에서의 이자율은 월 1%, 연 12%고 더 이상의 높은 이자율을 정부가 금지했기 때문에 높은 인플레이션은 실질이자율을 크게 하락하게 했거나 심지어 음(陰)이 되도록 했다. 그 결과 기원후 3세기까지 손실을 내고 파산하는 은행이 늘어났다. 마치 오늘날 경제위기로 각종 금융기관이 파산하듯이 말이다.

02 지적(知的) 자만이 낳은 독점규제법

독점규제로 최적의 시장구조 만든다는 건 오만…

거대기업도 혁신 못하면 시장이 알아서 밀어내

카를 마르크스 이래 경제사상사에서 가장 첨예한 논쟁 중 하나는 시장의 자유경쟁을 유지하는 데에 '사유재산' '계약자유' '개인책임' 등과 관련된 사법(私法)만으로 충분하냐는 것이다. 유감스럽게도 사법만으로는 충분치 않고 별도의 공적인 정부 규제가 필요하다는 의견이 압도적이다. 정부가 규제하지 않고서는 단일 또는 소수 대기업의 '독점행위' 때문에 시장의 경쟁적 환경이 파괴된다는 것이다. 여기서 독점행위란 공급을 줄이고, 품질이 좋지 않아도 가격을 높게 매긴다는 것을 뜻한다. 자유시장은 이런 악덕기업의 독점행위를 스스로 통제해 소비대중을 보호할 수 없기 때문에 별도의 입법이 필요하다고 믿은 것이다.

이런 믿음에서 오늘날 세계 각국이 도입하고 있는 게 '독점규제법'이다. 이 법의 바탕에는 독점행위를 야기하는 기업규모, 시장점유율, 상품의 이질성, 담합·결합 등을 엄격히 규제해야 한다는 논리가 깔려 있다. 그래서 큰 기업이 가격을 올리면 '가격경찰'이 덮치고, 담합을 막기 위해 '리니언시(자진신고자 감면제도)' 같은 밀고제도도 둔다. 스탠더드오일, 마이크로소프트(MS)처럼 덩치 큰 기업들에는 몸집을 쪼개겠다고 위협한다.

독점행위를 하면 처벌하는 게 당연하다. 그러나 시장점유율과 기업의 규모가 자동적으로 독점행위와 연결되는 것은 아니다. 시장점유율이 높아도 원가절감, 품질개선, 시장확대 노력을 통해 매우 경쟁적으로 행동할 수 있기 때문이다. 기업의 성장은 독점행위에서 비롯되는 것은 아니다. 생산기술, 수요, 위험자본 등이 기업규모와 밀접하게 연계돼 있으며, 소비자 욕구를 충족시킬 수 있는 능력이 기업의 성장을 좌우한다. 단지 기업의 규모가 크다고 해서 독점행위를 하는 게 아니다. 기업은 규모나 시장점유율과는 무관하게 글로벌 경쟁압력에 노출돼 있다. 상품 공급을 축소하고 가격을 인상해 돈벌이만 하려는 기업은 혁신경쟁에서 뒤처져 시장에서 밀려나기 일쑤다. 글로벌 경쟁 때문에 오늘날 기업의 시장지배력은 오래가지 못한다.

하이테크산업 부문은 로테크산업과 달리 신기술이 지속해서 등장하며 경쟁구도도 수시로 뒤바뀐다.

흥미로운 건 담합이다. 그러나 담합도 시장에서 효과적으로 해결된다. 가격담합은 내·외적 이유로 오래 유지하기 어렵다. 내부적으로는 동업자의 배반 또는 생산량 할당과 관련된 갈등으로 오래가지 못한다. 외부적으로는 경쟁력이 있는 신규 생산자의 시장진입 때문에 늘 불안정하다. 셰일가스 개발로 석유수출국기구(OPEC)의 담합이 무너진 게 좋은 사례다. 그러나 파스칼 살랭 프랑스 파리대 교수가 지적하듯이 이용자 수가 많을수록 쓸모가 커지는 '네트워크 효과'를 지닌 상품공급의 담합처럼 시장은 소비자와 생산자에게 유익한 안정적 담합을 가능하게 한다. 통신, 자동차플랫폼 등과 같은 네트워크 효과가 있는 상품에서 이질성은 소비자, 생산자 모두에게 좋지 않다. 그래서 생겨난 게 '이질성의 제한' 또는 '표준화를 위한 담합'이다. 담합을 통해 상품이 표준화하거나 이질성이 줄어들면 소비선택이 간편해진다. 그런 담합은 독점행위 없이 소비자 욕구를 효과적으로 충족시킨다. 자동차업체들은 자동차 표준화로 광고선전 비용을 절감하고, 차체나 디자인에서 경쟁·혁신능력을 얼마든지 발휘할 수 있다.

'담합은 생산량을 줄이기 때문에 사악하다'는 주장도 옳지 않다는 오스트리아학파 경제학자 머레이 로스바드의 인식도 흥미롭다. '커피담합'은 커피콩 생산을 줄이지만 그로 인해 남아돌게 된 노동·자본은 긴급히 필요한 재화(고무)와 서비스(정글가이드)의 생산에 사용할 수 있다. 따라서 담합은 전체 산출량을 줄인다고 볼 수 없다는 게로스바드의 발전적 인식이다.

이쯤에서 봐도 독점규제법은 불필요하다는 게 확연히 드러난다. 그럼에도 그 옹호자들이 그걸 인식하지 못하는 이유로 두 가지를 꼽을 수 있다. 첫째, '가격을 조작할 수 있는 힘'을 뜻하는 잘못된 독점 개념 때문이다. 자유시장에서는 어떤 판매자든 가격에 영향을 미칠 수 있기 때문에 독점·경쟁가격의 구분은 의미가 없다. 오직 '자유시장가격'만 있을 뿐이다. 완전경쟁시장, 과점시장, 독점시장의 구분도 실익이 없다. 자유, 경쟁, 정의를 기반으로 하는 애덤 스미스의 '자연적 자유의 시스템'만이 있을 뿐이다. 진정한 독점이란 그런 시스템을 위반하는 정부의 기업특혜 특권이다. 독점을 줄이는 방법은 정부의 그런 특전을 허용하지 않는 것이다.

둘째, 정부 개입 없이도 효과적으로 기업들의 경제력을 길들이는 시장원리, 즉 그들의 행동을 조정·통제하는 시장과정에 대한 인식 부족 탓이다. 시장은 소비자들이 원하는 방향으로 기업들의 행위를 조정하는 힘이 있다. 잘못된 행위를 수정하거나 가차없이 처벌·제거하는 힘도 있다. 시장의 조정·통제력이야말로 하이에크의 유명한 '경쟁의 발견절차'다.

자유시장은 그런 자생적인 힘이 있어 독점문제를 스스로 해결한다. 따라서 정부는 독점과 관련해 따로 해야 할 일이 없으며 당연히 독점규제법도 불필요하다. 인위적인 독점규제는 특히 지식의 문제 때문에 위험하다는 것도 직시할 필요가 있다. 독점규제법의 실현을 위해서는 정부는 독점력을 제거하고 최적 기업규모·시장구조, 적정 분배를 계획해야 한다. 그러나 그런 계획과 실현을 위해 필요한 지식은 각처에 분산해 있기 때문에 정부는 그런 지식을 전부 수집해 이용할 수 없다. 그런 계획이 성공할 수 없는 이유다.

따라서 독점규제법은 알지도 못하면서 아는 척하는 지적 자만에서 비롯된 것이라고 할 수 있다. 지적 자만은 치명적이다. 독점규제는 기업과 개인을 국가정책을 위한 수단으로 전락시키기 때문이다. 그로 인해 사적 자치와 경제적 자유가 유린당한다. 그런 규제법은 법치의 치명적인 위반이다.

결론적으로 자유시장은 독점규제법이 없어도 독점문제를 스스로 해결할 수 있다. 독점규제법은 불필요하다. 오히려 기업의 발목을 잡고 번영을 해칠 뿐이다.

오이켄 vs 미제스, 독점규제 논쟁 승자는?

발터 오이켄

루트비히 폰 미제스

시장의 독점문제 해결능력에 관한 가장 광범위한 철학적 논쟁은 발터 오이켄(1891~1950)과 루트비히 폰 미제스(1881~1973) 간의 논쟁이다.

오이켄은 전후 독일 경제질서의 기초를 확립한 프라이부르크학파의 창시자다. 그는 '기업의 독점권력' 때문에 국가가 규제하지 않고서는 자유로운 시장경쟁질서가 유지될 수 없다고 봤다. 그러나 오스트리아학파를 이끈 자유주의 거장 미제스는 자유시장이야말로 독점문제를 깔끔하게 해결할 수 있다고 주장했다. 독점의 근원은 시장이 아니라 인허가제도, 관세 등의 규제를 통해 독점을 창출하는 국가 자체라는 것이다. 오이켄도 독점의 근원이 국가라는 걸 인정했다. 그러나 사적 독점도 주목해야 한다고 목소리를 높였다. 자유시장은 사적 독점을 해결할 수 없기 때문에 국가의 개입이 필요하다는 것이었다.

누구의 주장이 옳은가. 독점규제 정책에 대한 미국 경제학자 도미니크 아르멘타노의 역사연구가 분명한 해답을 준다. 그에 따르면 스탠더드오일, 포드, US스틸 등 거대기업들은 회사가 커짐에 따라 가격을 내리고 공급은 늘렸다. 거대기업들이 소비자를 괴롭혔다는 것도 틀렸다고 주장한다. 대기업의 혁신활동 덕에 소비자는 질 좋은 상품을 싼값으로 구매할 수 있었다는 것이다.

독점규제 정책은 약한 경쟁자를 보호하기 위한 법일 뿐 독점으로부터 소비자를 보호하기 위한 법이 아니었다는 것도 아르멘타노의 탁월한 역사해석이다. 그의 연구는 자유시장은 독점규제 없이도 거대기업의 독점 문제를 스스로 해결할 수 있다는 미제스의 인식이 옳았다는 걸 입증한다. 그럼에도 학계와 정치권은 이런 생각에 냉소적이다. 경제학을 '대기업을 길들이는 과학'이라고까지 주장한 프랑스 경제학자 장 티롤이 2014년 노벨경제학상을 받은 건 결코 우연이 아니다. 슬픈 일이 아닐 수 없다.

03 경쟁제한이 낳는 불로소득

최고 2억원에 가까운 개인택시 면허가격…

증차 막아 독점영업 보장한 규제의 대가

"따블(double), 따블." "따따블, 따따블." "OO동 갑니다."

늦은 밤 시내 중심가에서 흔히 들을 수 있는 소리다. 특히 금요일 밤이나 연말연시 사람들이 모임 등을 하기 위해 많이 몰리는 날이면 더 혼잡스럽다. 택시기사들은 유리창만 살짝 내리고는 "어디 가느냐"고 묻는다. 나오는 요금의 두 배를 주겠다거나 네 배를 주겠다는 사람도 있다. 택시기사는 자신의 입맛에 맞는 사람만 골라 태운다.

점잔을 빼거나 '정석'대로 오는 택시를 차례대로 기다려 '제값' 주고 집에 가려는 사람은 한 시간이고 두 시간이고 길거리에서 허송세월해야 한다.

요즘은 조금 나아졌다고 하지만 택시의 횡포와 택시기사들의 불친절은 여전한 불만 사항이다. 경제학에서는 '수요와 공급' 이야기를 많이 하는데, 이런 현상은 공급이 수요를 따라가지 못해서 벌어지는 일 중 하나로 볼 수 있다. 택시를 기다리는 사람은 넘쳐나는 데 반해 택시는 부족해서 택시기사들이 승객을 마음대로 취사선택할 수 있는 것이다. 한마디로 택시기사가 왕이고, 손님은 봉이다.

그런데 경제학에서는 수요와 공급 이야기를 하면서 한발 더 나아간다. 즉 부족한 것은 저절로 채워지고 넘치는 것은 저절로 사라져서 균형을 맞춰간다는 이야기도 한다. 택시의 경우 택시 공급이 너무 적어 택시기사가 왕 노릇을 할 정도면, 택시영업을 하고자 하는 사람이 대거 몰려들게 돼 있고, 택시 공급이 늘어나게 돼 있다. 그런데 현실에서는 그렇게 되지 않는다. 택시에 대한 불만은 예전에도 그랬고 지금도 그렇다. 왜 그럴까. 시장이 잘못된 것일까. 이유는 택시의 영업이 독점이기 때문이다.

택시영업을 하는 회사가 한둘이 아니고 수만명의 개인택시기사까지 경쟁하는데, 독점이라니 무슨 말이냐고 의아해 할 수 있다. 운수사업법에 따르면 택시운전자격은 일정 자격만 갖추면 누구나 취득할 수 있다. 그리고 택시면허 취득자는 본인이 원할 경우 누구라도 또 언제라도 택시영업을 할 수 있어야 한다. 그런데 실상은 그렇지 않다. 누구라도 택시면허를 취득할 수는 있지만, 누구나 택시영업을 할 수는 없다. 정부가 택시의 총 운행 대수를 제한하기 때문이다. 정부가 택시 운행 대수를 제한해 택시영업을 독점시장으로 만든 것이다.

지역별 개인택시 면허 매매가격 (단위:만원)

지역	매매가격	지역	매매가격
경남 거제	1억 8500	서울	7500
충북 청주	1억 2000	부산	7500
충북 세종	1억 3500	대전	8700
충남 천안	1억 5000	대구	4000

2015년 1월 기준

예를 들어 서울에서는 개인택시를 포함해 택시 7만3000여대가 운행 중이며, 이 숫자는 1990년대 초반 결정된 이래 지금까지 유지되고 있다. 법인택시를 운전하면서 15년 무사고 등 자격 요건을 갖춘 개인택시면허 대기자가 상당수며 이들은 개인택시 공급 확대를 요구했지만 정부는 이 요구를 계속 묵살했다. 정부가 진입장벽을 쳐서 새로운 경쟁자를 배제하고 기득권자의 이익을 보호함으로써 시장에 이미 진입한 기존 택시법인과 개인택시 기사들에게만 영업할 수 있도록 일종의 독점권을 부여한 것이다.

개인택시를 운행하기 위해서는 신규 취득은 불가능하고 기존 개인택시사업자로부터 면허를 양수받는 것이 유일한 방법이다. 그러다 보니 개인택시 면허가격(이른바 번호판값)이 형성돼 높은 가격에 거래되고 있다. 최근에는 택시 감차정책에 따라 이 가격이 치솟고 있다. 올 1월 교통일보 보도에 따르면 개인택시 면허 가격이 경남 거제시는 1억8500만원, 충북 청주시는 1억2000만원이나 된다. 서울과 부산은 7500만원 선에서 거래가 이뤄진다고 한다. 이것은 독점에 따른 일종의 지대(rent)다.

우리는 일반적으로 어떤 재화나 서비스를 공급하는 사람(기업)이 단 한 명일 경우 이것이 독점이라고 알고 있다. 택시영업 부문에서는 다수 회사가 존재하고 게다가 수많은 개인택시기사도 경쟁하는 것처럼 보인다. 하지만 실상은 독점의 폐해를 고스란히 드러내고 있다. 이런 개념과 실제의 불일치는 널리 알려진 독점의 개념이 적절하지 않다는 점을 잘 보여준다.

우리가 익히 알고 있는 독점의 개념과는 달리 독점은 국가가 특정 개인 혹은 그룹에 특권을 제공함으로써 형성된다고 보는 견해가 있다. 국가가 부여한 특권으로 인해 다른 사람(기업)의 시장 진입이 허용되지 않기 때문에 독점이 형성되고 유지된다는 것이다. 애덤 스미스 역시 정부가 부여한 특권으로서의 독점을 시민의 '자연적 자유'에 대한 침해로 보고 격렬하게 공격했다. 이런 '초기 독점'의 특성은 사악한 이익의 추구와 횡포였다. 초기 독점에 대한 부정적 이미지는 현재까지도 이어지면서 문제를 일으키고 있다.

독점에도 두 가지가 있다는 점을 간과한 것이 문제의 출발선이다. 즉 정부 특혜를 통한 독점과 시장 경쟁으로 형성되는 독점을 구분하지 못하고 양자를 동일시함으로써 문제가 발생한다. '공급자가 한 사람(기업)일 경우 독점'이라는 잘못된 정의를 따른 결과다. 정부가 제공하는 특권이 아닌 시장 경쟁을 통한 독점은 소비자 이익을 침해하지 않는다. 이때의 독점은 시장에서 소비자가 자발적으로 선택한 결과 나타난 현상이기 때문이다.

이 경우 오히려 소비자 이익을 증진한다. 이런 의미에서 시장점유율을 '소비자선호율'로 고쳐 불러야 한다는 논의도 나오고 있다. 시장경쟁을 통한 독점이란 다른 기업과의 경쟁에서 값싸고 질 좋은 제품을 효율적으로 제공함으로써 소비자의 독점적 선택을 받았다는 증거에 다름 아니다. 또 여기에서는 이 시장을 노리는 경쟁자가 언제든지 진입할 수 있다는 점도 정부의 특혜에 의한 독점과는 구별된다.

시장경쟁을 통한 독점을 '사악한 독점'이라 해 징벌하는 것은 경쟁을 왜곡하고 기업가 정신을 말살한다. 공급자가 단 한 명일 경우 독점이라고 하는 개념은 적절하지 못할 뿐 아니라 커다란 해악을 끼치고 있다. 정부 특혜에 의한 독점이 진짜 독점의 문제다.

"시장은 열고 선택은 소비자에게"…
우버 문제 '프리드먼 해법' 고려를

우버의 등장은 특정 직업에 종사하는 데 필요한 면허제와 정부의 독점에 대한 논란을 불러일으켰다. 우버는 스마트폰 애플리케이션으로 승객과 차량을 연결해주는 서비스다. 2010년 미국 캘리포니아주 샌프란시스코에서 처음 서비스를 시작한 지 4년 만에 45개국 200개 이상의 도시로 퍼져나가며 폭발적으로 확산됐다.

운전면허 이 외에는 특정 자격이나 면허가 필요 없는 우버가 세력을 확장하자 예상했던 대로 폐쇄적인 면허제로 운영되는 택시업계의 반발이 세계 곳곳에서 거세지고 있다. 한국에서도 우버 택시에 대해 반대 목소리가 높다. 이들은 운전자의 전과 조회 등 검증에 문제가 많으며, 승객 안전에 큰 문제가 발생할 수 있다는 이유를 들어 반대하고 있다. 우버 도입을 찬성하는 측에서는 반대자들이 반대하는 이유가 새로운 경쟁자의 등장으로 지금까지 유지되던 자신들의 독점적 지위가 깨질 수 있다는 불안감 때문이라고 한다.

우버 택시가 등장하면서 미국 뉴욕을 비롯한 주요 도시에서는 개인택시 면허 가격이 평균 17~20% 하락했다. 한국에서도 비슷한 현상이 불가피할 것이다. 시장에 진입해 있는 기득권자의 독점적 지위가 위협받는다는 말이다.

우버 택시 도입이 우리 사회에 새롭고도 이로운 서비스를 제공할지 아니면 일각의 우려대로 승객 안전에 위협이 되고 사회에 해악을 끼칠지 현재로써는 알 수 없다. 이럴 경우 우리가 선택할 수 있는 것은 프리드먼의 해법이다. 이른바 '원천봉쇄'할 것이 아니라 실험과 시도를 자유롭게 할 수 있도록 하면서 시장과 소비자가 결정하도록 하자는 것이다. 그 이유는 다음과 같다. "시장을 떠받치는 훌륭한 논거는 바로 다양성에 대한 시장의 관용이다. …시장은 특수집단이 실험을 방해할 수 없도록 무력화하며, 생산자가 아닌 고객이 자신에게 무엇이 가장 유리할지 스스로 결정하도록 내버려둔다."

04 최저임금제도의 역설

시장가보다 높은 최저임금, 자본투자 부추겨 저임금 미숙련 노동자 설 자리만 줄어든다

2010년 대구의 한 아파트 단지에서 동대표 회의가 소집됐다. 아파트 경비원에 대한 최저임금 적용을 1년 앞두고 대책을 세우기 위해서였다. 주민 투표를 거쳐 폐쇄회로TV(CCTV) 설치를 전제로 경비 전문업체에 아파트 경비를 맡기기로 결정했다. 그 과정에서 어떤 일이 일어났는가.

첫째, 50명이 넘던 경비원이 10여명으로 줄었다. 경비원 50명이 모두 해고되고 10여명의 경비업체 직원이 업무를 대신 맡았다. 전국적으로 이런 아파트 단지가 많아 경비원이 대량 해고되면 저임금 미숙련 노동자의 시장임금은 최저임금법이 없을 때보다 더 낮아지기 마련이다. 최저임금 노동자의 시장임금보다 높은 임금은 이들 해고된 노동자의 희생을 대가로 한 것이란 설명이다. 최저임금도 못 받는 노동자가 227만명(전체 노동자의 약 12%)이나 된다는 통계는 최저임금 노동자의 부당이득이 적지 않다는 것을 의미한다. 그리고 노동조합처럼 최저임금은 노동자와 노동자 간의 소득재분배 제도이지 노동자와 사용자 간의 소득재분배 제도가 아니다. 무엇보다 중요한 것은 최저임금제도가 미숙련 노동자의 실업률을 높인다는 점이다.

연도별 최저임금과 증가율

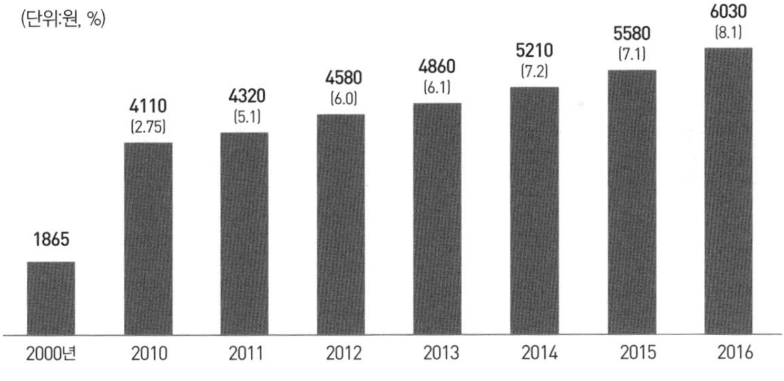

둘째, 이 아파트 단지는 CCTV를 설치했다. CCTV를 여러 대 설치해야 했기에 비용이 만만치 않았다. 대략 10년 정도 지나야 경비원 인건비 절약분과 비슷해진다. 이것을 경제학에서는 '자본소비'(사용자비용)라고 부른다.

셋째, 경비원이 적은 탓에 경비가 소홀해질 것을 우려한 가구들은 디지털 자물쇠를 설치하거나 교체했다. 디지털 자물쇠 설치비용은 그렇게 크지 않았지만 경비원의 최저임금 적용으로 인해 각 가구는 추가적인 비용을 치렀다.

넷째, 전기 소비가 늘었다. 아파트 출입문을 자동문으로 바꾸고 여러 대의 CCTV를 가동해 전기 소비가 늘어나게 됐다.

다섯째, 단지 내 경비실과 음향장비 등은 쓸 데가 없어졌다. 만약 경비원의 임금이 시장에서 결정됐다면 여전히 경비원이 경비를 했을 것이기 때문에 최저임금법으로 인해 경비실과 음향장비 등은 더 빨리 쓸모가 없어진 것이다.

여섯째, 아파트 주민이 장을 봐 올 때 경비원이 짐을 같이 들어주거나 오고가다 대화도 나누는 등 인간미가 있었는데 CCTV로 대체되면서 그런 주민의 심적 만족감이 사라졌다. 이는 돈으로 계산할 수 있는 게 아니지만 경비체제 변경으로 주민이 상실한 것임은 분명하다.

물론 최저임금이 적용되고 있지만 경비원을 그대로 둔 아파트 단지도 있고, 2010년 이전에 경비원을 없앤 곳도 있다. 즉 지금까지 분석이 모든 아파트 단지에 적용되지는 않는다는 것이다. 그러나 최저임금이 아파트 단지 경비에 영향을 준 사례는 적지 않고 이에 따른 결과는 앞에서 분석한 것과 비슷할 것이다.

최저임금이 미치는 영향은 산업 또는 사업장에 따라 다를 수도 있다. 저임금 미숙련 노동자를 고용하고 있는 사업장은 노동비용 상승, 자본소비 등으로 경영에 어려움을 겪을 것이다. 최저임금 인상전에도 경영에 어려움을 겪던 한계기업은 최저임금 인상으로 파산할 수도 있다. 거시경제 차원에서 중요한 것은 비효율적인 자원 배분은 최저임금이 없을 때보다 경제성장을 저해할 것이라는 점이다.

영국의 한 유명한 소득불평등 문제 전문가는 최저임금이 소득불평등을 개선할 수 있는 제도라고 강조한다. 그러나 앞에서 봤듯 최저임금은 노동자와 노동자 간의 소득불평등을 악화시킨다. 경제 전체적으로는 소득불평등의 개선 또는 악화를 예상할 수 없지만 경제성장이 저조해질 것을 고려한다면 소득불평등은 악화될 가능성이 크다고 볼 수 있다. 어느 정도 악화될 것인지는 알 수 없다.

최저임금은 시행 첫해인 1988년에 시간당 462.50원(제1그룹)과 487.50원(제2그룹)이었다. 이때만 해도 사용자가 최저임금보다 높은 임금을 지급하고 있었기 때문에 아무 문제가 없었다.

그러나 최저임금 수준은 1990년 690원, 2000년 1865원, 2008년 3770원, 2015년 5580원, 2016년 6030원까지 지속적으로 인상됐다. 최저임금이 진정한 최저임금이 된 시점부터 법은 여러 문제를 양산했다. 정치가를 포함한 일부 전문가만 사태를 몰랐거나 알면서도 외면했다.

일부 노동문제 전문가는 최저임금을 받지 못하는 노동자가 많다는 이유를 들어 최저임금법이 현장에서 제대로 집행되는지 감독할 방법을 고민해야 한다는 지적을 한다. 이것이 소위 법 집행의 문제다. 그러나 이 지적은 결코 옳은 것이 아니다.

보통 사람뿐 아니라 도둑, 살인자 등도 도둑질, 살인 등을 엄벌하는 데 동의한다. 도둑, 살인자 등도 자신의 재산이 도둑맞는 것을 원치 않고 타인에게 변을 당하는 것을 원치 않기 때문이다. 바로 그 이유로 그런 행위를 막기 위한 노력, 즉 법 집행 노력을 게을리하지 말아야 한다.

그러나 최저임금법은 긍정적 효과보다 부정적 영향이 크기 때문에 그 자체가 잘못 만들어진 것이다. 그러므로 최선은 그 법을 폐지하는 것이지만 당장 그렇게 할 수 없다면 법 집행을 곧이곧대로 하지 않는 것이 최선이다. 법을 엄격하게 집행할수록 그와 비례해 부정적 영향과 긍정적 효과의 차이가 커질 것이기 때문이다. 법 집행을 엄격하게 하기 위해서는 법 집행 비용도 비례해 증가한다. 다만 최저임금 노동자의 인권유린과 같은 행위는 엄벌해야 한다.

허버트 후버 대통령의 오판

대공황 때 최저임금 정책…4명 중 1명이 실업자로

허버트 후버

최저임금제를 미숙련 노동자가 아니라 전체 노동자에게 시행했던 적이 있다. 1930년대 미국의 대공황 때 허버트 후버 대통령(사진)은 기업인에게 임금과 일자리 유지를 부탁했다. 기업인들은 적극 호응했고, 헨리 포드는 임금 인상을 약속하기까지 했다.

후버 대통령이 기업들에 요구한 것을 현대경제학 용어로 말하자면 최저임금 정책이라고 할 수 있다. 기업에서 지급하는 최저임금은 시장에서 자유롭게 결정되는 임금보다 높다. 당시는 물론 최저임금을 법으로 규정한 게 아니라 각 기업, 특히 대기업으로 하여금 각자 형편에 맞춰 최저임금을 시행하도록 한 것이다. 후버 대통령은 소비를 유지 또는 늘림으로써 노동자의 생활수준을 높일 뿐 아니라 침체로 인한 수요 감소를 해결할 수 있다고 믿었던 것 같다.

후버 대통령과 기업인들의 기대와 달리 최저임금 정책의 결과는 참담했다. 노동자의 임금은 1931년 3% 이내로 하락한 반면 재화 가격은 같은 해 8.8% 떨어졌다. 그 결과 같은 해 실질임금은 크게 올라 1929년 실질임금보다 높았다. 침체가 심화되는 상황에서 실질임금이 상승한 것은 후버 대통령의 최저임금 정책 때문이다. 그리고 실질임금 상승은 1930년대 전반기 실업 문제를 사상 최악으로 내몰았다. 실업률은 1931년 15.9%, 1932년 23.6%, 1933년 24.9%, 1934년 21.7%였다.

최저임금 정책을 쓰지 않았다면, 즉 임금도 재화와 같이 자유로운 하락이 허용됐다면 후버 대통령 집권 후반기에 실업률이 그렇게 높아지지는 않았을 것이다. 이 점은 최저임금 정책이 없었던 1920~1921년(대공황 이전) 침체기와 비교하면 분명해진다. 1921년 실업률은 11.7%였지만 1922년에는 6.7%로 하락했고 1923년에는 2.4%까지 크게 낮아졌다.

1920~1921년 침체기에 비해 대공황 시기에 실업률이 매우 높았던 것은 후버 대통령의 잘못된 임금정책 탓이 가장 컸다. 최저임금을 오늘날처럼 법으로 강제했다면 실업률은 실제 역사보다 더 높아졌을 것이다.

05 경제 회생의 관건은 제도 혁신

경제 성장엔진은 생산요소 아닌 '기업가(起業家) 정신'…

생산적 기업활동 돋우는 제도혁신이 중요

경제는 무엇 때문에 성장하는가. 다시 말해 한 나라의 경제성장을 결정하는 근본 요인은 무엇인가.

한국 경제는 1980년대까지 30년 동안 연평균 성장률이 9%를 넘는 고도성장을 구가했다. 그러나 2011~2014년에는 3.05%에 그쳤을 정도로 저성장이 계속됐다. 올해도 성장률 3% 턱걸이가 쉽지 않을 전망이다.

이처럼 저성장이 지속되자 국민 사이에 일자리, 소득, 노후 걱정이 깊어가고 있다. 더 심각한 문제는 최근의 저성장이 경기변동과 같은 일시적 현상이 아니라는 것이다. 경제협력개발기구(OECD) 보고서에 따르면 OECD 회원국 중 한국의 잠재성장률이 가장 빠르게 추락하고 있으며 2030년대 후반에 가면 한국의 성장엔진이 사실상 멈출 것이라고 한다.

'이대로 가면' 미래가 없다는데 수수방관할 수는 없다. 지금보다 못한 경제 환경을 다음 세대에 유산으로 넘기는 것은 결코 해서는 안 될 일이다. 무엇을 어떻게 해야 식어가는 성장엔진을 되살릴 수 있을까. 이 문제는 경제성장 원인에 관한 것으로 경제학이 태어난 처음부터 주요 관심사였다. 그리고 주류경제학에서는 수학적으로 정교한 이론을 발전시켜 지금까지 경제 분석과 전망에 널리 활용하고 있다. 그 내용을 요약하면 한 나라의 경제성장은 노동력(인적 자본)과 자본(물적 자본)의 기술적 생산함수에 의해 결정된다는 것이다. 노동, 자본, 기술의 3대 생산요소가 축적돼야 비로소 경제성장이 가능하다는 것이 전통적 성장이론의 요지다.

그러나 전통적 이론은 기술적으로 정교하지만 성장의 근본 원인을 간과하고 있다. 이 이론은 역사적 경험과도 잘 맞지 않는다. 저개발국을 포함한 많은 나라가 전통적 이론과 처방에 따라 성장을 꾀했으나 대부분 실패했음이 이를 방증한다. 한국의 성공은 매우 예외적인 경우지만 이마저도 전통 이론으로는 잘 설명되지 않는다. 왜냐하면 한국은 이론이 상정하는 바와 달리 기술과 자본, 경험도 없는 상태에서 시작해 경제발전을 이뤄냈기 때문이다. 한국에 없는 자본은 외국에서 빌려와 벌어서 갚겠다는 결연한 자세와 함께, 없는 기술은 리버스 엔지니어링의 창조적 모방을 통해 배워 산업을 일으키고 경제를 발전시켰다. 자본과 기술의 축적은 성장 그 자체였지 성장의 원인은 아니었던 것이다.

한국 경제의 기적이 어떻게 가능했는지에 대해선 예전에도 논쟁이 있었다. 1993년 세계은행은 '동아시아의 기적'이라는 보고서를 내면서 한국의 고도성장은 인적, 물적 자본과 기술의 놀라운 축적과 함께 자원을 생산적 용도에 효과적으로 배분하는 정부정책과 관련이 깊다고 분석했다. 이는 전통이론에 충실한 설명이다. 그러나 여기에 대해 미국의 경제학자 에드먼드 펠프스는 "왜 불과 수십년 만에 주변에 비슷하게 가난한 다른 나라들과 달리 한국과 몇 나라

에서만 그토록 빠르게 자본축적이 일어났는지가 우리가 가져야 하는 의문의 본질이며, 그 답은 기업가 정신에서 찾아야 한다"는 취지로 신(新)고전학파 성장이론의 한계를 꼬집었다.

기업가 정신이야말로 당사자 본인과 국민경제의 발전을 견인하는 진정한 동인이다. 기업가 정신은 굳이 회사를 소유하거나 경영하는 기업인에게 국한된 개념이 아니다. 일반 개인도 기회를 포착하고 불확실성 속에서 위험을 감수하는 행동에 나서면 그 또한 기업가(起業家·entrepreneur)다. 기업가가 추구하는 이익이 반드시 금전적일 필요도 없다. 정치인과 공무원이 금전적 이익이 아닌, 정치 소득을 얻기 위해 노력하는 것도 기업가 정신의 일환이다. 따라서 경제 분야는 물론이고 정치, 행정, 사회 각 분야에서 생산적인 기업가 정신이 함께 왕성하게 발현될수록 경제활동은 더욱 활발해지면서 성장 잠

재력도 빠르게 높아질 것이다.

돌이켜보면 주류경제학에서 기업가 정신을 배제한 것은 그것이 중요하지 않기 때문이 아니었다. 기업가 정신의 개념이 불분명하고 측정하기 어려우며, 수학적으로 미분 가능한 모형에 포함할 수 없는 방법론상의 제약 때문에 외면했던 것이다. 그러나 방법론에 갇혀서 진실을 외면한 것은 본말을 뒤바꾼 잘못이다. 경제는 사람이 하는 것이다. 개인이든 법인이든 인적·물적·지적 자본에 투자할지를 결정하는 것도 기업가 정신의 문제다. 또 이런 의사결정은 그 사회의 법령, 관행, 문화, 가치관 등의 제도 환경에 영향을 받는다. 법령의 실질 내용이 사적 재산권과 계약·경쟁의 자유를 제대로 보호하고 있지 않거나, 법령은 괜찮은데 집행이 오락가락해 믿을 수 없으면 사람들은 불확실성과 위험이 높은 투자에 나서려 하지 않을 것이다. 제도는 기업가 정신과 성장을 연결하는 핵심고리다. 더글러스 노스를 비롯한 신(新)제도경제학자들이 제도를 경제 성장의 궁극적인 결정 원인이라고 하는 것도 같은 맥락이다.

최근에는 제도와 기업가 정신의 중요성을 재인식하는 분위기가 확산하는 추세다. 유럽연합(EU)을 필두로 정책 활용도 늘고 있다. 한국에 앞서 성장 한계와 청년실업에 시달리던 EU에서는 근본해법으로 기업가 정신의 재점화를 내세우고 있다. 유럽집행위원회가 중심이 돼 '기업가 정신 2020 실행계획'을 세워 회원국에 배포까지 했다. 그만큼 전통적 성장이론과 처방에 의존해서는 EU가 당면한 경제난국을 해결할 수 없다고 판단한 것이다.

우리도 성장 한계를 극복하려면 제도와 기업가 정신에 초점을 맞춰야 한다. 성장은 생산요소가 좌우한다는 이론으로는 한국의 과거와 현재 상황을 제대로 설명할 수 없다. 과거에는 노동, 자본, 기술의 생산요소가 부족해도 고도성장했지만 지금은 미활용을 걱정할 만큼 여유가 있어도 저성장의 늪에 빠져 있다. 경제성장은 생산요소가 아니라 기업가 정신에 의해 좌우된다. 기업가 정신은 다시 경제활동을 규율하는 법령과 관행, 문화 등의 제도에 영향을 받는다. 따라서 한국 경제의 성장엔진을 되살리려면 기업가적 활동을 위축시키는 제도부터 개선해야 한다. 한국의 제도 수준은 OECD 34개 회원국 중 29위여서 개선의 여지가 많다. 그만큼 제도혁신을 통해 성장잠재력을 높일 수 있는 여지도 많다.

기업가 정신의 이해와 오해

정치·사회 등 다른 분야에도 기업가 정신 적용될 수 있어
벤처창업 정신과는 다른 의미

기업가 정신을 진작시키려면 먼저 기업가 정신의 개념과 기능을 올바로 이해할 필요가 있다. 누가 기업가인지, 그리고 기업가 정신은 무엇을 의미하는지는 경영실무, 사회학, 경제학에서 제각각 정의해왔기 때문에 이해하기 어려운 게 사실이다. 개념이 애매하고 복잡하기 때문에 잘못 이해하고 오용하는 경우도 없지 않다.

조지프 슘페터

기업가 정신 이론을 경제학 관점에서 보면 세 가지 흐름으로 대별된다. 첫째는 조지프 슘페터(사진)의 이론으로, 기업가 정신에 의해 이뤄지는 '창조적 파괴'를 경제성장의 원동력으로 본다. 둘째 불확실성과 위험을 구분해 설명하는 프랭크 나이트의 이론으로, 여기에서 기업가는 불확실성을 감수하는 대가로 이윤을 얻는 사람이다. 셋째는 이스라엘 커즈너를 비롯한 오스트리아학파의 이론으로 기업가의 이윤 기회 인지능력을 강조하며, 기업가적 발견 과정에 참여하는 모두를 기업가로 본다. 종합하면 기회를 기민하게 포착해 불확실성 속에서 위험을 감수하며 실천에 나서는 사람이면 누구나 기업가다.

따라서 기업가(起業家)는 기업인(企業人)과 동의어가 아니다. 기업가를 기업인으로, 기업가 정신을 벤처창업과 같은 창업가 정신과 같은 의미로 쓰는 경우가 흔히 있는데 이는 잘못이다. 중소기업이 대기업으로 성장하는 것과 같이 경제성장에는 기존 기업의 기업가 정신도 중요하고, 종업원의 사내 기업가 정신도 중요하다. 그리고 기업가 정신은 경제 분야에 국한된 개념이 아니라 정치와 행정, 사회 각 분야에서도 적용해야 하는 개념이다.

또 기업가 정신이 커질수록 좋은 게 아닐 수도 있다. 기업가 정신을 자신의 이익에 충실한 기능으로 보면, 모든 기업가 정신이 사회적으로 바람직한 것만은 아니다. 예를 들어 윌리엄 보몰 교수는 기업가 정신을 생산적, 비생산적, 파괴적으로 나누고 비리와 부정으로 사적인 이익을 추구하는 행위를 파괴적 기업가 정신으로 분류한다.

06 정부개입정책 성공신화의 진실

시장친화적 해법 찾게 한 수출주도 성장전략…

국가개입 억제해 '한강의 기적' 이루었다

그의 죽음에 대해 영국 타임스(The Times)는 이렇게 썼다. '아주 위대한 영국인/…/천재적인 인간으로서 전문가뿐만 아니라 일반 대중의 사고에 엄청난 영향을 준 정치경제학자다./…/그와 견줄 정도의 영향을 준 사람을 고른다면 역사를 거슬러 올라가 애덤 스미스 정도가 될 것이다.' 어떤 교수는 자신의 저서에서 '어떤 식의 시험을 치르더라도 그는 전체 역사를 통틀어 가장 위대한 경제학자 중 한 명

으로, 또 20세기가 배출한 가장 영향력 있는 경제사상가로서의 지위를 차지한다'고 그를 평가했다. 이 사람은 다름 아닌 존 메이나드 케인스다. 케인스가 1936년 저술한 고용, 이자 및 화폐에 관한 일반이론은 경제학 이론은 물론이고 실제 경제정책 면에서 '세상을 바꿨다'는 표현이 어울릴 정도로 엄청난 영향을 끼쳤다.

케인스 이론의 대강은 이렇다. 경기침체에 따른 수요 부진을 정부의 재정지출을 확대해 메움으로써 불황을 타개할 수 있다는 것이다. 정부지출을 늘리면 최초 정부지출의 몇 배로 국민소득이 증가한다는 이른바 '승수이론'이 그것이다. 이 이론은 거시경제학 교과서를 장악했고, 실제 거시경제 정책의 바탕을 이루고 있다. 최근 중동호흡기증후군(MERS·메르스) 사태로 인한 경기부진을 타개한다는 명분의 추가경정예산 편성 및 조기집행의 이유도 이 이론에 기반한다고 할 수 있다.

케인스가 끼친 영향은 이것만이 아니다. 더 크고 광범위한 영향은 시장은 결코 효율적이지 않으며, 따라서 경제를 시장에만 맡겨서는 안 되고 정부가 주도적인 역할을 해야 한다는 '정부개입주의 정책'의 든든한 지지대 역할을 한다는 점이다. 이는 정부가 산업정책을 통해 유망주를 개발하고 지원, 육성해 경제 성장의 견인차로 삼아야 한다는 주장으로 이어진다. 이렇듯 정부의 역할이 경제에 효율적이라고 생각하다 보니 자원을 배분하는 금융시장의 역할을 무시하고 금융기관을 정부가 장악해 자원배분을 주도적으로 해야 한다는 주장으로까지 이어진다. 개입주의 정책이 성공한 예로는 2차대

전 이후 동아시아 국가들의 경험, 특히 한국의 경험을 주로 꼽고 있다. 과연 '한강의 기적'이라고 불리는 한국의 놀라운 경제 성장 비결은 국가개입주의 정책에 있었을까.

잘 알고 있듯이 '한강의 기적'은 수출주도형 경제정책 덕분이었다. 수출주도 성장전략에서 중요한 것은 "무역에 크게 의존하는 나라에서는 정부 통제의 체제가 전혀 효과를 발휘하지 못한다"(루트비히 폰 미제스)는 점이다. 수출주도 성장전략은 정부가 시장을 거스르지 못하도록 제어한다. 다른 무엇보다도 수출주도 성장전략은 국내의 재화와 요소시장을 효율을 중시하는 국제적인 경쟁에 노출시킴으로써 자원배분이 가격메커니즘에 의해 이뤄지도록 한다. 또 국제시장에서 기업의 경쟁력을 높이거나 최소한 유지시키기 위해 수출과 기업환경을 끊임없이 업그레이드하지 않으면 안 되며, 잘못된 경제정책을 재빨리 고치지 않으면 안 되도록 하는 커다란 압력으로 작용한다. 즉 수출주도 성장전략은 한국 기업들을 강력한 국제 경쟁에 노출시킴으로써 시장의 흐름을 거스르는 반(反)시장적 정책들이 시도되지 못하도록 하는 순기능을 발휘한다. 이를 통해 시장의 기능을 활성화한 반면, 정부의 개입정책으로 인한 비효율을 최소화하는 중요한 기능을 담당했던 것이다.

수출주도 성장전략은 정부가 자의적이고 반시장적인 정책을 펴는 것을 상당 부분 억제했다. 국내 시장이 아니라 해외 시장에서 판매할 수 있는 재화를 발굴하고, 또 해외 시장에서 경쟁해야 할 국내 기업들의 경쟁력을 확보하기 위해서는 국내가 아닌 국제적인 수요,

기술 발전, 비교우위나 비교열위가 있는 재화나 서비스 등을 눈여겨 볼 수밖에 없으며, 이와 관련된 데이터의 변화를 정부 정책에 반영하지 않을 수 없게 했다. 다시 말해 수출주도 성장전략은 경제정책을 입안하거나 정책을 시행할 때 시장적대적인 방법이 아니라 가능한 한 시장친화적인 해법을 찾도록 하는 압력으로 작용했다. 국가 개입보다는 시장이 우위에 서도록 하는 압력으로 작용했던 것이다.

수출주도 전략 및 시장우위 정책은 1970년대 초·중반 중화학공업 육성정책을 시행하면서 다소 무너진다. 정부가 중점 육성 산업분야를 선정하고 대대적인 육성정책에 들어가면서 내자(內資)와 외자(外資)의 규모와 조건, 투자 종류와 규모, 생산된 제품의 가격 등 기업의 중요한 의사결정 사항까지도 정부의 결정에 종속시킬 정도로 정부 개입의 강도가 강화된다. 시장에 대한 정부의 과도한 개입은 과잉투자와 왜곡된 자원배분을 초래했고, 결국 1970년대 후반이 되면서 기업이 정부의 도움 없이는 존속하기 힘들 정도로 어려운 국면에 처했다. 물가는 해마다 두 자리 숫자로 치솟고 성장률은 마이너스를 기록했다.

정부 개입보다 시장우위 정책이 복원된 것은 1980년대 초반이다. 이때 정부는 '경제성장을 위해 물가는 희생한다'는 케인스식의 정책 패러다임을 '물가안정이 우선이다'는 방향으로 대전환했고, 성장정책을 정부 주도에서 민간 주도로 전환시켰으며, 국내 산업 보호를 명분으로 한 보호무역정책을 개방화로 바꿨다. 시장우위 정책의 복원으로 1980년대 중·후반 한국 경제는 '단군 이래 최대의 호황기'를 누리게 된다.

한편 1987년 9차 개정헌법에서 도입된 '경제민주화'는 다시금 정부개입 강화 방향으로의 전환을 의미한다. 경제민주화는 시장경제에 대한 정부의 규제와 개입, 기업 경영의 자율성 축소, 복지 특혜 요구를 비롯한 포퓰리즘 정책의 논리 제공자 역할을 톡톡히 하고 있다. 그 결과 1980년대까지 10% 수준을 유지하던 투자 증가율은 1990년대가 되면 절반 이하(4.4%)로 떨어지고, 2003년부터 10년간 다시 절반 이하(1.7%)로 떨어졌다. 이에 따라 1970년대 10.3%, 1980년대 8.8%였던 연평균 성장률은 1990년대에 6.2%로 하락했고, 2003년 이후 10년간은 4.4%로 낮아졌다. 그마저도 최근 몇 년간은 2%대로 추락했다.

시장에 대한 정부의 적극적 개입은 성장 비결이 아니다. 오히려 정부 개입에도 불구하고 시장경제가 한국 경제의 기적과도 같은 발전을 이루게 했다는 것이 진실이다.

싱어의 '의회효과'

미(美) 의회 열리면 주가 하락, 폐회땐 주가 오르는 경향
입법 규제가 경제활력 저해

시장경제체제에서 정부의 역할이 없다고 할 수는 없다. 치안을 유지하고 국가를 보위하며 헌법에 명시된 대로 나라를 안정시키는 역할은 국가의 중요한 임무다. 그러나 이 범위를 넘어서 국가가 경제에 개입하고 규제를 강화하는 순간 경제는 활력을 잃기 시작한다. 이와 관련해 흥미로운 사실이 하나 있다. 미국에서 의회가 개회할 때 주식시장은 하락하는 경향을 보인다는 점이다.

미국 뉴욕의 포트폴리오 관리자인 에릭 싱어는 이 현상을 추적해 '의회효과(congressional effect)'라는 개념을 정립했다. 그가 1965년부터 2008년까지 주식시장 동향을 살폈더니 S&P 평균치로 계산했을 경우 의회가 폐회했을 때는 평균 16% 상승한 반면 의회 개회 시에는 겨우 0.31% 오른 것으로 나타났다. 싱어는 이를 바탕으로 뮤추얼펀드인 '의회효과펀드'를 개설해 8월 휴가철과 10월 말 등 의회가 문을 닫을 때 주식에 투자했다가 의회가 개회할 때 투자비중을 줄이거나 아예 시장에서 나와 버렸다.

그에 따르면 유독 예외적인 경우도 있었지만, 의회효과는 놀라울 정도로 일관되게 나타난다고 한다. 예외적인 경우 중 하나가 1997년인데, 이때는 의회가 개회했을 때도 주가수익률이 연평균으로 계산했을 때 거의 60%에 육박했다고 한다. 이유는 바로 감세였다. 의회에서 자본이득세를 포함해 세금을 낮췄던 것이다.

한국 국회에서도 시장경제에 대한 개입과 기업활동에 대한 규제를 꾀하는 법안이 부지기수로 만들어지고 있다. 특히 '경제민주화' 주장은 수많은 규제를 불러오는 입법의 원천이다. 한국 경제가 기적처럼 성장 발전한 배경은 다름 아닌 시장경제였다. 하지만 정부주도의 경제 패러다임, 기업과 소비자 등 경제주체들의 발목을 잡는 각종 규제들, 사회적 자본을 갉아먹는 포퓰리즘 정책들과 하루가 다르게 늘어만 가는 각종 특혜 정책이 한국 경제를 장기간 침체의 늪에 빠뜨리고 경제주체들의 활력을 앗아가고 있다. 새로운 도약을 하기 위해서는 시장경제에서 다시 길을 찾아야 하지 않을까.

07 시장규제론의 뿌리

경쟁 확산 차단해 소비자 편익 줄인 정치논리…
시장 막아 상업 억누른 유교적 경제관의 잔재

'길은 지금 긴 산허리에 걸려 있다. 밤중을 지난 무렵인지 죽은 듯이 고요한 속에서 짐승 같은 달의 숨소리가 손에 잡힐 듯이 들리며, 콩포기와 옥수수 잎새가 한층 달에 푸르게 젖었다. 산허리는 온통 메밀밭이어서 피기 시작한 꽃이 소금을 뿌린 듯이 흐붓한 달빛에 숨이 막힐 지경이다.'

이효석의 단편소설 '메밀꽃 필 무렵'에 나오는 문장이다. 허생원, 조선달, 동이 이렇게 세 사람이 봉평장을 보고 대화장에 가기 위해 밤길을 걷는 정경을 그린 것인데, 소설 시점은 1936년 여름이다. 지금은 여름 지나 추석이 코앞이지만 가을메밀이 한창이고 달빛은 청량하니 이 문장을 다시 읽고 음미해도 좋을 것이다.

소설 속 허생원의 직업은 5일장을 찾아다니며 장사하는 장돌뱅이다. 5일장은 하이에크의 표현을 빌리면 자생적 질서에 해당한다. 국가를 포함한 그 누구의 의도적 계획의 산물이 아니라 생존과 번영을 위한 교환 본능에 따라 사람들이 모여 시장이 형성되고, 처음에는 보름 또는 열흘에 한 번씩 장이 열리다 5일에 한 번으로 최적화한 것이다.

이 자생적 질서가 교묘하고 놀라운 것은 특정 지역의 장날을 중심으로 이웃하는 읍면에서 순차적으로 5일장이 열린다는 점이다. 그래서 소설 속 허생원처럼 장사꾼들은 오늘은 봉평장, 내일은 대화장, 모레는 제천장… 그리고 닷새 후에는 다시 봉평장으로 돌아가며 장사를 계속할 수 있었다. 그러다 교통이 편해서 사람이 더 많이 모이는 5일장은 상설시장으로 발전했다.

시골에 열리는 장이라 해서 향시(鄕市)라고도 했던 5일장이 정확히 언제부터 자생했는지는 알 수 없다. 그러나 '성종실록'에 기록이 있음을 볼 때 향시는 이미 15세기 중엽 적잖이 존재했던 듯하다. 그런데 여기에서 흥미로운 것은 시장의 기능을 '유무상통(有無相通)'으로 표현했다는 점이다. 유무상통이란 '내게 있는 것(有)을 가지고 내게 없지만 필요한 것(無)을 구한다'는 뜻이니 조선의 지배층은 시장의 순기능, 유용함을 제대로 이해했던 것 같다.

그러나 불행히도 시장에 대한 태도와 정책은 정반대였다. 사농공상(士農工商)의 철저한 신분차별 아래 상인과 공인은 금전적 이익만 좇는 무뢰배로 취급됐다. 오늘날 북한의 장마당처럼 특히 흉년, 기근이 들었을 때 백성이 연명하려면 시장이 절대적으로 필요함을 알았으면서도 조선의 정치인들은 틈만 나면 시장을 금압하려 했다.

이런 사실은 '중종실록'의 다음 기록에서도 알 수 있다. '1533년,

충청도 관찰사 소세양이 이르기를, 사를 게을리 하는 백성과 도둑질하는 무리가 모두 시장에 모입니다. 그래서 일체 금파(禁罷)하려 했지만 흉년에 백성들이 살아갈 것을 생각하여 한 달에 세 번만 시장에 나오는 것을 허락하고 있습니다.' 시장 개설을 '원칙 금지, 예외 허용'으로 접근했다는 것인데 중종은 이마저도 못마땅하다는 듯 '농업과 누에치기를 권하는 게 수령이 할 일'이라고 촌평한다.

지금 생각하면 어이가 없겠지만 조선의 정치인과 지식인은 시장 때문에 도적이 발생하고, 도적을 없애려면 시장 개설을 막아야 한다고 믿기도 했다. 대표적 사례가 조선 전기의 문신이자 성리학자 이언적의 논리다. 이언적은 1546년 올린 상소문에서 '근래에 기근이 들어 도적이 더욱 성한데/…/명화적(明火賊)이 날뛰면서 살인, 약탈을 꺼리지 않으니 이는 모두 시장을 금하지 않았기 때문입니다./…/ 시장을 일절 금지하여 도적의 근심을 없애야 합니다'고 주장했다.

조선의 이런 시장관은 서구와 정반대였다. 비슷한 시기, 서구 열국은 시장의 발전이 국부의 원천임을 깨닫고 경쟁적으로 시장 개설을 지원했다. 또 유한책임 원리에 기초한 주식회사를 고안해 고도의 위험이 수반되는 해양무역에도 적극 나섰다. 1653년, 하멜 일행을

태우고 제주도에 표류했던 선박도 네덜란드 동인도회사의 무역선이었다. 하멜은 배를 타고 일본 나가사키로 출장 가던 중 표류했던 것이다.

조선으로서는 하멜의 표류 사건을 서구의 새로운 경제조직과 운용방법을 배울 기회로 선용하면 좋았을 것이다. 그러기에는 조선 지배층의 '시장 적대적 DNA'가 너무 확고했다. 하멜이 떠나고 한참 지난 1696년, 숙종이 '백성이 장사에 종사하는 것을 막고 다들 농사로 돌아가게 하라'며 팔도 감사에게 유시했다는 기록은 하멜 일행과의 조우가 아무런 영향을 미치지 않았음을 방증한다.

조선 후기에 와서도 시장에 적대적인 지배층의 인식과 태도는 크게 변하지 않았다. 물론 실사구시를 중시하는 실학자들의 시장과 상업에 대한 긍정적 인식은 그 당시 유학자 중에서는 분명 뛰어난 것이다. 그러나 실학자도 지주계급에 속했기 때문인지 백성이 토지에서 시장으로 대량 이탈하는 것은 원하지 않았다. 어떤 실학자는 시장이 열리는 날을 전국적으로 통일해 장돌뱅이가 생기는 것을 막고 너무 많은 사람이 상업에 종사하지 않게 해야 한다고도 했다.

조선시대는 과거의 일이니 그렇다 하고 지금 정치인의 시장관,

경제관은 어떨까. 지금은 시장 때문에 도적이 생긴다고 믿는 이는 없을 것이다. 시장과 산업이 발전하려면 개인과 기업의 자유로운 경제활동과 경쟁이 필수적임을 부인하는 이도 없을 것이다. 그러나 이는 원칙론일 뿐, 각론에 가면 이야기가 다르다. 예를 들어 지금의 '유통산업 발전법'에는 경쟁을 제한하는 규제 내용이 즐비하다. 대형마트 및 준대형 점포의 영업시간 제한과 의무휴업일 지정도 그렇지만 전통상업보존구역을 정해 그 경계로부터 1㎞ 안에서는 준대형 이상의 점포 개설을 못하게 하는 것은 심각한 경쟁 제약이다. 이것도 모자라 거리제한 규제를 2㎞로 늘려 전국 어디에서도 대형 점포가 신설되지 못하게 막겠다는 법안도 있다.

소비자인 국민의 관점에서 보면 사업자 간 경쟁은 치열하면 할수록 좋다. 그러나 유통산업 발전법은 정치논리에 의해 '경쟁규제법'으로 본질이 바뀌었다. 시장의 확산을 막으려는 조선시대의 정치논리, 반시장 DNA가 지금은 경쟁 확대를 막으려는 정치논리로 바뀌어 계승되고 있다는 느낌이 드는 것은 이 때문이다.

조선시대 지배층의 시장 인식

有無相通 (유무상통) 있는 것으로 필요한 것과 바꾼

務本抑末 (무본억말) 농사에 힘쓰고 상업을 억제한다

조선시대 정치인 및 지식인의 시장에 대한 인식과 태도는 '무본억말(務本抑末)'과 '유무상통(有無相通)'의 두 단어로 요약할 수 있다. 무본억말에서 본은 농업을, 말은 상업을 뜻한다. 사농공상(士農工商)의 엄격한 신분차별 아래 일반 백성으로 하여금 농사에 힘쓰도록 하고 백성이 토지를 떠나 상업에 종사하는 것을 막아야 한다는 것이 무본억말이다. 무본억말은 조선의 유교적 통치철학이기도 했기 때문에 조선의 지식인은 상업과 상인, 상업 이윤(末利)을 천시하고 시장 개설과 확산을 막는 것을 당연하게 여겼다.

유무상통 또는 유무교역은 무본억말과 대립적인 개념이다. 이 말은 시장거래가 왜 필요하고 유용한지 잘 함축하고 있으며, 따라서 시장금압 논리와는 상충된다. 이 말을 언제 누가 사용하기 시작했는지 알 수 없지만 조선왕조실록의 여러 군데에서 나타난다. 퇴계 이황이 명종에게 외방의 시장을 열도록 주청하는 다음 내용에서도 이 표현이 사용되고 있다.

'외방의 시장(市場)은 백성들이 장사에만 치중하고 도적도 번성하기 때문에 나라에서 이를 금했습니다. 그러나 현재 흉년이 심하게 들었습니다. 백성들은 있는 것과 없는 것을 반드시 시장을 통해 교역해 이를 바탕삼아 살아가는데, 지금 또 시장을 금하면 백성이 무엇을 바탕으로 삼아 살아갈 수 있겠습니까./…/ 백성들이 매우 괴로울 것이니 금하지 않는 것이 어떻겠습니까.'(명종실록 제6권, 1547년)

유무상통은 서구 기반의 경제학 용어보다도 시장거래 특징을 잘 나타내는 훨씬 멋진 표현이다. 이렇게 시장교환의 유용성을 잘 이해하고 있는 듯했지만 조선의 시장에 대한 정책 기조는 시종 일관 '원칙금지(무본억말), 예외 허용(유무교역)'이었다. 그렇게 조선 정부는 끊임없이 시장을 금압했지만 전국적으로 시장 수는 18세기 말 1000개를 넘을 만큼 확산됐다. 시장은 인간의 본능적 필요에 의해 자연발생한 질서이기 때문에 정부가 억지로 금압한다고 해서 막을 수 있는 게 아니었다.

08 자유무역은 번영의 길

교환 상대 많을수록 얻을 수 있는 이익도 커져…

FTA는 무역장벽 허물어 국민이익 꾀하는 길

동물은 자신이 갖고 있는 것과 다른 동물이 갖고 있는 것을 교환하지 않는다. 개는 혹 남아도는 것이 있다면 땅에 묻어둘지언정 다른 개가 갖고 있는 것과 교환하지는 않는다. 하지만 인간은 교환한다. 이에 대해 경제학의 아버지로 불리는 애덤 스미스는 '교환은 인간의 천성'이라고 했다. 교환하고자 하는 것이 인간의 천성인지 아닌지는 그다지 중요하지 않다. 중요한 것은 '인간은 교환한다'는 점이다.

사람들이 교환하는 이유는 간단하다. 교환하는 것이 이익이기 때문이다. 협박과 폭력이 동반되지 않는 자유로운 교환은 당사자 모두에게 이익이 되기 때문에 교환이 이뤄진다. 자신이 생각하기에 가치가 덜한 것을 주고 가치가 더 크다고 생각되는 것을 얻기 때문이다. 교환을 통해 얻는 이익이 없다면 교환은 발생하지 않는다. 잘 알다시피 '손해 보고 판다'는 상인들의 말은 새빨간 거짓말이다.

교환이 이익이라는 점은 아이들의 '물물교환 놀이'를 통해서도 간단히 확인할 수 있다. 예를 들어 1000원짜리 장난감 여러 종류를 사서 아이들에게 선물로 임의로 나눠준 후 그 장난감을 얼마나 좋아하는지 1~10점으로 점수를 매기도록 한다. 그리고 그 점수를 모두 합한다. 그 다음 누구든 서로의 의견이 일치하면 다른 아이와 선물을 교환할 수 있다고 하자. 어떤 어린이는 처음에 받은 것을 지킬 것이고, 또 다른 어린이는 자기가 더 좋아하는 것과 바꿀 것이다. 이렇게 교환이 이뤄진 후 다시 점수를 매겨 합하면 총점은 처음보다 올라간다. 물건에는 아무런 변화가 없었지만, 자유로운 교환을 통해 물건의 가치는 높아졌고, 교환에 참가한 모든 사람은 이익을 보게 된다. 《돈, 탐욕, 신》의 저자 제이 리처즈가 책 속에서 자신이 초등학교 6학년 때 학교에서 경험하면서 익혔던 경제학의 중요한 교훈을 소개한 내용 중 일부다.

이 물물교환 놀이에서 얻을 수 있는 또 하나의 중요한 교훈은 교환할 수 있는 상대방이 많을수록 점수가 높아진다는 점이다. 즉 이익이 커진다. 교환 상대방이 많을수록 자신이 원하는 것, 더 좋은 것을 갖고 있는 상대방을 발견하고 교환할 수 있는 가능성이 더 커지기 때문이다.

무역도 마찬가지다. 국내에서의 교환을 벗어나 국제적으로 이뤄지는 교환이 곧 무역이다. 국제무역은 앞서 물물교환 놀이에서와 마찬가지로 교환 상대방이 많아진다는 것을 의미하며, 따라서 이익을 얻을 가능성이 더 커진다는 의미이기도 하다. 석유가 나지 않는 한국은 중동에서 석유를 수입하고, 건설능력이 떨어지는 중동은 한국에서 건설능력을 수입한다. 한국도 손가방을 생산하지만, 값비싼 외국산 명품 손가방을 좋아하는 사람들이 있기 때문에 외국에서 손가방을 수입하고, 그 대신 현대·기아자동차와 삼성전자의 첨단제품을 수출한다.

국내건 국제건 교환이라는 점에서 근본적으로 차이가 없음을 스미스는 이렇게 말하고 있다. "개인과 가정에는 현명해 보이는 행동이 대영제국과 같은 큰 나라의 정책으로서는 바보 같은 그런 경우는 좀처럼 드문 일이다. 만약 어떤 외국이 우리보다 더 싸게 상품을 공급할 수 있다면 다소 유리한 방법으로 생산하고 있는 우리 산업의 생산물 일부를 팔고 그것을 사는 편이 좋다. 어느 나라에서든지 일반 대중이 원하는 모든 것을 가장 싸게 파는 사람들로부터 사는 것이 언제나 일반 대중의 관심사이며 또한 그렇게 되지 않으면 안 된다. 이 명제는 극히 명백한 것으로서 힘들여 그것을 증명하고자 하는 것은 우습게 보인다."

증명하고자 하는 것이 우습게 보일 정도로 분명한 사실임에도 불구하고 국제 무역에 대해 부정적인 생각을 갖고 여러 규제를 통해 무역을 통제하고자 하는 시도는 과거부터 현재까지 끊이지 않고 이어지고 있다. 국내에서의 교환과 국제적인 교환은 무언가 다르다고 생각하기 때문일 것이다. 가장 두드러진 무역장벽은 관세이며, 관세 이외에도 수량규제는 물론 품질규제와 통관절차 규제 등 잘 드러나지 않는 행정규제도 있다. 이런 무역장벽은 소비자인 국민이 원하는 것을 얻지 못하도록 막는 장벽이며, 결과적으로 국민을 가난하게 하는 규제다. 미국산 소고기를 수입할 수 없도록 막는 것은, 미국산 소고기를 먹고자 하는 사람들의 욕구를 강제로 억제하는 것이다. 값비싼 한우만을 먹도록 하는 것은 국민을 가난하게 만드는 일이다.

자유무역협정(FTA)은 바로 이런 무역장벽을 허무는 일이다. 무역장벽이 무너지면 소비자인 국민은 원하는 것을 가질 수 있고, 좋은 품질의 물건을 값싸게 구입할 수 있게 된다. 소비자의 선택권이 넓어지고 국민은 같은 소득으로 더 많은 물건을 구입할 수 있으므로 지갑이 실질적으로 두툼해지는 효과를 본다.

물론 자유무역을 통해 피해를 보는 사람들이 나타나기 마련이다. 새로운 외국의 경쟁자들이 등장하기 때문이다. 이른바 '광우병' 사태 때 축산업자들이 "미국산 소고기를 수입하면 우리 모두 망한다"고 부르짖던 것이나 한·칠레 FTA 때 포도농사를 짓던 사람들이 "우리 모두 망한다"고 외쳤던 것도 그런 걱정 때문이다.

그런데 결과는 어떠했는가. 변화에 적응하지 못하고 경쟁력이 떨어진 일부 축산 농가와 포도재배 농가는 피해를 봤지만, 대부분의 경우 FTA는 생산자들의 경쟁력을 높이는 계기로 작용했다. 한우의 경쟁력은 나날이 높아지고 있고, 포도 농가는 고품질의 포도와 와인 생산 등으로 새로운 돌파구를 열어가고 있다. 생산자 간 경쟁을 심화시키는 FTA는 고통이며 위기인 동시에 기회이기도 하다. 기회를 살려 경쟁력을 강화한 생산자는 이전보다 훨씬 더 커진 시장에서 훨씬 더 많은 이익을 얻을 수 있다.

교환은 서로에게 이익을 주기 때문에 이뤄진다. FTA는 이 교환이 더욱 크고 활발하게 이뤄지도록 함으로써 교환으로부터 얻을 수 있는 이익을 더욱 크게 한다. FTA는 소비자와 생산자 모두에게 새로운 기회를 제공함으로써 번영으로의 길을 열어준다.

협력·조화가 없는 자본주의?

연필 한 자루 만드는데도 수많은 협력망(網)이 작동

자본주의 시장경제에 대한 비판 중 하나는 사익 추구와 경쟁으로 인해 사회적 협력과 조화가 이뤄질 수 없다는 것이다. 서로 대립하게 하는 환경에서는 협력과 조화를 기대할 수 없으며, 따라서 협력하는 윤리를 가르쳐야 하고 이런 윤리를 뒷받침하는 경제제도를 마련해야 한다는 것이다. 이런 주장은 자본주의 시장경제에서의 자기 이익 추구와 경쟁이라는 1차적인 현상만을 바라볼 뿐,

그 이면에서 이뤄지는 광범위한 협력과 조화를 보지 못하는 '외눈박이 주장'이다.

자본주의 시장경제에서의 협력과 조화를 잘 보여주는 이야기가 하나 있다. 레오나드 리드가 쓴 《나는 연필입니다(I, Pencil)》라는 소책자(사진)가 그것이다. 나무, 아연, 구리, 흑연의 간단한 복합체인 한 자루의 연필이 만들어지는 과정을 이야기 식으로 묘사한 글이다. 예를 들어 나무는 그것을 심고 가꾸는 과정, 잘 자란 나무를 베어 통나무 상태로 철도를 통해 제재소로 운반하는 과정, 제재소에서 연필 두께의 판자로 제작되는 과정이 포함된다. 이들 각 과정에는 그 사람들이 일할 수 있도록 도끼와 톱 등 도구를 개발한 사람, 또 그들이 작업할 때 식사를 준비해 주는 사람, 그 식량을 생산한 사람 등이 포함된다. 이렇듯 간단해 보이는 한 자루의 연필을 제작하는 일에도 수천, 수만 명의 협력, 많은 국가의 협력과 조화가 있어야만 가능하다.

흥미로운 것은 여기서 협력하라고 지시하고 명령하는 사람을 발견할 수 없다는 점이다. 오직 시장에서의 '보이지 않는 손'이 움직여서 수많은 협력을 이끌어내 연필 한 자루를 탄생시키고, 그것이 어린아이 손에까지 들어가도록 한다.

타인이나 국가 기관의 지시 또는 명령에 의한 강압적인 협력이 아니라 자연발생적이고 자발적인 협력 네트워크가 구축되고 작동되는 것이야말로 자본주의 시장경제의 기적이 아닐 수 없다.

09 시장개방 피해와 독점의 이득

독점은 정부가 개인이나 기업에 주는 특혜…
FTA로 개방된 산업이 잃는 건 '독점의 이득'

자유무역협정(FTA)을 체결할 때마다 일부 정치인, 언론인, 관변 경제학자 등이 단골로 제기하는 주장이 있다. FTA로 개방된 품목 시장은 타격을 받을 수밖에 없기 때문에 그에 상응하는 지원을 해야 한다는 것이다. 이번 한·중 FTA를 비준할 때도 정치권은 동일한 논리를 내세워 피해가 우려된다는 농어민 지원을 목적으로 1조원가량의 준(準)조세를 거두기로 했다.

시장 개방으로 농어민이 피해를 본다는 주장은 과연 맞는 것인가. 이 주장의 바탕에는 '독점'의 정의 문제가 있다. 독점의 통상적 정의는 이렇다. 어떤 산업에서 하나의 생산자 또는 판매자가 존재하면 그 산업은 독점 상태고 그 생산자 또는 판매자가 독점자라는 것이다. 그러나 이 정의는 문제가 있다. 동네 의원의 A라는 의사는 한 명밖에 없다. 그러나 환자는 인근 다른 의원이나 병원에서 즉각 다른 의사를 찾을 수 있다. 변호사나 교수도 사정은 다르지 않다. 동네 슈퍼에서 파는 초코파이는 어떤가. 다른 슈퍼에서 파는 똑같은 초코파이도 소비자가 다르다고 느낀다면 그 초코파이는 다른 것이다. 그렇다면 전국 슈퍼 진열대에 있는 초코파이는 모두 다른 것이고 각 슈퍼는 독점 판매자라는 말인가. 그렇게 생각하는 사람은 없을 것이다.

독점의 정확한 정의는 무엇인가. 독점은 정부가 개인이나 기업에 부여한 '특혜' 또는 '특권'이다. 각종 면허, 인가, 허가, 관세 또는 비관세 장벽, 각종 보조금과 복지비, 노동조합, 각종 국가고시, 국공립학교와 사립학교(사립학교도 특혜 또는 특권을 받는 경우가 많기 때문), 각종 공사, 최저임금법, 징병제, 이민 제한, 아동 노동의 금지 등이 그 예이고 이 외에 무수히 많다.

독점에서 중요한 것은 생산자나 판매자 수가 아니라 정부로부터 특혜 또는 특권을 받았는가 하는 점이다. 특혜 또는 특권을 받은 기업 또는 개인의 수가 소수일 수도 있고, 다수일 수도 있다.

이런 독점의 정의에 가장 잘 들어맞지만 독점으로 알려지지 않은 것 중 하나가 택시면허다. 누군가가 면허 또는 허가 없이 돈을 받고 사람이나 물건을 운송해주면 그는 법을 어긴 것이다. 이 경우는 택시면허 소지자가 독점자다. 쌀은 자유롭게 수입해 국내시장에 팔 수

없다. 이 경우는 쌀 생산자인 농민이 독점자다.

우리는 흔히 독점이윤을 챙긴다는 이유로 독점자를 비난한다. 그러나 독점이윤이란 개념은 잘못 만들어진 것이다. 이윤은 미래의 불확실성, 구체적으로 최종재화의 미래가격 불확실성 때문에 발생한다. 이때 생산에 들어가는 생산요소 가격은 현재가격으로 생산 단계에서 즉시 지급된다. 그러므로 미래가격을 잘 예측하면 이윤이 나고 그러지 못하면 손실이 발생한다. 이것은 독점자도 피할 수 없다. 그리고 독점의 정의와도 상관이 없다. 한마디로 독점이윤은 잘못 만들어진 개념이라는 것이다.

그렇다면 정부가 개인이나 기업에 준 특혜 또는 특권에서 발생하는 그 무엇은 무엇인가. 개인택시 면허를 구입해 개인택시업자가 될 수 있다. 지역마다 다르지만 7000만~8000만원 또는 그 이상의 돈을 주면 면허를 살 수 있다. 그것을 우리는 '독점이득'으로 부른다. 독점이득은 무형의 자산과 같은 것이다. 독점이득은 특권으로부터 생겨나는 혜택의 현재가치다. 만약 개인택시업자가 하루 종일 손님이 없는 곳만 돌아다녔다면 그는 손실을 본다. 그러나 독점이득은 존재한다. 그럼에도 불구하고 이 독점이득은 정부로부터 택시면허를 받은 사람에게 존재하지만 면허를 되팔고 난 뒤에는 존재하지 않는다. 되파는 데 따르는 약간의 가격 차이가 있을 뿐이다.

노동조합은 사용자와 단체협약권, 단결권 등의 특권을 부여받는다. 그러나 모든 근로계약은 사용자와 노동자가 개별적으로 맺는 것이다. 사용자가 노동자에게 일터를 제공하는 것은 노동을 하게 하려는 것이지 단체행동을 하라는 것이 아니다. 많은 중소기업은 일부 대기업 노동조합의 특권을 부여받지 못하고 있는가. 현행 법은 누구에게나 노동조합을 설립할 수 있는 특권을 주고 있다.

그러나 대기업과 달리 대부분의 중소기업은 노동조합의 특권을 행사하는 순간 존폐 기로에 설 것이고 자신의 일자리가 사라질 가능성이 크다는 것을 노동자 스스로 잘 알기 때문에 노동조합을 구성하지 않는 것이다. 주어진 특권을 갖고도 행사하지 않는 것은 경제의 힘이 얼마나 무서운가를 여실히 보여준다. 또 노동조합이 갖고 있는 특권 또는 특혜는 남모르는 희생자를 발생시킨다. 근로자 임금이 시장가격보다 높아지면 노동수요가 그만큼 감소하기 때문에 실업자가 생겨나는 것이다. 오늘날 청년실업이 심각한 것은 무소불위의 노동조합 때문이다.

쌀의 수입금지는 정부가 농민에게 부여하는 특권의 일종이다. 그러나 이 경우에는 독점자 수가 너무 많고 흩어져 있기 때문에 수입금지만으로 독점자인 농민이 독점이득을 챙기기 어렵다. 이제 정부는 쌀 가격을 시장가격보다 높게 규제한다. 그렇게 하기 위해 쌀을 사들이기도 하고 경지면적을 줄이기 위해 쌀농사 직불금도 준다. 이

중독점인 셈이다. 이 경우에는 이윤도 보장된다. 국토가 좁아 농사에 경작 가능한 토지를 모두 사용해도 모자라는 판에 강제 휴경을 명령하는 모순적인 상황이 계속되는 것은 독점 때문이다.

FTA 효과와 보완 대책은

싼값에 양질의 쌀 구입 가능…
가난한 농민 '선별적 지원'을

자유무역협정(FTA)으로 농산물 시장이 개방되면 농민은 어떤 피해를 얼마나 입는다는 것일까. 시장이 개방되면 농민은 수입 금지로 인한 독점 특권을 잃게 된다. 그것을 피해라고 할 수 있을까. 결코 아니다. 정확하게 말하면 생산자인 농민은 시장 개방으로 그동안 누려왔던 특권 또는 독점이득을 잃게 되는 것이다. 농민은 그동안 긴 시간에 걸쳐 작지 않은 특권 또는 독점이득을 누려왔다.

농민을 제외하고 독점으로 이득을 보는 사람이나 집단은 누구인가. 독점 특권 또는 특혜를 줄 수 있는 정치인이나 정부 관료가 이득을 챙길 수 있다. 그것이 표이거나 권력을 차지해 다른 사람 위에 군림하는 것이거나 뇌물일 수도 있다. 관변 경제학자들은 시장개방 피해액을 추정해 제시함으로써 그 논리를 합리화하는 데 일조한다. 그러므로 독점 폐해를 없애려면 권력을 제한해야 한다.

쌀을 소비하는 시민은 어떤가. 쌀농사가 독점화된 지금 소비자는 외국산 쌀보다 훨씬 비싼 국내산 쌀을 사먹어야 한다. 만약 농민에게 부여된 독점 특권을 없애면, 즉 쌀시장이 자유시장이 되면 쌀 소비자인 도시 서민은 그동안의 피해(국내산 쌀 가격과 수입산 쌀 가격의 차이)에서 벗어날 수 있다.

농민도 부자농민과 가난한 농민이 있다. 우리가 굳이 보호해야 한다면 가난한 농민이지 부자농민이 아니다. 그러므로 농업에 제공하는 독점 특권을 폐지하고, 꼭 필요하다면 가난한 농민을 복지제도에 편입하는 것이 옳은 방법이다.

한국 경제는 저성장, 높은 청년실업, 많은 비정규직, 장시간 근로 등의 구조적 모순에 빠져 있다. 경제 전체적으로 독점이 너무 많은 탓이다. 이 모순을 궁극적으로 해결하고자 한다면 FTA로 인해 시장을 개방해야 하는 농민이 피해를 입는다는 엉터리 주장을 혁파해야 한다.

10 규제와 지원의 역설

혁신 이끄는 신사업은 기존 법규에 없는 것들…

변화에 열려 있는 규제가 기업가 정신 뒷받침

올초 한국은행은 우리나라 연평균 잠재성장률이 3%대 초반(3.0~3.2%)으로 떨어졌다고 발표했다. 경제성장의 엔진이 식어가고 있다는 뜻인데, 여론의 반응은 새삼 놀라워하는 기색이 아니다. 아마도 최근 5년간 연평균 성장률이 3%에도 미치지 못한 것에서 보듯이 저성장의 고통을 이미 겪어왔기 때문일 것이다. 이 상태로 가면 한국 경제의 미래는 없다는 암울한 전망에 익숙해졌기 때문일 수도 있다.

경제 부진이 이어지고 갈수록 활력이 떨어지는 근본적인 원인은 무엇인가. 이해를 돕기 위해 재미가 없어 관중이 외면하는 운동경기가 있다고 하자. 한때 올림픽 종목에서 퇴출될 위기에 처했던 레슬링, 태권도를 떠올릴 수도 있겠다. 축구, 야구, 골프 등 많은 경기가 독자적인 산업으로 발전하는 속에서 어떤 경기는 사양산업 취급을 받는다면 원인은 무엇일까.

관중의 취향 변화를 제외하면 경기의 활성화는 규칙, 판정, 선수의 역량 및 전술 등에 좌우된다. 이 중 가장 중요한 것은 규칙의 내용과 판정의 공정성이다. 선수의 잠재 역량이 출중해도 경기 규칙과 판정이 모호하면 누구도 실력을 발휘할 수 없기 때문이다. 퇴출 위기에 몰렸던 태권도가 올림픽 종목으로 살아남은 것도 공격적인 경기 진행을 위해 채점 방식을 바꾸고, 판정 시비를 막기 위해 전자호구시스템을 도입하는 등 기존의 규칙을 바꾸는 혁신을 해서다.

위의 비유에서 경기 규칙은 규제를 포함한 경제제도에 해당한다. 규제는 경제활동 게임의 규칙이며, 정치적 과정을 통해 국회와 정부에서 정한다. 심판 판정에 해당하는 규칙의 집행과 판정은 행정부와 사법부의 역할이다. 그리고 선수는 주어진 게임 규칙 안에서 활동하는 기업과 국민, 즉 경제인에 해당한다.

따라서 운동경기 비유의 연장선상에서 한국 경제 부진의 근본 원인을 짚어보면 경제활동 게임 규칙에 해당하는 제도, 그중에서도 특히 규제환경의 문제부터 거론하지 않을 수 없다. 혹자는 기업이 투자를 덜 한다, 국민이 지갑을 덜 연다는 등 경제 부진의 원인으로 선수 탓을 하기도 하나 이는 부차적인 문제다.

그동안에도 규제는 한국 경제의 재도약을 가로막는 원인으로 꾸준히 지목돼왔다. 김대중 정부 이후 역대 정권이 모두 규제개혁을 강조했고, 현 정부도 대통령이 직접 "규제개혁이라 쓰고 일자리 창출이라고 읽는다"고 한 것은 문제의 심각성을 인지했기 때문일 것이다. 그러나 규제 환경은 여전히 열악하다. 2015년 세계경제포럼이 조사한 글로벌 경쟁력 지수 중에서 기업인이 평가한 정부규제부담지수는 한국이 140개국 가운데 97위로 사실상 꼴찌 수준이다. 달리 말하면 역대 정권마다 규제개혁의 기치를 내세우고 많이 노력했다고 하지만 산업 현장에서는 별반 개선된 게 없다고 느끼고 있는 것이다.

정부가 그렇게 규제개혁을 강조했는데도 왜 이런 일이 생겼을까. 규제는 경기의 규칙처럼 또는 교통량이 많은 네거리의 신호등처럼 반드시 필요한 측면이 있다. 운동에서의 규칙은 경기를 활기차고 재미있게 하는 데, 그리고 신호등은 교통의 흐름을 원활하게 하는 데 궁극적 목적이 있다. 이와 같은 원리로 경제 규제 또한 시장거래에 수반되는 비용을 낮추고 생산적인 기업가 정신의 발현을 뒷받침하는 것에 목적을 둬야 하는데 우리의 현실은 그렇지 않은 경우가 많다는 데 문제가 있다.

한국의 규제는 체계 및 내용에서 생성과정 및 집행단계에 이르기까지 병으로 치면 중증(重症) 상태다. 과거에는 하나의 기술을 중심으로 특정 산업이 발전했다면 지금은 여러 기술이 융·복합하면서 산업 간 경계가 무너지고 새로운 산업이 태동하는 시대다.

그러나 한국의 규제는 '단일 기술-단일 산업'의 과거 패러다임에 기초하고 있는 데다 엎친 데 덮친 격으로 법령에 열거하지 않은 신기술이나 신사업 모형을 불법으로 간주해 금지하는 방식을 채택하고 있다. 이 방식은 기술과 사업 모형에서 새로운 시도를 원칙적으로 허용하고 예외적으로 금지하는 미국 등의 선진 규제시스템과 비교하면 경제상의 자유와 창의를 저해하는 문제가 심각하다.

미국의 규제는 시장과 기술의 새로운 변화에 열려 있는 시스템이라면 한국은 새로운 가능성에 닫혀 있는 시스템이다. 만약에 한국 정부와 국회가 시장 또는 기술의 변화 추세에 앞서 선제적으로 법령을 올바로 개정할 수 있다면 한국이나 미국의 규제 환경에 실질적 차이는 사라질 것이다.

그러나 아무리 이상적인 정부나 국회라 해도 시장의 변화와 기술 진보 속도에 선제적 대응은 고사하고 뒷북치며 따라가기도 버거운 게 현실이다. 이렇게 규제 환경이 열악한 한국에서 미국처럼 혁신기업이 속출하기를 바라는 것은 나무에서 물고기 얻기를 기대하는 것만큼 어려울 것이다.

산업현장에서 규제개혁을 체감하지 못하는 또 다른 이유는 행정부처마다 이유를 내세우며 규제관할권을 분점하는 상태가 근본적으로 시정되지 않기 때문이다. 자동차 튜닝이 그런 경우다. 자동차 5

대 생산국의 면모에 걸맞지 않게 튜닝에 부정적이던 정부가 창조경제산업의 일환으로 이를 합법화하자, 국토교통부와 산업통상자원부가 각자 산하에 비슷한 협회를 두고 관할권을 분점한 것은 비근한 사례다. 또 다른 나라에서는 어엿한 직업으로 인정받고 국내에서도 수요가 적지 않은 탐정(민간조사제도)이 한국에서 불법인 까닭이 행정자치부와 법무부가 관할권을 주장하며 대치하고 있기 때문이라는 지적도 여기에 해당한다.

한국 경제가 재도약의 전기를 마련하려면 경제활동 게임의 규칙부터 바꿔야 한다. 그러나 지금까지 봐왔듯이 새로운 기회와 도전에 닫혀 있는 현재의 시스템, 그리고 관할권 중첩 문제를 근본적으로 수술하지 않으면 어떤 규제개혁 노력도 찻잔 속의 태풍에 그칠 공산이 크다. 규제개혁의 추진 주체에 대해서도 재고할 필요가 있다. 규제의 권한을 늘리는 데 더 관심이 있는 행정부에 개혁을 주도하라는 것은 고양이 스스로 목에 방울을 달라는 것과 같아서 소기의 성과를 거둘지 의문이다.

공익(公益) 내세운 정부 규제 곳곳서 부작용 속출

모든 규제는 육성, 보호, 균형, 공익, 정의 등 선한 의도를 표방한다. 규제의 선한 의도만 놓고 보면 규제가 많을수록 세상은 살기 좋고 아름다워질 것 같다. 그러나 현실은 정반대다. 규제가 의도했던 효과는 나타나지 않고 엉뚱한 부작용만 키우는 경우가 더 많다.

규제의 역설을 보여주는 사례는 이루 헤아릴 수 없이 많다. 2011년 말 중소기업 적합업종으로 지정된 포장두부가 그중의 하나다. 정부는 중소기업을 보호하기 위해 포장두부를 제조·판매하는 대기업 3사의 시장점유율 합계가 80%를 넘지 않도록 제한했다. 그 결과 누가 이득을 보고, 누가 손해를 입었을까.

규제연구에 실린 논문에 따르면 이 규제로 인해 대기업 간 판매 경쟁이 자제되고 소비자가 지급하는 가격이 높아지면서 사회적 후생손실이 급증했다고 한다. 포장두부 시장에서 경쟁을 제한한 결과, 규제의 의도와는 반대로 대기업이 이득을 보고 피해는 소비자에게 집중됐다는 것이다.

규제와 마찬가지로 정부가 주도하는 각종 지원사업도 당초 의도하지 않았던 부작용을 키운 사례가 많다. 예를 들어 중소기업 정책금융은 당초 의도대로 중소기업의 경쟁력과 성장 지원에 긍정적인 성과를 거두고 있을까. 이에 대해 한국개발연구원(KDI)은 '공적 자금을 지원받은 중소기업은 지원을 받지 않은 기업에 비해 생산성은 떨어지고 잔존율은 높다'는 연구 결과를 최근 발표했다.

정책금융을 통한 정부 개입이 경쟁력이 높은 중소기업을 역차별하는 한편, 이들 기업이 정부 지원으로 연명하는 중소기업보다 시장에서 빨리 도태되는 이른바 '지원의 역설'이 발생하고 있다는 것이다.

11 성장률 떨어뜨리는 간섭주의

저성장 늪에 빠진 경제, 인재·신기술 부족 탓?

노동·교육시장 간섭만 걷어내도 성장률 높아질 것

1997년 외환위기 이후 한국 경제의 장기성장 추이를 나타내는 10년 이동 평균 경제성장률은 평균 5년마다 1%포인트씩 떨어졌다. 김대중 정부 시절에는 5%대, 노무현 정부 때는 4%대, 이명박 정부 시절에는 3%대까지 떨어졌고, 박근혜 정부에서는 2%대로 내려갈 것으로 보인다.

현재 추세대로라면 차기 또는 차차기 정부에서는 장기 경제성장률이 0%대가 되는 게 분명해 보인다. 2008년 글로벌 경제위기와 비슷한 위기가 다시 발생하면 0%대 성장률마저 보장하기 어려울 것이다.

완전한 자유시장경제에서는 사전에 경제성장률이 어떻게 될 것인가를 예상할 수 없다. 사회 구성원 각자는 자신이 원하는 만큼만 일하고 돈을 벌기를 원한다. 따라서 다수가 조금 일하고 적게 벌기를 바란다면 경제성장률은 낮아질 수밖에 없다. 반대의 경우라면 경제성장률은 높아질 것이다. 어느 쪽도 노동자와 기업가가 자발적으로 선택한 결과이기 때문에 누구도 불만은 없다.

일을 하고 싶지만 일자리가 없어 잠재실업자(비정규직 포함) 또는 완전 실업자가 된 비자발적 실업이 높다는 것은 낮은 경제성장률이 우리 스스로 선택한 결과가 아니라는 것을 말해준다. 즉 아직도 배고픈 구직자가 적지 않다는 것이다. 무엇이 문제인가. 경제성장률이 지속적으로 하락하고 있는 이유는 한국 사회와 경제의 상당 부분이 사회주의와 간섭주의에 젖어있기 때문이다.

학교 교육을 예로 들어 보자. 심각한 학교 폭력, 땅에 떨어진 교사의 권위, 학교 선택권이 없는 학생, 학생 선발권이 없는 학교, 연 15만명이 넘는 재수생, 총 10만명이 넘는 해외 유학생, 연 10만명에 육박하는 해외 언어 연수생, 입시 스트레스로 인한 자살자들, 너무 자주 바뀌는 대학입시정책, 대학의 낮은 경쟁력, 적지 않은 수의 비정규직 교사와 시간강사, 무상급식, 무상보육, 과도한 교육비 지출로 인한 다른 부문의 자원 부족 등은 교육 문제 또는 폐해의 일부일 뿐이다. 특히 과도한 교육비 지출로 인해 다른 부문에서 자원 부족이 발생하는 현상은 '존재하지만 보이지 않는 것'이다. 보이지 않는다고 존재하지 않는 것이 아니라는 의미다.

우리 사회가 교육제도를 획일과 평등에 초점을 맞춰 운용해온 결과는 우리가 상상할 수 없을 정도로 심각하다. 앞에서 나열한 폐해는 돈으로 계산할 수 없는 것이 많다. 그러나 정부가 학교 교육을 사회주의와 간섭주의로 만든 결과로 그 폐해는 엄청날 뿐 아니라 지속돼 왔다. 학교 교육을 자유시장으로 전환한다면 연평균 경제성장률은 틀림없이 2~3%포인트 상승하게 될 것이다. 교육계의 현실이 이와 같음에도 불구하고 일부 전문가는 경제성장률을 끌어올리기 위해 인적자본 육성을 외치고 있다. 그러나 그런 주장은 경제적 인과관계의 분석이 틀린 데서 나오는 것이다. 학교 교육에는 너무 과다한 자원이 투입돼 낭비되고 있다. 우리 학교 교육에서 진정으로 필요한 것은 제도의 전환이다.

노동시장은 어떤가. 현대자동차의 대졸 평균 초임은 연 6100여만원인 데 비해 한국 최고라고 알려진 삼성전자는 연 5000만원 정도로, 차이가 1000만원이나 된다. 한국경영자총협회가 공개한 신입사원 초임(정규직 기준)은 성과급을 포함해 대기업 연 4075만원, 중소기업 연 2532만원이다.

이런 차이는 근본적으로 노동조합이라는 '간섭주의적' 제도 때문에 발생하고 있다. 물론 대기업과 중소기업 간 투하자본의 차이로 인한 생산성 차이도 대기업과 중소기업 간 임금 차이를 만들어내고는 있다. 그러나 노동조합의 영향이 생산성 효과보다 더 큰 것으로 보인다.

청년실업률이 9.3%라고 한다. 공식 실업통계가 그렇다. 그러나 대학 졸업을 미루고 있는 대학생 등을 실업자로 잡는다면 청년실업률은 더 높이 올라갈 것이다. 청년 체감실업률은 20%를 웃돈다고 한다. 상황이 이런데도 최저임금을 올리겠다고 주장하는 고위 경제 관료들을 보고 있으면 한심하다는 생각이 든다. 최저임금을 올리면 단순노무직 근로자의 일자리가 더 줄어든다는 사실을 그들이 모를 리 없을 텐데 말이다. 최저임금제 역시 간섭주의의 일종이란 점에는 재론의 여지가 없다. 노동시장을 자유시장으로 바꾼다면 학교 교육을 전환하는 경우보다 더 큰 경제효과가 있을 것이다.

정부의 통화정책은 어떤가. 이자율을 인위적으로 인하해 통화공급을 늘리면 단기에 경제는 확장한다. 그러나 낮은 이자율로 간신히 버티던 기업들은 장기에는 다수가 좀비기업으로 전락한다. 이자율을 조금만 인상해도 이들 좀비기업은 구조조정 대상이 되거나 정부의 지원이 없으면 생존할 수 없다. 지난 50여년간 이자율이 낮아지면서 경제성장률도 동시에 떨어졌다. 낮은 이자율이 옳은 방향이라면 지난 반세기 동안 경제성장률이 올라갔어야 할 것이다.

달러, 엔, 유로 등을 국제 교환 수단으로 사용하는 한국은 미국, 일본, 유럽연합(EU) 등의 화폐정책에도 영향을 받는다. 그들의 화폐정책은 그들 나라에만 영향을 미치는 것이 아니라 한국과 같은 나라에도 큰 영향을 미친다. 무역 비중이 높은 한국은 국제 교환 수단의 영향을 더 많이 받기 때문이다. 지폐제도에서는 한 나라의 화폐정책이 지구상의 모든 인간과 기업에 영향을 미침에도 불구하고 그들은 오불관언(吾不關焉)이다.

복지라는 이름으로 공짜로 먹고 사는 사람이 있으면 그만큼 경제는 나빠진다. 평등을 이유로 가게의 문을 강제로 닫아야 한다면 그만큼 경제는 나빠진다. 한국에는 그런 사례가 일일이 다 꼽을 수 없을 정도로 많다. 그럼에도 불구하고 경제가 성장하고 있는 것은 민간의 필사적인 노력 덕분이다.

한국 경제의 성장률이 지속적으로 하락하는 이유는 인적자본, 기술 등이 부족하기 때문이 아니다. 우리 사회에 만연한 간섭주의와 사회주의 때문이란 사실을 알고 대처해야 한다.

정부 커지면 민간은 되레 위축…간섭으로 소득불평등 커져

글로벌 경제학계에서도 저(低)성장 논쟁이 뜨겁다. 경제성장을 견인해온 혁신 신기술의 가능성에 초점이 맞춰져 있다. 증기기관이나 인터넷 등 혁신기술 개발을 기점으로 경제가 도약했는데, 이런 기술이 더 나올 수 없다고 여기는 부류와 신기술은 무궁무진하다고 보는 부류로 나눌 수 있다. 전자는 저성장 필연론자들이다. 후자는 저성장의 가능성은 없지 않지만 필연은 아닐 것이라고 생각한다. 한마디로 기술 혁신의 여지가 성장의 관건이라는 것이다.

경제제도와 관계없이 기술혁신은 성장률을 끌어올릴 것이다. 예를 들어 북한에도 신기술이 들어가면 즉각 그만큼의 경제성장이 이뤄질 것이다. 그러나 기술혁신 없이도 경제성장을 견인할 방법이 있다. 공산당의 간섭주의와 사회주의체제를 걷어내면 기술혁신으로 인한 것보다 훨씬 큰 경제성장을 도모할 수 있을 것이다.

기술혁신이 일어나는 환경이란 관점에서 보면 자본주의가 간섭주의와 사회주의보다 기술혁신에 훨씬 유리하다. 기술혁신을 위한 정부 주도의 투자는 나중에 거의 쓸모없는 것으로 드러나는 경우가 대부분이다.

한때 미국, 유럽, 일본 등은 자본주의가 중심이었지만 지금은 간섭주의와 사회주의가 만연한 국가가 돼버렸다. 유럽은 민간은행의 부실문제가 심각하고, 일본과 미국은 재정적자가 각각 국내총생산(GDP)의 200%, 100%다. 재정적자란 정부가 자원을 많이 쓰는 것이고 민간은 그만큼 가난해진다. 미국 정부의 재정적자가 심각한 데도 래리 서머스 전 재무장관은 장기침체를 탈출하기 위한 대규모 인프라 건설을 제안하고 있다. 순진한 발상이다.

토마 피케티는 소득불평등 심화가 저성장의 원인이라고 주장한다. 그러나 소득불평등은 결과이지 원인이 아니다. 물론 순수 자본주의에서도 소득불평등은 발생한다. 재능, 유산, 노력, 행운 등이 모두 다르기 때문이다. 그러나 정부가 소득불평등을 줄이겠다고 간섭하기 시작하면 경제성장이 지지부진해지고, 일할 기회를 잡지 못한 노동자들이 늘어나면서 소득불평등이 더 나빠질 공산이 크다.

12

시장경제 저해하는 경제의 정치화

공익을 빌미로 규제 쏟아내는 '정치 만능주의'… 견고한 '삼각 철옹성'의 사익추구 경계해야

정치는 시장보다 효율적이고 합리적일까. 지금 여의도에서는 경제문제를 포함한 세상만사를 정치 논리로 재단하고, 국회의 입법을 통해 해결하겠다는 정치 만능주의, 입법 만능주의가 도를 넘고 있다. 또 국회에서 만든 법률 중에는 'OO 육성에 관한 법률' 'OO 개선에 관한 법률'이 많은데, 이들 대부분은 영업의 자유와 가격에 대한 규제, 경쟁을 제한하는 내용을 골자로 하고 있다. 예를 들어 소비자 간 보조금 차별을 금지함으로써 소비자들로부터 원성을 사고 있는 '단통법' 또한 그 본명은 '이동통신 단말장치 유통구조 개선에 관한 법률'이다.

사실이 이렇다 보니 전문가들 사이에 '○○ 육성법'은 '○○ 억압법'으로, '○○ 개선법'은 '○○ 개악법'으로 의심부터 해야 한다는 우스갯소리마저 떠돈다. 그래도 정치권은 이에 아랑곳없이 시장의 불완전성, 불공정성을 공격하면서 시장실패를 치유하기 위해서는 정치적 접근, 입법적 제한의 확대가 필요하다고 주장한다. 정치 논리가 시장 원리보다 훨씬 합리적이고 공정하고 효율적이라면 이런 주장도 일리가 있겠지만 과연 그럴까.

여기에 대해 영국의 경제학자며, '애덤 스미스 연구소'를 설립한 이몬 버틀러는 "정치적 의사결정은 시장의 선택보다 비효율적이다"고 단언한다. 흔히 정치는 다수결 원리에 바탕을 두고 있어 공정하고 민주적일 것으로 믿지만 사실은 그렇지 않다는 것이다.

그 이유를 보면 첫째, 시장에서는 내가 원하는 것을 선택하지만 정치는 내가 원하지 않아도 다수가 선택했다는 이유로 강제당해야 한다. 심지어 옳은 의견이 다수결에 의해 배제되고 틀린 의견이 채택되는 불합리한 경우도 생기는 게 정치다.

둘째, 정치에서 한 표는 최종 결과에 미치는 영향력이 미미하다. 유권자도 이를 알기 때문에 투표에 앞서 사람과 공약을 열심히 분석하는 등의 성가신 일을 하려 하지 않는다. 시장에서 물건을 살 때 가격과 품질을 꼼꼼히 따져보고 결정하는 것과 달리 정치는 대개 정보가 부족한 상태에서 의사결정이 이뤄진다.

셋째, 시장에서 소비자는 자신이 원하는 물건을 사고 맘에 드는 게 없으면 구매를 안 해도 된다. 그러나 정치에서는 최악(最惡)을 피하기 위해 최선(最善)을 포기하는 일이 종종 생긴다. 내 맘에 드는 인물이지만 선거에서 채택될 가능성이 없으면 사표(死票)를 피하기 위해 차선(次善) 또는 차악(次惡)의 인물을 선택하는 게 정치다.

넷째, 시장 선택에서 비용과 책임은 전적으로 나의 몫이지만 정치에서는 비용과 책임을 다른 사람에게 떠넘길 수 있다. 더 많은 복지를 요구하면서 세금은 회피하고, 오늘 빚을 내서라도 풍족히 쓰고 그 부담은 다음 세대에 떠넘기려는 게 정치의 속성이다.

다섯째, 시장에서 소비자는 자신이 원하는 물건만을 골라 장바구니에 담을 수 있지만 정치에서는 불가능하다. 유권자는 국방, 경제, 사회, 복지 전반에 대해 패키지로 선택하도록 강요당한다. 따라서 시장과 달리 정치에서는 유권자가 원하는 최선의 정책조합을 얻을 가능성은 거의 없다.

정치 원리가 시장 원리에 비해 불합리하고 불공정한 이유는 또 있다. 시장과정에 대한 정치 또는 정부 개입을 촉구하는 규제론자들이 흔히 간과하는 사실 중의 하나는 공직자 또한 우리와 같은 경제인이라는 사실이다. 정치인과 공무원이 공직자라고 해서 사심은 없고 공공의 이익에만 봉사하는 '천사'가 아니다. 정치인이 공익의 기치를 내건다고 해서 이를 액면 그대로 믿는 것은 환상이다. 미국의 경제학자 고든 털록이 '지대(地代)추구이론'을 통해 지적했듯이 공직자들은 규제의 제정, 집행을 통해 더 쉽게 더 강하게 '지대'를 챙길 수 있다. 이들이 챙기는 지대는 규제 완화나 규제 배제 등의 특혜를 제공하는 대가로 받는 돈일 수도 있고, 정치적 영향력일 수도 있다. 중요한 것은 규제가 많고 복잡할수록, 정부 규모가 클수록 공직자가 챙길 수 있는 지대의 기회도 그만큼 많아진다는 사실이다.

한국에서 역대 정부마다 규제개혁을 강조했어도 성과가 미흡한 것은 어찌 보면 이와 같은 지대추구 정치논리 때문일 것이다. "규제개혁이라 쓰고 일자리 창출이라고 읽는다"고 하면서 박근혜 대통령까지 나서 규제개혁을 독려했지만 규제총량은 계속 늘어나고 있다. 다시 털록의 표현을 빌리면, 규제의 신설·강화·폐지 권한을 독점하고 있는 정치권, 규제의 집행권한을 행사하는 규제당국 공무원, 규제의 혜택을 누리는 사업자 단체 사이에는 지대추구의 견고한 '삼각 철옹성'이 형성돼 있어 규제개혁이 어렵다고 하는데 우리가 바로 그런 상황이 아닌가 싶다.

이와 같이 시장과정에 대한 정치 또는 정부의 개입은 의사결정의 제도적 흠결, 공직자의 지대추구 유인 때문에 비효율, 불합리할 수밖에 없는 구조를 내포하고 있다. 정치에서는 국민 개개인이 원하는 것과 다른 선택이 채택되기도 하고, 정치적 선택의 결과가 내가 원한 것과 다르다고 해서 이를 거부할 자유도 허용되지 않는다. 더 나아가 정치적 선택의 결과가 나중에 순기능보다는 부작용이 많은 것으로 밝혀져도 정치인-규제관료-이익단체의 지대추구 철옹성 때문에 되돌리기도 어렵다. 이와 달리 시장에서는 내가 원하는 것들만

모아서 나의 비용과 책임 아래 선택할 수 있다. 그래서 시장은 정치보다 효율적이고 합리적이며 공정하다는 것이다. 애덤 스미스 이후 많은 학자가 나라가 부강해지고 국민이 잘살려면 시장의 역할을 확대하고 정부의 역할을 줄여야 한다고 줄기차게 강조했던 것도 이 때문이다.

그러나 우리의 현실은 거꾸로 가고 있는 것은 아닌지 걱정스럽다. 경제의 정치화(politicization) 현상은 갈수록 심화, 확대되고 있다. 모든 생산활동의 궁극적인 목적은 소비에 있다. 스미스가 말했듯이 생산자의 이익은 소비자의 이익을 증진시키는 경우에만 중시돼야 한다. 그러나 정치인은 국민 모두가 소비자임에도 소비자 편에 서는 것은 표를 얻는 데 도움이 되지 않는다고 여기는 것 같다. 기술발전, 소비자 기호의 변화에 대응하지 못한 사업자는 시장 원리에 의하면 창조적 파괴의 대상이지만 국내의 지대추구 정치 구조 아래에서는 법으로 사업영역을 보호해줘야 하는 대상으로 부상한다. 이와 같이 소비자인 국민을 위한 정치가 아니라 사업자 사이의 소득 재분배를 우선하는 지대추구 정치는 생산적 기업가 정신을 위축시키는 원인이자, 시장경제의 발전에 치명적인 위협요인이 될 것이다.

경제의 정치화

정치의 경제개입 갈수록 심화…
정치인 신뢰도, OECD 26위 불과

경제의 정치화는 가격의 신호에 따라 수요와 공급이 결정돼야 할 경제 사안을 다수결의 정치 논리로 재단하고 개입하는 현상을 의미한다.

비유하자면 KBS 2TV의 '개그콘서트' 중 '횃불 투게더'라는 코너가 있다. 손님의 (때로는 터무니없는) 불만 제기에 가게주인이 응하지 않으면 손님들이 모두 일어나 머리에 빨간 띠를 두르고 시위를 하면서 요구를 관철하는 내용이다. 웃자고 하는 예능 프로그램을 확대 해석할 필요는 없을 것이다. 그러나 시장거래 문제를 다수의 폭압적 정치 논리로 해결하려는, 한국 사회에 만연해있는 과잉 정치화 현상을 풍자하고 있는 것처럼 느껴져 씁쓸한 여운이 남는 것은 필자만이 아닐 것 같다.

불행하게도 경제의 정치화 현상은 정보통신기술의 혁신과 보급에 힘입어 계속 확산될 전망이다. 누구든 소셜네트워크서비스(SNS)를 통해 자신의 문제를 정부가 해결해줘야 할 문제로 호소하고 여기에 많은 사람이 호응하면 설령 시장원리나 공익에 반하는 일이라도 맞장구치는 게 정치의 생리이기 때문이다. 그리고 이런 생리를 잘 아는 이익단체나 압력단체는 케이블TV 같은 매체를 적극 활용, 경제의 정치화 현상을 더욱 부추기려 할 것이다.

그러나 경제 문제를 정치화하는 것은 한국의 경제발전에 치명적인 위협요인이다. 이를 막으려면 유권자인 국민이 먼저 정치원리는 시장 원리보다 효율적이지도 공정하지도 않다는 점, 그리고 공직자가 공익만 추구한다는 가설은 이론적 허구에 불과하다는 사실을 제대로 알 필요가 있다. 공직자도 스스로를 돌아봐야 할 이유가 있다.

2015년도 세계경제포럼에서 발표한 바에 의하면 한국 정치인에 대한 국민 신뢰는 경제협력개발기구(OECD) 34개 회원국 중 26위다. 지수로는 OECD 평균치에 비해 약 35%나 뒤떨어져 있다. 공무원도 다르지 않아 공무원의 의사결정에 대한 신뢰 또한 26위에 그치고 있다. 공직자에 대한 신뢰는 한국의 경제규모로 볼 때 적어도 OECD 평균은 돼야 하지 않겠는가.

제5장

시장경제의 자본과 노동

01 경제력집중의 우화

기업집단은 세계 각국서 흔히 나타나는 유형…

대기업 옥죄기보다 경쟁자 키우는 정책 필요

경제력집중에 대한 인식과 정책에서 한국은 아주 특이한 구조를 갖고 있다. 특이하다 함은 경제학 이론이나 다른 나라의 정책과 견줘 볼 때 예외적이라는 뜻이다.

경제력집중은 일반집중과 시장집중으로 대별된다. 방송 또는 신문지상에서 '5대 기업집단의 매출총액이 국내총생산(GDP)의 절반을 넘어섰다', '30대 기업집단의 자산총액이 GDP에서 차지하는 비중이 100%를 넘어섰다'는 뉴스를 본 적이 있을 것이다. 국민경제에서 특정 대기업들이 차지하는 비중이 높음을 문제삼는 것인데 이때의 집중은 엄밀하게 말하면 일반집중을 뜻한다. 반면에 자동차나 커피 등의 개별 시장에서 선도 대기업의 독점력을 문제삼는 것은 시장집중에 관한 이야기다.

위 두 가지 중에 주류 경제학이 주목하는 분야는 시장집중이다. 개별 시장의 독점력은 높은 가격으로 이어져 소비자의 이익을 침해할 여지가 있다. 또 경쟁이 충분치 않으면 경제 발전에 필요한 혁신과 기업가적 발견이 위축되는 문제가 발생한다. 이 때문에 경제학 이론은 독점에 대해서 때로는 필요 이상으로 적대적인 반면에 일반집중에 대해서는 개별 시장에서의 독점력으로 전이되지 않는 한 굳이 문제삼지 않는 태도를 취해왔다. 경제학의 이런 입장과 더불어 미국 셔먼법의 영향에 따라 한국을 제외하고, 경쟁법을 운용하는 대부분의 국가에서는 경제력집중을 시장집중과 동일시하는 경향이 있다.

반(反)독점법의 효시로 알려진 셔먼법은 1890년 제정됐다. 미국에서 19세기 중반 이후 철도회사를 시작으로 대기업 조직이 확산되면서 경제력집중을 우려하는 목소리가 높아지자, 이에 대응하기 위해 제정한 것이 셔먼법이다. 1911년 셔먼법에 의거해 록펠러가 이끄는 스탠더드오일 회사를 34개의 독립회사로 강제 분할한 것은 널리 알려진 사건이다. 이와 관련해 특기할 사실은, 한국에서 경제력집중을 막으려면 '계열분리 명령제'를 도입해야 한다고 주장할 때

논리적 뒷받침으로 이 사례를 인용한다는 것이다. 이는 잘못된 인용이다. 미국에서 경제력집중은 국내에서와 달리 시장집중을 의미한다. 스탠더드오일의 분할 명령도 그 내용을 보면, 동종 사업자들이 트러스트 형태로 석유제품 시장을 독점하고 있음을 문제삼아 경쟁을 회복시킬 목적으로 극약처방을 내린 것이다.

다른 나라와 달리 한국은 경제력집중을 기업집단에 의해 야기되는 일반집중의 문제로 접근하고 있다. 이에 따라 공정거래법에 의해 지정된 기업집단은 사업 구성과 내부거래, 소유지배구조에 대해 별도의 규제 부담을 감수해야 한다. 세계에서 유례를 찾아보기 어려운 한국 특유의 경제력집중 억제시책은 1987년 공정거래법이 개정되면서 본격화됐다. 햇수로 벌써 30년이다. 그동안 국민 1인당 소득은 9배 이상 증가했고, 미국 유럽과의 자유무역협정(FTA) 체결에서 보듯이 대내외 경쟁여건은 딴판이 됐으며, 대기업의 주된 활동무대는 국내에서 해외로 이동했다. 이런 환경 변화에도 불구하고 한국 특유의 인식과 규제의 틀이 굳건히 유지되고 있다는 사실은 차라리 불가사의(不可思議)에 가까워 보인다.

여기에 대해 반론이 없지는 않다. 한국은 재벌이라는 기업집단이 있기 때문에 이로 인한 경제력집중을 막으려면 다른 나라에 유례가 없어도 규제해야 한다는 논리가 그중 하나다. 그러나 기업집단 형태의 조직이 다른 나라에 없다는 예단은 지난 세기의 낡은 지식이다. 기업집단에 대해 호의적이지 않은 캐나다 경영학자 랜달 모크조차 기업집단은 선진국, 후진국을 막론하고 전 세계적으로 존재하며, 미국에서만 예외적으로 관찰되지 않는다고 인정한 지 오래다. 한국 특유의 기업집단 때문에 이들이 야기하는 경제력집중을 통제해야 한다는 논리는 새로운 지식의 발견에 의해 설 자리가 사라진 셈이다.

한국은 압축성장의 부작용으로 인해 경제력집중이 위험 수위에 이르렀고, 계속 심해지기 때문에 사회적 통제가 필요하다는 주장도 있다. 이런 논리는 제도학파의 '기업패권 가설'과 흡사한 면이 있다. '유한계급론'의 저자인 베블런에서 시작해 '불확실성의 시대'로 유명한 갤브레이스로 이어지는 제도학파에서는 기업의 권력과 규모는 상호 보강 관계에 있기 때문에 그냥 두면 기존 대기업에 의한 경제력집중이 계속 심화된다고 주장했다. 그러나 이들 주변부 학자의 예언은 기우(杞憂)로 판명됐으며, 1980년대 말 소련 및 공산권의 붕괴를 계기로 이들의 주장도 역사의 뒤안길로 사라졌다.

주류에서 퇴장한 제도학파 이론이 한국에서는 아직 힘을 발휘하고 있다. 특히 상위 기업집단의 자산 또는 매출총액을 GDP로 나눈 값이 매년 커지고 있음을 들어 한국의 경제력집중은 확대되는 추세에 있다고 단언하기도 한다. 예를 들면 30대 기업집단의 GDP 대비 자산총액은 2005년 56%에서 2012년 105%로 급증했다는 것이다. 그러나 GDP는 부가가치의 합계이다. 이를 성격이 다른 매출 또는 자산과 비교해 평가하는 것은 의도적이 아니라면 오류다. 경제력집중을 측정하겠다면 분모와 분자에 같은 성격의 변수를 써야 한다. 위의 집중도 계산식에서 분모에 한국은행의 기업자산 통계를 집어넣으면, 자산 집중도는 같은 기간 34.2%에서 35.9%로 약간 높아졌을 뿐이다.

일반집중은 주류 경제학의 관점에서 볼 때 규제로 접근할 사안이 아니다. 다른 나라에 없는 규제의 칼날을 겨냥해야 할 만큼 한국의 경제력집중이 유난히 높은 것도 아니다. 한국의 경제력집중은 미국과 일본, 독일보다는 높지만 스위스와 대만, 네덜란드 등에 비해서는 낮다. 그리고 미국, 일본, 독일의 집중이 한국보다 낮은 것은 이들 나라를 대표하는 기업들의 규모나 범위가 한국의 대표기업보다 작아서가 아니다. 경제력집중이 낮은 나라의 공통적 특징은 대표기업이 아니라도 다른 대기업이 많다는 것이다. 종업원이 300명을 넘는 대기업 비중이 이들 나라에서는 0.7~0.8%에 이르지만 한국은 고작 0.1%다. 따라서 굳이 경제력집중을 낮춰야 하겠다고 고집한다면 대기업의 수와 비중을 선진국 수준으로 늘리는 분모 확대 정책이 바람직할 것이다. 지금과 같이 기존 대기업을 옥죄어 분자를 억제하겠다는 규제 관행은 누구에게도 도움이 되지 않는다.

'대기업 경제력집중은 심화'

제도학파의 기업패권 가설, 주류 경제학선 밀려나

소스타인 베블렌

자원배분 효율의 측면에서 볼 때 경쟁당국은 개별 시장의 독과점(시장집중) 문제에 주된 관심을 둬야 한다. 그러나 경제학에서 일반집중을 규제해야 한다는 이론이 아예 없지는 않았다.

대표적인 게 베블런에서 시작해 코먼스, 갤브레이스를 거쳐 뇌들러 등으로 맥을 잇는 제도학파의 '기업패권 가설'이다. 이 가설은 기업의 권력과 규모는 상호 보강 관계에 있기 때문에 경제력집중은 기존 대기업을 중심으로 필연적으로 높아질 수밖에 없다는 인식에서 출발한다.

이런 인식을 바탕으로 제도학파는 생산과 배분이 수요와 공급의 시장원리에 의해 결정된다는 경제학 이론과 달리 사실은 대기업의 힘과 강제에 의해 결정된다고 주장한다. 갤브레이스가 《불확실성의 시대》에서 '대기업이 시장의 가격에 반응하는 꼭두각시이고 소비자에게 봉사한다는 주장은 허구이며, 기업의 권력을 영속화하기 위한 책략'이라고 폄하한 것도 기업패권 가설에 따른 것이다.

벌리와 민스도 이 가설에 영향을 받은 듯 지금도 널리 인용되는 《현대기업과 사유재산》(1932)이라는 책에서 미국의 경제력집중이 계속 확대될 것으로 예상했다. 미국 200대 기업의 자산 비중이 1909~1929년 빠르게 증가한 추세에 비춰 볼 때 이들의 자산 비중은 1950년에는 70%, 1972년에는 100%에 이를 것이라고 한 것이다.

그러나 미국 500대 기업으로 범위를 넓혀 봐도 이들의 자산 비중은 인수합병(M&A)을 통해 복합기업화 열풍이 일던 1960년대에도 63%에서 65%로 약간 증가했을 뿐이다. 게다가 이 비중은 1984년에 54%로 오히려 크게 떨어졌다.

이런 사례에서 보듯 경제력집중은 필연적으로 높아진다는 제도학파의 기업패권 가설은 이론과 실증에서 지지를 받지 못하고 스러져갔다. 여기에서도 한국은 예외다. 세계적으로 유례없는 경제력집중 억제시책을 유지하기 위한 논리로 기업패권 가설이 적극 활용되고 있는 곳이 한국이다.

02 독점의 기준

시장경쟁서 생긴 독점은 소비자 선택의 결과…
경쟁자 끊임없이 등장…독점적 지위 보장 안 돼

오늘날 구글이 검색엔진 광고시장에서 차지하는 비중은 80%가 넘는다. 모바일 검색엔진 광고까지 포함하면 시장점유율이 98%나 된다. 타의 추종을 불허하는 시장지배력을 갖고 있음이 분명하다. 그렇다면 구글은 독점인가.

교과서나 법적 정의에 따르면 구글은 독점이다. 교과서에는 시장에 한 개의 기업만 존재하면 그 기업은 독점이라고 정의하고 있다. 법적으로는 시장점유율이 높은 기업을 시장지배적 사업자로 규정해 독과점 규제를 한다. 한국의 '독점규제 및 공정거래에 관한 법률'에도 사업자의 시장점유율이 50% 이상이거나 셋 이하 사업자의 시장점유율이 75% 이상이면 시장지배적 사업자로 추정한다고 돼 있다.

기업의 수나 시장점유율로 독점 여부를 판단하는 것은 정태적인 시장, 정태적인 경제를 가정하는 데서 비롯된 것이다. 경제와 시장이 정태적이 아닌 동태적이라면 이 정의는 아무런 의미가 없고 무용

지물이 되며 상황판단에 오류만 불러일으킨다.

우선 시장점유율은 시장을 어떻게 규정하느냐에 따라 달라진다. 코카콜라가 펩시와만 경쟁하는 것이 아니다. 다른 음료수 회사와도 경쟁한다. 세븐업과 경쟁하고, 주스회사, 생수업체들과도 경쟁한다. 시장을 정의하는 범위에 따라 기업의 시장점유율에 큰 차이가 난다. 콜라시장에서 코카콜라의 시장점유율이 80% 이상이라고 해서 독점기업이라고 분류할 수 없다는 것이다. 다른 모든 음료수까지 그 범위를 넓히면 코카콜라의 시장점유율은 미미할 수 있다.

시장에 하나의 기업만 존재하는 경우는 두 가지가 있을 수 있다. 첫째는 정부가 특정 기업에 독점권을 부여하는 것이고, 둘째는 자유경쟁시장에서 발생하는 하나의 기업이다. 정부가 한 특정 사업자에게만 사업활동을 할 수 있는 권한을 주면 그 시장에서 그는 유일한 사업자가 돼 시장점유율이 100%인 독점 사업자가 된다. 이런 법적인 진입장벽 때문에 생긴 독점은 다른 기업으로부터의 경쟁을 차단한다.

따라서 그 기업은 독점가격을 설정할 수 있을 뿐만 아니라 비효율적이라고 하더라도 시장에서 퇴출될 염려가 없다. 우리가 우려하

는 독점으로 인한 폐해는 바로 이런 정부의 진입장벽에 의해 생긴 독점에서 발생한다.

한편 자유경쟁시장에서 많은 기업이 자유롭게 경쟁한 결과 가장 효율적인 기업 하나가 남게 되면 그것은 '구조적'으로 독점이다. 그러나 이것은 정부의 진입장벽에 의한 독점과는 엄연히 다르다. 자유경쟁시장에서 경쟁의 결과로 남게 되는 기업은 소비자에게 열심히 봉사하고 노력한 결과다. 그래서 그 기업이 갖는 시장점유율은 열심히 노력해서 얻은 성공과 능력의 결과이지 기업에 주어진 특권과 권력이 아니다. 따라서 자유시장에서 발생하는 독점은 우리가 우려하는 독점적 폐해가 발생하지 않는다. 비록 구조적으로 독점이라고 할지라도 그 시장은 경쟁이 치열한 시장이다.

정부가 개입하지 않는 자유경쟁시장에선 시간이 흐르면서 시장점유율이 끊임없이 변한다. 오늘날 시장점유율이 높다고 해서 앞으로도 계속 높은 시장점유율을 유지한다는 보장은 없다. 시장점유율을 높게 유지하기 위해서는 지속적으로 소비자의 선택을 받아야 한다. 그러기 위해선 소비자를 만족시키는 재화와 서비스를 계속 생산·판매해야만 한다. 그렇지 않고 경영을 잘 못하거나 소비자를 만족시키지 못할 경우엔 즉시 시장점유율을 잃게 된다. 따라서 시장에서 어느 한 기업이 오랜 기간 우위를 지속했다는 사실은 소비자를 만족시키는 그 기업의 탁월한 능력을 반영하는 것이다.

구글이 모바일 검색엔진 광고까지 포함해 시장점유율이 98%나 된다는 것은 그만큼 소비자가 만족해 많이 사용하고 있다는 것이다. 만약 구글보다 더 나은 것이 나온다면 구글의 시장점유율은 떨어질 것이며 새로운 기업이 그 자리를 차지할 것이다. 이런 사례는 무수히 많다. 1960년대와 1970년대 컴퓨터시장에서 시장지배적 위치에 있던 IBM이 마이크로소프트로 대체됐다. 그 마이크로소프트가 구글과 스마트폰 등장으로 지배력이 줄어들고 있다. 스마트폰 시장에서도 처음엔 캐나다산 '블랙베리'가 높은 시장점유율을 보였지만 지금은 그 자리를 애플의 '아이폰'과 삼성의 '갤럭시'가 차지하고 있다.

독점에 대한 잘못된 인식은 많은 정책적 오류를 범하게 된다. 대표적인 사례가 삼익악기의 영창악기 인수 건이다. 2004년 9월 공정거래위원회는 삼익악기의 영창악기 인수를 승인하지 않았다. 삼익악기가 영창악기를 인수하면 국내 업라이트 피아노시장에서 시장점유율이 92%에 달하게 돼 시장지배력을 남용할 가능성이 매우 크다는 이유에서였다. 세계적 피아노 회사에는 일본의 야마하와 독일의 슈타인바흐가 있다. 삼익악기가 영창악기와 합병하면 해외시장에서 야마하, 슈타인바흐와 더욱 더 효과적으로 경쟁할 수 있고 세계적인 피아노 회사로 거듭날 수도 있었다. 그러나 공정위가 승인하지 않음으로써 이런 기회는 사라졌으며, 결국 그 결정은 야마하나 슈타인바흐를 도와준 꼴이 되고 말았다.

정부의 간섭이 없는 '시장에서 나온 독점'은 문제될 게 없다. 그리고 독점 기준을 단지 시장점유율이나 특정 시장에서의 기업 수로 판단해서는 안 된다. 어떤 산업이 독점인지는 시장점유율이 아니라 그 산업의 진입 및 퇴출장벽 유무가 돼야 한다. 진입 및 퇴출장벽이 존재하면 그 산업은 독점산업이고 그렇지 않으면 경쟁적 산업이다. 독점에 대한 올바른 이해가 요구된다.

시대 따라 바뀐 경쟁과 독점의 의미

앙투안 쿠르노

원래 독점은 지금처럼 하나의 기업만 존재하는 것을 의미하는 것이 아니었다. 애덤 스미스를 비롯해 데이비드 리카도, 존 스튜어트 밀 등의 고전학파 경제학자들은 독점을 정부가 특정 기업에 배타적 특권을 부여하는 것이라 했으며, 정부의 배타적 특혜에 의해 방해되지 않는 시장을 자유경쟁시장이라고 했다.

정부가 간섭하지 않는 시장에서 기업들은 상대방보다 더 매력적인 기회를 제공하기 위해 노력하게 된다. 그런 경쟁의 과정 중 어느 한 시점에서 보면 1개 기업이 존재할 수 있고, 2개, 3개 기업이 존재할 수 있는 것이다. 다시 말하면 어느 시점에서 기업 수로 경쟁의 유무, 혹은 과다를 판단하는 것은 의미가 없다는 것이다. 이렇게 스미스는 경쟁과 독점을 동태적 개념인 '시장과정'으로 봤다.

이런 경쟁의 개념이 앙투안 쿠르노(1801~1877)에 의해 바뀌었다. 그는 경쟁의 최종 결과에 대해 관심을 가졌다. 수학자인 그는 경제에 관한 연구에 수학을 이용했다. 그는 '부의 이론의 수학적 원리에 관한 연구'(1838)에서 경제 분석에 함수, 미분 등 수학의 여러 가지 개념을 도입해 사용했다. 그는 경쟁을 '과정'이 아니라 '상태'로 봤다. 그리고 경쟁을 기업 수가 아주 많아 조금만 가격을 올려도 수요가 모두 경쟁 기업으로 옮겨가는 상태로 봤으며, 이를 완전경쟁 상태라고 정의했다. 한편 이런 완전경쟁과 정반대되는 단 하나의 기업이 존재하는 경우를 '독점'으로 정의했다.

쿠르노 이후 제번스와 에지워스 등에 의해 경쟁과 시장구조가 결합됐고, 신고전학파 경제학에 의해 상태로서의 완전경쟁을 하나의 시장구조로 정형화시켰다. 완전경쟁 모형은 현실에 존재하지 않는 시장이며, 그에 상응해 만든 독점 역시 현실세계에서 일어나는 '상업행위'를 잘 설명하지 못한다. 원래 의미의 경쟁과 독점으로 복귀해야 한다.

03 양극화 견제하는 기업가 정신

기업가 정신은 불평등 심화 억제하는 '자생적 힘'…

자본·학력 아닌 혁신 경쟁이 '부의 이동' 이끌어

대부분의 사람은 사회주의는 작동할 수 없다는 것을 인정하면서도 그 대안으로 자본주의를 수용하는 것은 꺼린다. 소득 불평등 때문이다. 그래서 재분배 과세 또는 규제를 통해 시장의 분배를 수정하는 제3의 길이 인기를 끌고 있다. 자본주의 비판자들은 능력, 재산, 상속 등을 가진 자는 더욱더 부자가 되게 하고 갖지 못한 사람은 상대적으로 가난하게 해 불평등을 심화시키는 게 자본주의 논리라고 목소리를 높인다.

그런 '부익부 빈익빈(富益富 貧益貧)'의 논리가 설득력이 있다는 걸 보여주기 위해 유명한 '마태복음 효과'를 이용하기도 한다. 마태복음 효과는 마태복음서 25장 29절의 '무릇 있는 자는 받아 더 풍족하게 되고 없는 자는 있는 것까지 빼앗기리라'는 구절에서 나온 것이다. 원래 이 명칭은 미국의 사회학자 로버트 머튼이 처음 만든 것인데, 그는 과학적 업적이 동일하다고 해도 잘 알려진 과학자를 덜 알려진 과학자보다 더 신뢰한다는 점을 설명하기 위해 사용했다.

그러나 자본주의를 양극화 체제로 보는 그 같은 논리를 자세히 들여다보면 개인소득을 결정하는 요인으로 오로지 출신배경, 자본, 노동, 능력 등의 자원만을 들고 있음을 어렵지 않게 알 수 있다. 유감스럽게도 모든 분배 관련 논의에서 기업가 정신에 대해서는 언급조차 하지 않고 있다. 이는 자본주의에 대한 올바른 이해를 방해하는 치명적인 장애물이라는 걸 직시해야 한다. 기업가 정신과 경쟁이야말로 자본주의의 원동력이 아닌가. 따라서 이 원동력을 무시하고 분배논리를 주장하는 것은 자본주의에 대한 오해를 불러와 반(反)자본주의 정서만 강화시킬 뿐이다. 분배논리에서 기업가 정신의 역할이 매우 중요하다는 최영백 세인트존스대 교수의 인식에 귀를 기울일 필요가 있다. 기업가 정신은 경제 성장만을 야기하는 게 아니라 부의 축적도 견제하는 중요한 역할을 한다는 것이다.

흥미롭게도 시장경제를 탄생시킨 문화적 진화는 소득 불평등 심화와 개인 부의 축적을 방관하지 않았다. 그것은 불평등 심화를 가로막는 자생적 힘이 작용하도록 견제장치를 마련했다. 그 장치가 기업가 정신과 경쟁이다. 자유주의의 거성 하이에크가 경쟁을 소비자의 수요와 더 나은 생산방법을 발견해 나가는 절차라고 말했듯이 기업가적 경쟁의 본질은 창조와 혁신이다. 이는 다른 사람보다 먼저 새로운 것을 창출하고 타인들이 알아차리지 못한 이윤기회를 포착하는 기민성이다.

마차를 공급해 떼돈을 벌고 있는 백만장자가 있다고 하자. 기업가 정신과 경쟁은 무한정으로 부를 축적하도록 내버려두지 않는다. 한편에서는 새로운 기술개발로 기존의 마차보다 값싸고 질적으로 우수한 제품을 만들어 파는 혁신가들이 등장한다. 다른 한편에서는 자동차, 기차 등 마차와는 전혀 다른 새로운 운송수단을 개발한 혁신기업이 등장한다.

대체상품을 개발하거나 생산비용을 낮추는 기술개발을 통해 싼값으로 공급하는 그런 혁신경쟁으로 경제는 성장하면서 원래의 마차 생산업자의 삶을 더 이상 쉽지 않게 만든다. 그의 기업가치가 줄어들기 때문이다. 지금까지 누리던 부자의 위치가 흔들리는 것이다. 따라서 기업가 정신과 경쟁은 경쟁자들이 기존의 부자를 추격·추월하는 과정이라는 걸 주지할 필요가 있다. 시장에서 부자는 늘 그런 추격·추월을 당할 위험에 노출돼 있다. 혁신적 기업가가 등장해 현재의 부자를 추격하면 그의 부는 감소하고 소득격차가 줄어든다. 추격 과정에서 기존의 부자가 누리던 이윤의 일부 또는 전부가 경쟁자들에게로 이전되기 때문이다.

그 과정을 '이윤의 사회화 과정'이라고 부르는데 이는 부의 무제한 축적을, 그래서 불평등의 심화를 억제하는 자생적 힘이라는 걸 주지해야 한다. 부의 축적을 통제하고 견제하는 과정이다. 혁신을 통해 원래 부자의 부를 추월해 부자의 순위가 뒤바뀔 수도 있다. 혁신경쟁은 가난한 자가 부자가 되는 '사회적 이동'을 가능하게 한다. 경쟁자들의 혁신으로 부자가 중산층이나 하류층으로 전락하기도 한다.

기업가 정신이 유익한 기회, 새로운 지식의 발견을 뜻한다면, 부자는 이윤기회를 포착하는 데 이점이 있는가. 혁신경쟁에서 현재 가진 자가 갖지 않은 자보다 유리한가. 이윤기회를 발견할 능력을 계발하기 위해서는 교육도 필요한 게 아닌가.

기업가 정신은 재산 소유와 아무 관련이 없다는 미국의 유명한 경제학자 이스라엘 커즈너의 인식에 귀를 기울일 필요가 있다. 저렴한 필요재원을 발견하는 것 그 자체도 기업가 정신의 소관이기에 자원 소유가 기업가 정신의 전제조건일 수 없다. 기업가 정신에는 교육도 필요없다는 자유주의 거성 루트비히 폰 미제스의 생각이 떠오른다. 기업가에게 필요한 건 경영대학 졸업장이 아니라 예리한 예견, 판단, 직관 그리고 인지적 리더십이다. 그런 기업가 정신은 미지의 것을 발견하는 것이기에 알려진 것을 가르치는 교육과 무관하다. 경영학 교육은 경영자가 되는 교육일 뿐이다. 따라서 재산도 없고 양질의 교육을 받을 돈도 없는 가난한 사람도 부자가 될 수 있는 게 자본주의다.

이런 생각을 강력하게 뒷받침하는 게 혁신경쟁에서 가난한 사람이 기존의 부자보다 결코 불리하지 않다는 최영백 교수의 흥미로운 인식이다. 사업 실패자, 학교 중퇴자, 이민자처럼 가난한 야심가는 이윤기회의 인지전략에서 매우 유연한 반면 부자는 경직·보수적이라는 이유에서 부자가 자신의 부를 유지하기보다는 가난한 사람이 그를 추격·추월할 가능성이 더 크다는 것이다.

기업가 정신은 재산이나 교육을 전제하지 않고 또 그것은 '헝그리 정신'에서 강력하게 작용하기 때문에 부의 축적과 소득 불평등의 심화가 견제된다. 기업가 정신은 자금이나 교육을 전제하지 않기에 돈이 없어서 교육을 받지 못한 사람도 부자가 될 수 있게 한다. 가난한 집안에서 태어나 배우지 못했어도 거부가 된 인물들이 아주 많은 것은 우연이 아니다. 고(故) 정주영 회장이 대표적이다. 무일푼의 빌 게이츠가 마이크로소프트를 설립한 것도 기업가 정신 덕이다.

세계 각국 100명의 억만장자 가운데 자수성가한 사람이 73명이었고 가난한 집 출신으로 대학을 나오지 못한 부호가 8명이나 된다는 최근의 보고도 흥미롭다. 따라서 기업가 정신과 경쟁을 통해 부의 축적을 견제하는 게 자유시장이라는 걸 직시하고 불평등을 심화시키는 게 자본주의 논리라는 오해에서 벗어나야 한다.

승자독식 '마태복음 효과'의 허구

미(美) 소득 최하위층 25%,
기존 부자 밀어내고 최상위 계층으로 이동

'마태복음 효과'에 속하는 분배논리는 다양하다. 가장 강력한 게 자본의 노동착취를 말하는 마르크스, 능력 있는 소수의 사람이 부를 독차지한다는 로버트 프랭크의 '승자독식'이 그에 속한다. 자본이 부의 불평등 원인이라는 토마 피케티, 출신배경 때문에 양극화가 초래된다는 존 롤스의 주장도 개인이 가진 자원이 개인의 경제적 성공을 좌우한다는 마태복음 효과의 논리다.

부의 불평등

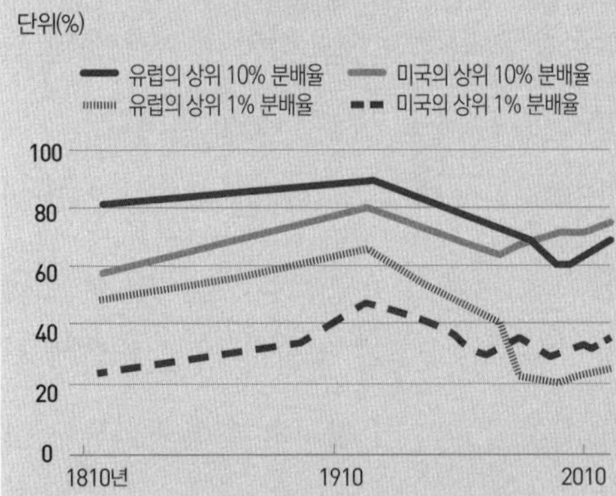

자본주의가 소득과 재산의 불평등을 심화시킨다는 논리는 유감스럽게도 1810년부터 2010년까지 유럽과 미국 상위 10% 또는 1%가 가진 부의 분배율 변동과 일치하지 않는다. 개인들이 능력, 재산 등 자원이 많다고 해도 부자들의 부의 축적을 가로막는 요인은 많다. 불운을 만나거나 부자를 노리는 '미모의 사냥꾼'에 잡히거나 하는 등 여러 가지 이유가 있을 수 있다.

우리가 주목하는 것은 그런 요인들이 아니라 기업가 정신이다. 이

것이 얼마나 중요한가는 1975년부터 1991년까지 미국 가난한 계층의 신분상승 통계가 보여준다. 1975년 최하위 20%에 속한 사람 중에 5%만이 1991년에도 여전히 가난했다. 나머지 95%는 사다리 위쪽으로 이동했다. 그중에서 80%는 중산층 또는 상류층으로, 그 3분의 1은 최상위 20%로 이동했다. 그 결과 기존의 부자들이 밀려났다.

양극화는 단기적 현상을 기술할 뿐, 장기적 추세가 아니다. 흥미롭게도 소득과 부의 분배는 장기적으로는 매우 안정적이라는 게 일반적인 주장이다. 마태복음 효과를 발견한 로버트 머튼도 과학에서 관찰된 그런 효과는 단기적 현상이라는 이유로 부의 분배 법칙으로 일반화하는 것을 철저히 경계한다.

04 자본, 진정한 노동의 친구

맨손으로 고기 잡다 그물 쓰면 생산성 '쑥'…
'자본투자'가 노동소득 높이는 번영의 열쇠

많은 사람이 카를 마르크스의 인식에 따라 자본은 노동을 착취하고 불평등을 야기한다고 믿기 때문에 노동이 의지할 곳은 노동조합과 정부관료뿐이라는 생각에 젖어 있다. 노동소득보다 자본소득에 대한 증세를 지지하거나, 노동을 보호하고 자본은 규제하는 것도 그런 믿음 때문이다. 자본에 대한 이 같은 생각을 대변하는 인물이 최근 21세기 자본으로 유명해진 프랑스 경제학자 토마 피케티다. 그는 자본은 불평등의 요인이기 때문에 고율의 누진세를 부과해야 한다고 목소리를 높였다.

유효수요를 늘려 침체된 경제를 살린다며 임금 인상을 촉구하고, 통화·재정지출을 확대하는 최경환 부총리의 정책도 자본을 홀대하는 오랜 전통에서 나온 것이다. 이 전통은 자본의 원천인 저축이 국민 경제를 불황으로 이끈다는 '저축의 모순'을 들어 소비를 중시한 케인스의 유산이다.

그러나 자본에 대한 이 같은 인식은 틀렸다. 흥미롭게도 노동의 적(敵)은 자본이 아니라 정부관료와 노동조합이다. 자본이야말로 노동의 유일한 친구요 보편적 번영의 열쇠라는 것을 직시해야 한다. 노동자의 생활수준 향상을 위해서 자본이 얼마나 중요한가는 맨손으로 물고기를 잡는 대신 그물, 카누 같은 자본재를 이용하는 사례에서 어렵지 않게 알 수 있다. 자본재 생산을 위한 투자재원은 미래를 위해서 현재의 소비를 억제한 저축이다. 자본 투자를 통해서 노동생산성이 향상되고 임금도 인상된다. 삶의 질을 향상시키는 진원지가 자본 구조라는 것을 주지할 필요가 있다.

노동자의 생활수준을 향상시키는 유일한 길은 생산성 향상이요, 이는 자본 투자를 통한 방법 이외에는 다른 방도가 없다. 미국 노동자의 임금이 인도보다 높은 이유는 미국의 1인당 자본 투자가 높기 때문이다. 높은 임금으로 유럽 노동자의 삶을 개선해준 것도 인구 증가보다 훨씬 높은 자본 축적 덕분이다.

그럼에도 많은 사람이 산업혁명의 예를 들어 자본의 노동 착취를 설명한다. 역사적 기록을 보면 그건 사실무근이다. 빈곤자에게 고용 기회를 줘 노동만으로도 먹고살 수 있게 만든 게 자본이다. 지난 60여년간 한국 경제가 폭발적으로 늘어난 사람들에게 일자리를 주고, 노동자 임금이 수십 수백배 오를 수 있었던 것도 폭발적인 자본 투자가 있었기에 가능했다.

노동자의 생활수준을 향상시키는 것은 임금 인상만이 아니다. 생산성 향상으로 가격이 하락하면 실질임금이 상승한다. 이런 과정이야말로 자본주의의 역사요 발전원리다. 물가 하락으로 노동자의 삶이 향상된 건 최근의 일이 아니다. 19세기 산업혁명 당시 임금은 연평균 1.6%로 느리게 상승했지만 구매력은 60~90%로 증가했다. 생산 증가로 야기된 물가 하락 덕분이다. 그런 물가 하락을 목격하고 자본주의는 빈곤의 장본인이라고 인식하는 사회주의이론은 틀렸으니 수정해야 한다고 목소리를 높인 게 오스트리아의 유명 사회주의자 에드워드 베른슈타인이다.

노동자의 삶과 경제가 지속적으로 번영하려면 자본재의 생산구조가 상황에 맞춰 역동적으로 변화해야 한다. 그런 변화는 기업가적 창조와 발견의 산물이다. 성장의 진원지는 노동 생활수준 향상의 진원지와 똑같이 자본이다. 자본은 번영의 열쇠라는 말이 그래서 생겨났다. 자본재의 생산조건은 자본 투자를 위한 저축이다. 미래를 중시해 소비가 줄어들고 저축이 늘수록 생산구조가 복잡해지고 심화돼 재화와 서비스의 생산이 역동적이게 된다. 그 결과는 번영이다. 기존의 건물을 유지하거나 감가상각 정도의 저축을 넘어서는 순저축이 없는 사회는 기존의 자본재까지도 갉아먹는다. 그 결과는 빈곤의 악순환이다.

한국 노동소득분배율 추이

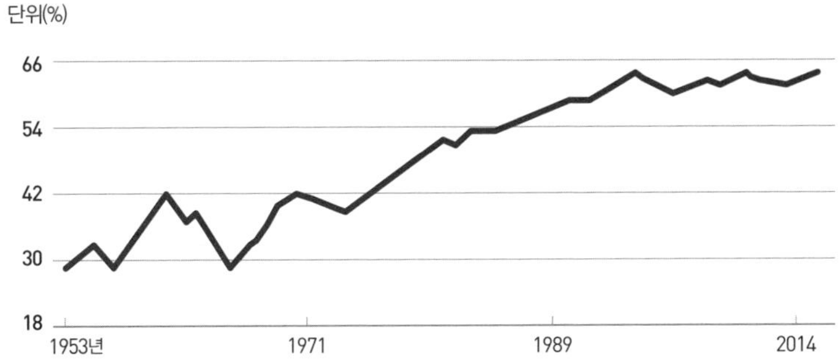

자료:한국은행

소비가 경제의 추진력이고 저축 증가로 인한 소비 지출의 부족이 경기침체의 원인이라고 보는 케인스주의의 시각은 틀렸다. 소비는 경제적 번영의 결과이지 원인이 아니라는 사실을 직시해야 한다. 한국 사회에서 오늘날 사고파는 상품들은 1960년대와 비교할 수 없을 정도로 많은데, 이것이 가능한 것은 통화나 정부지출을 늘려서도 아니요 소비가 늘어나서도 아니다. 오로지 저축 증가에서 나온 생산의 결과다.

경제를 살리고 노동자의 삶의 질을 높이는 건 소비가 아니라 자본 투자다. 투자가 많아야 경제가 살아나고 일자리도 늘어난다. 유감스럽게도 투자를 현재 소비의 직접적인 함수라고 믿는 게 일반적이다. 그래서 투자를 촉진하기 위해 재정지출이나 심지어 임금을 인상해서까지 소비 수요를 늘려야 한다고 주장한다. 하지만 단기적 투자로는 일자리 창출도, 생산성 향상도 기대할 수 없다.

진정한 번영은 먼 장래를 위한 자본 투자에서 나온다. 이런 투자는 소비재 생산단계와 멀리 있는 자본재 생산단계를 위한 투자다. 따라서 투자 증대를 위해 소비 수요를 촉진하는 정책은 지속적 번영에 치명적이다. 자원이 미래 소비를 위한 투자 대신 현재의 소비 욕구를 충족하기 위한 자본구조에 집중되기 때문이다.

케인스의 유효수요 정책은 먼 장래에 혜택을 주는 자본구조의 파괴를 초래하고 노동자의 삶을 지속적으로 개선하지 못한다. 오늘날처럼 다양한 소비재와 자본재 생산을 가능케 하고 노동계층은 물론 모든 계층에 전대미문의 경제적 번영을 안겨준 것은 현재 소비의 지출이 아니라 미래 소비를 위한 투자 때문이다.

모든 사회체제가 자본 축적을 가능하게 하는 것은 아니다. 이윤추구와 기업가 정신을 허용하는 자유시장에서만이 생산적인 자본축적이 가능하다. 오늘날 수십억명의 인구 증가를 불러와 먹여 살리는 것은 시장경제다. 자본구조의 심화를 가능하게 하는 경제적 자유 때문이다.

따라서 노동자의 삶의 질을 개선하고 번영을 이룩하기 위해서는 정부지출, 조세부담을 줄여야 하며 노동을 보호한다고 자본의 발목을 잡는 규제를 없애야 한다.

그런 정부의 간섭과 규제는 저성장과 실업을 야기하며 그로 인해 가장 큰 타격을 받는 부류는 노동자라는 사실을 알아야 한다.

'현대판 마르크스' 피케티는 틀렸다

"자본이 불평등 주범 아니다"…
뵘바베르크가 이미 100년 전(前)에 증명

뵘바베르크

피케티

오늘날 '자본(資本)'을 말하면 프랑스 경제학자 토마 피케티를 떠올릴 만큼 피케티는 저서 21세기 자본으로 일약 스타 경제학자가 됐다. 피케티는 자본은 불평등의 필연적인 주범이요, 노동의 적이기 때문에 사악한 자본을 막기 위한 최선의 방책은 고율의 자본세라고 피케티는 목소리를 높인다. '현대판 마르크스'라도 불러도 무방할 정도다.

피케티의 주장의 치명적인 결함은 자본은 인간 행동 없이도 스스로 유지되고 증식된다는 신비로운 전제다. 그러나 이미 100년 전에 그런 자본관은 틀렸다고 목소리를 높인 인물이 오스트리아학파 경제학자 오이겐 폰 뵘바베르크(1851~1914)다. 뵘바베르크는 자본수익은 생산적으로 이용하려는 기업가적 착상, 능력, 노력 등의 산물이라고 주장했다.

뵘바베르크는 자본은 노동 착취와 불평등의 화신이란 사회주의 논리가 횡행하던 20세기 초, 자본이야말로 노동의 친구요 번영의 열쇠라는 주장으로 맞섰다. 독일어권에서는 기업들이 자본을 노동의 적으로 여기는 마르크스 추종자 채용을 꺼리는 분위기가 형성됐는데 이것도 뵘바베르크가 마르크스 사상의 치명적 오류를 낱낱이 밝혀냈기 때문이다.

시간 선호를 반영하는 이자와 저축을 통해 자본이 형성된다는 인식에서 출발한 뵘바베르크는 자본재 지출을 늘리는 과정에서 복잡한 자본구조가 형성되고, 이 구조가 생산성 향상, 고용 등을 통해 노동의 삶을 개선한다고 주장한다. 자본은 노동의 친구라고 하는 뵘바베르크의 인식이 옳다는 것은 우리의 경험으로도 입증된다. 1975년 40.5%였던 한국의 노동소득분배율은 현재 60%로 높아졌는데 이는 자본축적이 증가하면서 나타난 현상이다. 전통적으로 자본이득세가 소득세율보다 낮은 것도 그렇다. 자본소득세율이 높으면 자본은 노동소득과는 달리 재빨리 해외로 사라진다. 이것은 국내 노동자의 일자리와 생산성 향상에 도움이 되지 않는다. 따라서 불평등을 막기 위해 고율의 누진세를 부과해야 한다는 피케티의 주장은 틀렸다. 노동의 적은 자본이 아니라 자본세라는 걸 직시해야 한다.

05 자본주의와 빈부격차 논쟁

빈부격차 비판, 자본주의 결실 덕에 생긴 부산물… 잘살게 된 나라일수록 '비판 목소리' 더 커져

"우리는 사람들을 눈먼 시장의 힘에 종속시키고, 그 같은 힘이 민족들의 발전을 좌우하게 만드는 신자유주의라는 자본주의 부활을 곳곳에서 목도하고 있다./…/지금 우리는 국제사회에서 대다수 국가를 더 빈곤하게 만들면서 소수의 나라가 극도로 부유해지는 것을 본다. 그 결과 부자는 갈수록 더 부유해지고, 빈자는 더욱 더 가난해지고 있다."

이 말은 교황 요한 바오로 2세가 1998년 쿠바 아바나에서 한 설교 중의 한 대목이다. UN 밀레니엄캠페인도 '세계 최고의 부자 3명이 가장 가난한 나라들에 사는 6억명보다 더 많은 부를 좌지우지한다'고 보고했다. 한국에서도 빈부격차 문제, 양극화 문제를 제기하는 주장이 수도 없이 쏟아져 나온다.

이들의 공통점은 자본주의 시장경제가 문제라고 주장하고 있다는 것이다. 한 국가 내에서의 계층 간 빈부격차 문제든 국가 간 빈부격차 문제든 모든 것은 자본주의 시장경제 때문이라는 것이다. 그런 주장은 사실일까.

빈부격차 문제는 자본주의에 고유한 문제가 아니라 언제나, 어떤 사회에서나 존재해 왔다. 고대사회에서 가장 발달했다는 로마에서는 전체 로마제국 5000만~6000만명의 인구 중 0.05%에 불과한 호네스티오레스(더 고귀한 자들)들이 부의 80%를 소유했고, 이른바 하루살이처럼 '벼랑 끝' 삶을 살던 사람들이 전체 인구의 65%에 달했다고 한다. 1800년대 말까지만 해도 가뭄과 기근으로 수단 에티오피아 등 일부 국가에서는 전체 인구의 3분의 1이 사망했다고 한다.

과거에는 소수의 지배계층만이 경제적으로 어려움이 없었지만, 지금은 대부분 사람들이 기근으로 인해 굶어 죽을 염려는 하지 않아도 되는 시대가 됐다. 국제적으로 보더라도 지금은 지구의 일부만이 가난하지만, 자본주의 이전 시대에는 모든 지역이 다 가난했다. 자본주의로 인해 인류가 가난의 질곡으로부터 비로소 해방됐기 때문이다. 게다가 빈부격차의 폭도 훨씬 줄어들었다. 사정이 이런데도 불구하고 빈부격차에 대한 비난은 항상 자본주의를 향해 있다.

흥미로운 것은 빈부격차에 대한 이런 비판이 꽤 보편적인 듯하지만, 자세히 들여다보면 그렇지도 않다는 점이다. '금강산도 식후경'이라는 말이 있듯이 좀 잘산다는 나라에 사는 사람들에게서나 이런 말이 나온다. 다시 말하면 자본주의 시장경제를 통해 잘살게 된 국가에서나 빈부격차에 대한 비판이 나오고 있는 것이다.

이런 현상에 대해 마크 스타인은 이렇게 말했다. "'걱정하는 것'이 발전된 사회의 책임감 있는 시민이 자신의 미덕을 증명하는 방법이다. 그는 무엇엔가 유감을 품음으로써 안심하는 것"이라고. 이런 점에서는 한국의 이른바 '강남 좌파'의 행태도 다르지 않은 것 같다. 이렇게 본다면 빈부격차에 대한 비판도 우리가 잘사는 사회가 되면서 생겨난 일종의 부산물이다.

빈부격차를 해소해야 한다고 하는 사람들이 내세우는 방법은 크게 두 가지다. 하나는 사회주의처럼 사유재산을 폐지하거나, 부자들에게서 세금을 거둬 가난한 사람들에게 나눠주는 일이다. 국가가 개인이 가지고 있는 사유재산을 모두 몰수해 사람들에게 공평하게 나눠준 다음 타인보다 더 잘살려는 노력을 하지 못하도록 강제하는 사회주의식 처방은 역사가 증명했듯이 '지옥'으로 가는 길이다. 모두가 평등한 사회를 만들겠다는 약속은 불평등과 빈곤, 비참함과 정치적 압제로 이어졌다. 자본주의 대안으로 여겨졌던 사회주의에서 소득 불평등은 훨씬 더 심했다는 것도 역사적 사실이다. 이와 관련해 영국 총리였던 윈스턴 처칠은 특유의 유머러스한 표현을 써서 이렇게 말했다. "자본주의 고유의 악덕은 축복의 불공평한 배분이고, 사회주의의 본질적 미덕은 불행의 공평한 분배다."

결국 빈부격차 해소의 처방전으로 남는 것은 세금을 걷어 가난한 사람들에게 나눠주는 일이다. 일반적으로 복지정책이라고 부르는 것이 여기에 속한다. 문제는 복지정책은 한 번 시행되면 되돌리기 어려운 습성을 갖고 있으며, 그 깊이와 폭이 한없이 심화되고 확대될 수 있다는 점이다. 특히 복지정책이 현대의 대중민주주의와 결합하면 쉽사리 복지포퓰리즘으로 변질되면서 이른바 '복지병'으로 불리는 망국병으로까지 진척된다는 데 문제의 심각성이 있다.

무상급식은 처음에는 밥을 굶는 '결식아동들에게 한 끼를'이라는 취지로 1989년에 시작, 1997년까지 1만2000여명의 아이들에게 제공됐다. 그런데 출발 10년 뒤인 1999년에 무상급식은 '굶는 아동을 위한 급식'에서 '저소득층을 위한 복지'로 전환됐다. 그 결과 1999년에는 수혜 학생이 2년 전에 비해 10배가 넘는 15만1000여명으로 급증했다. 그 이후에도 무상급식의 혜택을 받는 학생 수는 계속 늘어나 다시 10년 뒤인 2009년에는 무려 70만명을 넘었다. 마지막으로 2010년에는 '눈칫밥론'이 등장하면서 '저소득층을 위한 복지'는 '전면적 무상급식'으로 넘어가게 됐다. 이에 따라 이제는 모든 학생에게 무상으로 급식을 제공하게 된 것이다. 이런 식으로 정치인과 유권자가 서로 상승작용을 일으켜 '퍼주기 경쟁' '공짜 경쟁' '묻지마 복지'로까지 나아간다. 프리드리히 하이에크는 "이런 일이 벌어지면 소위 민주적인 절차라는 것이 정의나 원칙과는 아무런 상관이 없는 일종의 정치적 편의주의의 제물이 되고 만다"고 경고했다. 과거 아르헨티나를 비롯한 라틴아메리카와 최근의 그리스 사태에서도 우리는 복지 포퓰리즘으로 인한 국가의 몰락을 분명하게 목격할 수 있다.

사람들의 외모, 성격, 능력, 체력, 선호하는 것 등 모두가 각기 다르듯이 이들이 만들어내는 결과에서 차이가 나는 것 또한 당연하다. 격차는 자연스럽고 또 당연하다는 말이다. 게다가 타인에 대한 열등감, 시기심, 부러움을 가진 것이 인간이다. 아무리 노력한들 인간이 갖고 있는 이런 본성까지 제거할 수 있을까. 그렇기 때문에 격차 없는 사회를 만들겠다는 희망은 헛된 꿈에 불과하다. 앞서 보았듯이 격차를 제거하고자 하는 인위적인 노력들은 실패할 수밖에 없고, 그 후유증은 너무나 크게 남는다.

인간의 본성과 격차의 자연스러움을 인정하고 이해하며 그 바탕 위에서 사람들이 자율적인 교환을 통해 평화롭고 자유롭게 살아갈 수 있게 하는 것이 자본주의 시장경제이다. 자본주의 시장경제가 비록 완전하지는 않지만, 인간의 본성과 자유를 억압하는 그 어떤 다른 사회보다 더 나은 사회라는 것은 분명하다.

똘똘 뭉친 소규모 이익집단, 정치인 활동에 직접적 영향…
소수 위한 규제 쏟아지는 이유

'절대 다수는 침묵하고 있다'거나 '소수의 목소리 큰 집단이 이긴다'는 말이 있다. 소수의 목소리 큰 집단의 주장이나 요구에 대해서는 정치권과 정부, 언론 등이 신속히 반응하지만, 침묵하는 다수의 주장이나 요구에 대해서는 묵묵부답인 경우가 흔하다.

정치권이나 정부가 이런 식으로 반응하는 이유는 맨서 올슨이 이야기했듯이 소규모 집단과 대규모 집단이 갖는 정치적 영향력 차이 때문이다. 소규모 집단은 목소리가 크고 잘 뭉치며, 열성적으로 활동하는 반면 대규모 집단은 잘 뭉치지도 못하고 활동도 지지부진하다. 어떤 사안과 관련해 국회 앞에서 집회를 한다고 할 때 소규모 집단은 누가 참석했고 누가 열성적인지 속속들이 알 수 있다. 반면 대규모 집단은 집회 참석 여부조차 확인하기 어렵다.

또 소규모 집단은 이익이 생기면 개인에게 돌아가는 '전리품'이 확실히 그리고 크게 떨어진다. 당연히 열성적으로 활동할 인센티브가 있다. 반면 대규모 집단은 전체적으로는 엄청나게 큰 이익일지라도 개인들에게 돌아가는 전리품은 눈에 보이지도 않을 정도로 작다. 당연히 열의가 떨어지고 적극적으로 임할 인센티브가 없다. 그저 '다른 사람들이 열심히 해서 잘되면 그 덕이나 보면 되지' 하는 무임승차자 문제가 발생한다.

따라서 소규모 집단에 반기를 드는 정치인은 극심한 반대에 직면할 각오를 해야 하지만, 이들의 요구에 응하는 정치인은 열렬한 지지를 얻을 수 있다. 반대로 대규모 집단은 누가 자신에게 이득을 주는지, 손해를 끼치는지 큰 관심이 없다. 그러다 보니 정치인들은 소규모 집단의 요구에는 적극적으로 지지를 표명하고 그들의 요구가 관철될 수 있도록 조치를 취하게 마련이다.

대형 슈퍼마켓 규제를 둘러싼 논의 역시 그렇다. 동네 슈퍼마켓이나 재래시장 상인들의 주장과 요구에는 정치권이 민감하게 반응하지만 국민 대다수라 할 수 있는 소비자들의 선택권, 소비자의 불편함은 그들의 정치적 고려 대상이 되지 못한다. 그 결과는 대형 슈퍼마켓의 영업시간 단축, 영업품목 제한, 휴점일과 휴점 일수 제한 등의 규제조치였다.

06 구직난 부르는 대기업 노조

노조의 과도한 임금투쟁이 노동가격 왜곡… '비정규직·청년실업' 부메랑으로 돌아와

1978년 제작된 영화 '투쟁의 날들'은 1930년대 중반 이후 미국 트럭기사 노조가 노동자의 권익을 어떻게 쟁취해갔는지 잘 보여준다. 실베스터 스탤론이 연기한 주인공 자니 코벡은 클리블랜드 지역의 노조원 모집인으로 출발해 트럭기사 노조 302지부장을 거쳐 전국 의장 자리에까지 올랐다.

코벡은 지부장 시절 폭력을 동반한 파업을 통해 시간외수당 지급, 적절한 임금인상, 사고보험 가입 등의 요구를 관철했다. 당시만 해도 물류회사는 14시간을 일해도 8시간의 임금밖에 지급하지 않았고, 임금은 거의 인상하지 않았으며, 사고가 나면 처리비용을 트럭기사 본인이 부담해야 했다. 그러나 코벡은 폭력조직과 손잡고 이권에 개입했고, 이권을 넘겨주는 대가로 뇌물을 챙겼으며, 지부장 시절 파업 시에 살인을 저질렀다는 혐의로 미국 상원 청문회에 서기도 했다. 결국 영화는 가족을 포함한 코벡의 암살로 끝이 난다.

영화를 볼 때 생기는 의문은 적지 않다. 왜 그렇게 당시 노동자의 근로조건이 열악했는가. 혹시 사용자의 착취가 있었는가. 법원을 포함한 정부의 노동운동에 대한 원칙은 무엇인가. 사회주의가 미국 노동운동에 거의 영향을 미치지 않았던 이유는 무엇인가. 미국 노동운동의 주류는 정치 또는 이념을 배격하고 노동조건에만 국한하는 '생계를 위한 노조주의'다. 이와 반대로 한국의 노조운동은 정치 또는 이념에 지배되는 것이 현실이다.

여기에서는 노동자에게 가장 중요한 사안인 임금 문제에 초점을 맞추기로 한다. 의문은 과연 노조가 시장에서 결정되는 임금, 즉 자유시장 임금을 인상할 수 있는가 하는 것이다.

헌법에 의해 노동3권을 보장받는 노조는 사용자와 협상해 임금을 결정한다. 이것을 '제한주의적 임금' 또는 '제한주의적 가격'이라고 한다. 정부가 결정하는 규제가격이 아니다. 그렇다고 자유시장 임금도 아니다. 제한주의적 임금은 언제나 자유시장 임금보다 높다. 그렇지 않다면 파업할 이유가 없다. 제한주의적 임금은 사용자와 노조의 협상능력에 달려 있다. 그리고 협상능력은 언제나 변하기 때문에 제한주의적 임금이 자유시장 임금보다 얼마나 많을 것인가는 경우에 따라 다르다. 특히 노조의 협상력은 노조가 제시한 협상안에 대한 노조원의 지지도, 파업의 강도와 지속성 등에 좌우된다. 그러나 일단 노조가 존재하면 현실에서 자유시장 임금을 관찰할 수 없기 때문에 자유시장 임금과 협상으로 결정된 임금의 차이가 얼마인지를 알 수 없다. 우리는 다만 그 존재를 알 수 있을 뿐이다.

제한주의적 임금과 자유시장 임금의 차이는 어디에서 또는 누구로부터 오는가. 임금이 상승하면 기업가는 노동비용을 줄이기 위해 노동자를 해고할 수밖에 없다. 또는 기업이나 산업이 성장하는 경우에 늘어나야 할 일자리를 신규 노동자를 채용하지 않는 방법으로 높은 노동비용 문제를 해결한다.

결국 제한주의적 임금과 자유시장 임금의 차이는 해고되는 노동자의 희생에서 온 것이다. 자유시장 임금보다 제한주의적 임금이 높기 때문에 노동의 공급이 노동수요보다 크다. 이런 상태가 바로 대기업 입사를 바라는 청년세대의 '구직난(求職難)'이다. 이것이 대기업에만 나타나는 것은 현재 한국에는 대기업에만 노조가 있기 때문이다.

정규직·비정규직 노동자수

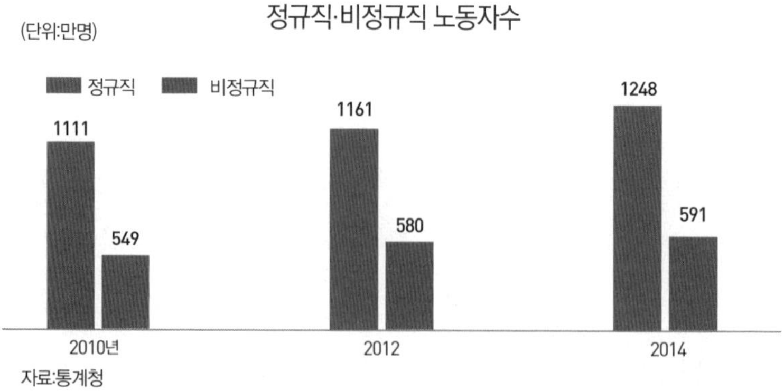

자료:통계청

해고된 노동자 또는 처음부터 일자리를 구하지 못한 노동자는 관련 중소기업(예를 들어 자동차의 경우 부품회사)에 취업하거나, 실업자가 되거나, 자영업자가 된다. 해고 노동자가 관련 부품회사에 취직하는 경우를 가정해보자. 이 경우 부품회사 임금은 중소기업의 자유시장 임금(대기업의 자유시장 임금이 아닌)보다 낮아진다(물론 자유시장에서도 대기업과 중소기업의 임금은 차이가 난다).

2014년 현재 중소기업 평균임금은 대기업 평균임금의 약 52%다. 2009년 약 58%에서 지속적으로 하락했다. 대기업 평균임금은 노조가 없는 대기업의 임금도 포함하고 있어 두 임금의 차이가 모두 노조 때문이라고 할 수는 없다. 그러나 두 임금의 차이는 상당 부분 대기업 노조 때문에 생긴 것이다. 그리고 오늘날 중소기업에서 '구인난(求人難)'이 발생하는 것은 대기업 노조의 제한주의적 임금 때문인 것도 분명하다. 기업으로서는 이미 설치된 기계, 설비 등의 가동률을 높이는 게 비용을 절약하는 방법이다. 이렇게 해서 소위 '비정규직' 노동자가 생겨난 것이다.

오늘날 노동시장에서 발생하는 각종 문제의 대부분은 대기업 노조의 제한주의적 임금 때문이다. 혹자는 노조가 그렇게 큰 영향을 미친다는 주장을 인정하지 않을지도 모르겠다. 그러나 1988년 이후 대기업, 공공부문, 일부 산업 노조 등에서 제한주의적 임금은 자유시장 임금보다 언제나 높았다. 약 한 세대 동안에 둘 간의 차이가 누적됐다고 생각해보라.

노동시장에서 발생하는 대부분의 문제가 노조 자체에 있음에도 불구하고 양대 노총과 같은 상급 노조단체는 노조가 노동자를 위한 조직임을 끊임없이 선전하고 비정규직 노동자 문제를 자신들이 해결할 것이라고 주장한다. 이를 국민이 믿게 되면 그 폐해를 줄일 수 없다. SK하이닉스 노조가 협력사와 '임금공유제'를 시행하겠다는 것을 '통 큰 양보'로 표현하는 것도 어불성설이다.

한마디로 노동조합이 자유시장 임금을 올릴 수는 없다. 자유시장 임금은 노동자의 노력에 대한 대가다. 그러나 제한주의적 임금은 한 노동자가 다른 노동자의 임금을 이전한(정확하게는 '약탈한') 것이다. 그러므로 노조가 임금 협상 과정에서 사용자에게서 양보를 얻어낸 것처럼 말하는 것은 '보이지 않지만 존재하는 현상'을 이해하지 못한 것으로 전적으로 틀린 것이다. 그리고 노조의 임금인상이 주주를 포함한 모든 경제주체의 이익에 영향을 미치지만 다른 노동자에게 미치는 영향에 비하면 부차적인 것이다.

정규직 일자리까지 줄인 노조의 '자승자박'

2014년 3월 현재 전체 근로자에서 차지하는 정규직 근로자와 비정규직 근로자의 비중은 각각 67.9%, 32.1%다. 비정규직 근로자 비중은 전체 근로자의 약 3분의 1이다. 그만큼 노동자의 고용 불안이 작지 않음을 의미한다.

일부 노동문제 전문가는 이런 상황을 노동시장의 '이중구조' 때문이라고 주장한다. 다른 전문가는 청년실업의 심각성, 남녀의 심각한 임금격차 등을 추가해 노동시장이 '다중구조'로 돼 있다고 주장한다. 그러나 한국 노동시장이 구조적으로 분리돼 있다는 주장은 전적으로 틀린 것이다.

비정규직 노동자가 발생하는 이유를 자발적인 것과 비자발적인 것으로 구분할 필요가 있다. 생활방식과 산업구조의 변화가 비정규직 노동자를 자발적으로 만들어내는 경우다.

전업주부는 정규직 일자리를 원하지 않는 경우도 많다. 24시간 근무하는 유통업체도 일부 일자리는 비정규직 노동자를 원한다.

그러나 예를 들어 기아자동차 광주공장에서 일하는 비정규직 노동자는 비자발적으로 비정규직을 택한 경우다. 그들이 비정규직을 선택한 것은 정규직 일자리가 충분치 않기 때문이다.

그런데 그런 정규직 일자리가 부족하게 된 원인 중 가장 중요한 것은 노동조합이다. 노조에 의한 제한주의적 임금은 정규직 일자리 수를 줄이고 기업은 자유시장 임금보다 높은 임금에 의한 노동비용을 줄이기 위해 비정규직 근로자를 고용하는 것이다. 그러므로 노동시장 유연화 정책은 비정규직 문제의 미봉책일 뿐이다.

비정규직의 정규직 전환을 기업 자발적으로 하는 것이라면 아무 문제가 없다. 그러나 외부의 강요에 의한 것이라면 다음 기회 또는 세대에 비정규직 일자리의 수를 더 늘릴 가능성을 높인다는 점에서 '밑돌 빼서 윗돌 괴는 방식'일 뿐이다.

제6장

재정과 통화

01 케인스 승수이론의 문제점

정부 돈 풀면 소비·소득 늘어난다는 승수이론…

시장조정 과정 왜곡해 경기쇠퇴 '부메랑'으로

경기가 후퇴하거나 불황이 오면 으레 정부지출을 늘리라는 요구가 빗발친다. 그러면 정부지출 증가는 재정정책이란 명목으로 수행된다. 정부지출 증가로 불황을 타개할 수 있다는 믿음의 밑바탕에는 케인스 경제학의 승수이론이 자리 잡고 있다. 승수이론은 정부지출이 늘어나면 그것의 몇 배로 국민소득이 증가한다는 견해다. 이 승수이론은 거시경제 정책과 현재 학교에서 가르치는 거시경제의 근간을 이루고 있다. 과연 이 승수이론은 타당한 것인가.

케인스의 승수이론은 한 사람의 소득이 다른 사람의 소득이 된다는 전제에서 출발한다. 다시 말하면 한 사람의 소득이 늘어나면 증가한 소득 일부가 소비지출에 쓰일 것이고, 그 소비지출이 다른 사람의 추가 소득을 창출하고 그 소득의 일부가 소비돼 또 다른 사람의 소득을 창출한다는 연쇄반응을 바탕으로 한다. 그래서 한 사람의 소득이 증가해 지출이 늘어나면 경제 전체적으로 국민소득이 몇 배로 증가한다는 원리다.

예를 들어 개인이 추가소득의 90%를 쓰고 나머지 10%는 저축한다고 하자. 그리고 소비자들이 100억원만큼의 지출을 늘렸다고 하자. 그러면 판매자들은 100억원만큼의 소득이 생긴다. 판매자들은 100억원 중 10억원은 저축하고 90억원을 재화와 서비스를 구매하는 데 쓸 것이다.

이 지출은 재화와 서비스를 공급한 사람들의 소득을 90억원만큼 늘릴 것이다. 또 이 사람들은 90%, 즉 81억원을 소비에 지출할 것이다. 이런 소비지출은 그들에게 다른 재화와 서비스를 공급하는 사람들의 소득을 증가시킬 것이다. 이렇게 한 사람의 지출이 다른 사람의 소득이 되는 과정이 연쇄적으로 일어난다. 마침내 그 과정이 끝나면 총 국민소득은 최초의 지출 증가분 100억원의 10(승수)배인 1000억원(10×100억원)만큼 늘어난다.

이 예에서 알 수 있는 것은 소비가 많을수록, 저축이 적을수록 승수가 커져 총 국민소득이 증가한다는 점이다. 예를 들어 소비성향이 95%면 승수는 20이 되고, 소비성향이 80%가 되면 승수는 5가 된다.

이 승수효과는 반대 방향으로도 작용한다. 즉 한 사람의 소득이 감소해 지출이 줄어들면 국민소득은 몇 배로 감소한다는 것이다. 그래서 케인스 경제학에 따르면 투자나 소비 지출이 조금만 감소해도 경제를 불황에 빠뜨릴 수 있는 것이다. 케인스 경제학은 승수이론에 따라 시장경제가 매우 취약하다는 점을 강조하고 시장경제가 과잉 및 과소 수요를 야기하면서 크게 변동한다고 주장한다. 그래서 이런 문제를 해결하기 위해서는 정부가 적극적으로 경제에 개입해 정부지출을 늘려야 한다는 것이다. 그러면 승수효과에 따라 정부지출의 몇 배만큼 국민소득이 증가해 불황을 타개할 수 있다는 것이다.

경기대응적 정부지출을 강조하는 케인스의 승수이론은 불황기에 존재하는 유휴자원에 의존한다. 불황기에는 많은 유휴자원이 존재하기 때문에 정부가 적극적으로 지출을 늘리면 언제든지 유휴자원이 고용돼 물가변동 없이 소득이 승수 배만큼 증가할 수 있다는 것이다.

케인스 이론은 불황의 원인을 유효수요의 부족에 둔다. 다시 말하면 투자 결정은 대부분 기업이 갖고 있는 막연한 기대, 혹은 동물적 감각(animal spirit)을 기초로 하는데 기업이 미래에 대한 전망이 나쁘면 불황이 온다는 것이다. 결국 이것은 불황의 근본적인 원인이 사람들의 심리에 달려 있다는 것으로 논리적이지 않다. 따라서 유휴자원에 대한 논리성 부족은 유휴자원에 바탕을 둔 정부지출의 승수효과에 대해 의문을 품게 한다.

불황기 유휴자원의 존재는 오스트리안 경기순환이론으로 분명하게 설명된다. 정부가 인위적으로 금리를 인하하면 수익성이 없었던 장기 투자프로젝트가 갑자기 이익을 낼 수 있는 것처럼 보이게 해 기업들로 하여금 그 프로젝트를 실행하도록 한다. 그래서 소비와 투자가 증가해 일시적인 호황이 일어난다. 그러나 정부의 인위적인 금리인하는 소비자 저축이 늘어난 결과가 아니다. 다시 말하면 실질적인 저축이 늘어나 생긴 금리인하가 아니라는 것이다. 실질적인 저축이 늘어나지 않았기 때문에 시간이 지남에 따라 투자사업에 필요한 자원 부족이 발생한다. 결국 투자사업이 중단될 수밖에 없어 불황에 빠진다. 실업이 증가하고 유휴자원이 발생한다.

유휴자원의 발생은 정부의 인위적인 금리인하로 인한 잘못된 투자 결과인 것이다. 그런데 정부가 왜곡한 상태에서 다시 지출을 늘리는 것은 오히려 그 왜곡을 심화시킨다. 정부는 다른 사람의 돈으로 활동하는 조직이기 때문이다. 정부 수입의 원천은 부가가치를 만들어내는 제품을 팔아 얻는 이윤이 아니라 다른 사람에게서 거둬들이는 조세다. 그러므로 정부는 자원을 효율적으로 사용하는 사람으로부터 자원을 걷어 덜 선호되는 목적에 사용하면서 시장조정 과정을 왜곡시킨다. 따라서 정부의 지출행위가 많아질수록 시장조정 과정의 왜곡은 심해지고, 결국 경제를 쇠퇴시킨다. 유휴자원을 바탕으로 한 승수이론이 허구일 수밖에 없는 이유다.

게다가 정부지출 증가가 증세에 의해 조달된다면 증세는 다른 부문에서의 지출을 감소시킨다. 마찬가지로 정부지출 증가가 차입으로 조달된다면 실질금리를 올려 다른 부문에서의 지출을 감소시킬 것이다. 그래서 정부가 지출을 늘리면 소비와 기업의 투자가 감소한다. 다시 말하면 정부지출을 늘린다고 해서 유효수요가 증가하지 않는다는 것이다. 이것을 구축효과(crowding-out effect)라고 한다.

결국 정부지출을 늘려 승수효과에 따라 국민소득을 늘린다는 것은 소비와 민간투자가 변동이 없다는 것을 가정할 때나 가능한 일이다. 그러나 이것은 현실적으로 가능하지 않다. 그래서 케인스의 승수이론을 바탕으로 정부지출을 늘려 경기를 살리고 경제를 성장시킨다는 것은 난센스다.

소비는 미덕, 저축은 악덕?

미래의 생산 늘리는 것은 소비 아닌 저축에 달려있어

케인스의 승수이론이 시사하는 점은 국민 경제 전체적으로 소비를 많이 하고 저축을 적게 할수록 좋다는 것이다. 그래서 케인스 이론에서 소비는 미덕이고 저축은 악덕이 된다. 과연 그런가.

먼 바다에서 풍랑을 만난 배가 좌초해 홀로 섬에서 살게 된 로빈슨 크루소의 경우를 보자. 크루소는 처음에 먹을 것을 해결하기 위해 손으로 물고기를 잡았지만 물고기 잡는 시간을 줄여 그물을 짰고, 더 많은 물고기를 잡았다. 여기서 물고기 잡는 시간을 줄여 그물을 짠 것은 귀중한 자원인 시간을 저축해 투자한 것이다. 저축과 투자를 통해 그는 그물이라는 자본재를 획득하고, 그 자본재를 사용함으로써 물고기를 더 많이 잡을 수 있었다. 처음 섬에 발을 디뎠던 때와 비교해 충분한 식량을 확보할 수 있었고 여가를 즐길 수 있었다. 여기에서 우리가 알 수 있는 것은 소비지출이 소비를 몇 배 증가시킬 수 있는 생산을 야기하지는 않으며 미래의 생산을 증가시키는 것은 저축이라는 점 이다.

투자지출이 전적으로 소비지출에 의존하는 케인스의 2단계 모형과 달리 현실에서는 어떤 재화든 그 생산과정은 적어도 3단계를 거쳐 이뤄진다. 자원의 일부가 소비되지 않고 저축돼야 하고, 여기에 노동과 토지와 같은 생산요소가 결합해 자본재가 생산된 다음 그 자본재로 최종재화가 만들어진다. 따라서 저축이 없다면 생산성이 높은 이런 생산양식을 갖출 수 없다. 저축이 증가해야 더 많은 자본재를 생산할 수 있고 더 많은 것을 만들 수 있다. 그러면 늘어난 생산으로 더 많은 소비를 즐길 수 있다.

저축이 경제에 나쁘다는 케인스의 견해는 잘못된 것이다. 더 많이 소비하기 위해서는 먼저 더 많이 생산해야 한다. 더 많이 생산하기 위해서는 더 많은 자본재가 있어야 한다. 더 많은 자본재는 저축 증가로부터 나온다. 소비가 미덕이 아니라 저축이 미덕이다. 소비가 미덕이라는 것은 사라져야 할 미신이다.

02 근거 없는 디플레이션 우려

국내 물가상승률 0%대…디플레 국면이라고?

인플레 환경 속 민간 현금보유 늘어난 결과일 뿐

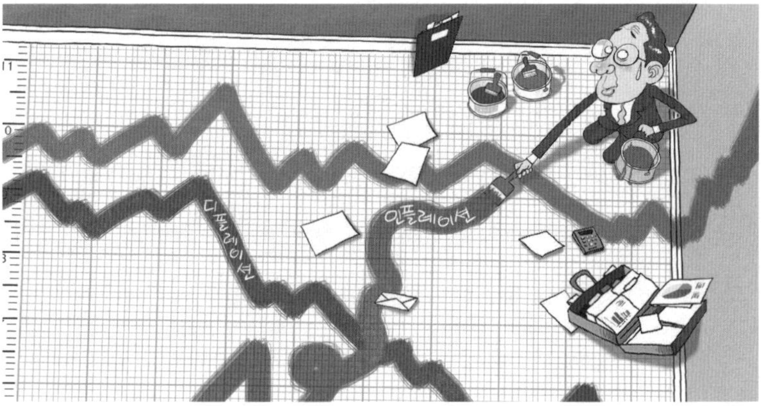

국내 소비자물가 상승률이 전년 동월 대비 9개월째 0%대를 기록해 디플레이션 우려가 커지고 있다는 보도가 쏟아진다. 디플레이션 우려는 한국은행의 부인에도 불구하고 오래전부터 제기되고 있다. 디플레이션에 관한 한 일본도 상황은 비슷하다. 불황이 장기간 지속되면서 물가가 하락하자 일본 내외의 경제분석가들은 기회가 생길 때마다 디플레이션 우려를 제기하고 있다.

디플레이션을 우려하는 이들은 대개 인플레이션도 나쁜 것으로 여긴다. 디플레이션과 인플레이션 둘 다 바람직하지 않은 것으로 생각한다고 볼 수 있다. 그런데 근본적인 의문은 지금의 국내 경제 상황을 과연 디플레이션으로 규정할 수 있느냐다.

먼저 디플레이션과 인플레이션의 정의를 명확하게 할 필요가 있다. 디플레이션이란 통화 공급량이 감소하는 것을 말한다. 반대로 통화 공급량이 증가하는 것을 인플레이션이라고 한다. 오늘날 케인스 추종자를 포함해 대부분의 일반인은 '전반적인 물가 하락'을 디플레이션으로 정의하지만 그것은 틀린 것이다. 인플레이션을 '물가 상승'이라고 생각하는 것도 틀리기는 마찬가지다.

물가 하락(상승)은 통화 공급량 감소(증대) 때문일 수 있고 다른 원인의 결과일 수도 있다. 그 원인이 무엇이든 물가 하락(상승)은 결과이지 그 자체가 디플레이션(인플레이션)은 아니라는 것이다. 물가 하락(상승)을 디플레이션(인플레이션)으로 정의하는 것은 디플레이션(인플레이션)의 원인을 모호하게 해 그 해결을 어렵게 한다.

재화 가격 결정에 영향을 미치는 요인은 일곱 가지를 꼽을 수 있다. 가격에 대한 기대, 개별 재화의 수요·공급 등과 같은 것은 비화폐적 요인이고 바로 그 이유로 여기에서는 제외한다. 디플레이션은 화폐와 관련이 있는 것이기 때문이다.

화폐와 모든 재화의 가격은 어떻게 연관돼 있는가(염두에 둬야 할 것은 우리는 지금 총량적 개념, 즉 방법론적으로 모든 재화를 하나의 재화처럼 다룬다는 것이다). 모든 재화 가격을 결정하는 궁극적 요인은 네 가지다.

화폐 재고, 재화에 대한 예비적 수요, 재화 재고, 화폐에 대한 예비적 수요 등이다. 앞의 두 요인은 각각이 증가하면 모든 재화 가격을 상승하게 한다. 뒤의 두 요인은 각각이 증가하면 모든 재화 가격을 하락하게 한다. 예를 들어 화폐에 대한 예비 수요, 즉 현금 수요가 증가하면 그만큼 모든 재화에 대한 수요가 감소하기 때문에 모든 재화 가격은 하락한다. 종합하면 최근 낮은 소비자물가 상승률(소위 디플레이션)은 앞에서 열거한 네 가지 요인에 의해 결정된 결과다.

이 네 가지 요인의 최근 변화를 살펴보자. 첫째, 일정 시점의 화폐 재고는 일정하다. 그러나 중앙은행의 정책과 민간 은행에 의해 시간이 지나면서 화폐 재고가 증가하기도 하고 감소하기도 한다. 지난 60여년을 일별하면 한국은 일시적으로 화폐 재고가 감소한 경우가 있었지만 장기적으로 화폐 재고는 증가 추세를 보였다. 일부 예외적인 시기를 제외하면 언제나 인플레이션 상태에 있었다는 것이다. 최근 몇 년간도 통화 공급은 증가했다.

둘째, 모든 재화에 대한 예비적 수요는 장기적으로 사라지는 경향을 보인다. 그러나 단기적으로는 투기가 재화에 대한 예비적 수요의 주요 이유이기 때문에 재화 가격에 영향을 미친다. 국내에서는 부동산, 농수산물을 포함한 원자재 등과 같은 일부 재화는 투기가 상당한 역할을 하기 때문에 단기간 물가의 변화에 영향을 미친다.

셋째, 자본투자가 축적됨에 따라 모든 재화의 재고는 장기적으로 그리고 일반적으로 증가하는 경향이 있다. 그러나 최근 경기침체로 국내총생산(GDP) 증가율은 올 1분기 0.8%, 2분기 0.3%를 기록해 단기에 모든 재화의 재고는 거의 증가하지 않고 있다.

넷째, 화폐에 대한 예비 수요, 즉 현금 수요는 예비적 목적으로 현금을 보유하는 것이기 때문에 일정한 추세를 예상할 수 없다. 다만 전쟁, 경기침체 등과 같이 불확실성이 높아지면 현금 수요는 증가하는 경향이 있다. 따라서 케인지언이 현금 보유를 이렇게 늘리는 것을 '화폐 퇴장'으로 비난하는 것은 잘못된 것이다. 특히 2008년과 같은 글로벌 경제위기 이후에는 기업가뿐 아니라 소비자까지 위기 이전보다 현금(화폐)을 더 많이 보유하고 있다. 기업들은 현금성 자산을 늘려왔다. 한국경제연구원에 따르면 7841개 기업(2010년 기준, 자산 300억원 이상)의 현금자산(현금·현금성자산·단기금융상품·단기투자상품 등의 합계)은 2001년 약 184조원에서 2014년 약 500조원으로 늘었다. 국민총소득(GNI)은 2001년 약 683조4000억원, 2014년 약 1496조5000억원이다. 현금자산을 GNI로 나눈 비율은 2001년 약 27%, 2014년 약 33%다. 국내 기업들이 2001년에 비해 2014년에 경제활동을 영위하기 위해 현금을 더 많이 보유했음을 보여준다.

전년대비 소비자물가 상승률 (단위:%)

연도	2001	2002	2003	2004	2005	2006	2007	2008	2009	2010	2011	2012	2013	2014
소비자물가상승률	4.1	2.8	3.5	3.6	2.8	2.2	2.5	4.7	2.8	3	4	2.2	1.3	1.3

(표)는 2001년 이후 전년 대비 소비자물가 상승률을 보여준다. 이는 앞에서 설명한 네 가지 요인과 기대, 각 재화 수요·공급의 영향이 서로 상쇄돼 나온 결과다. 최근 1년간의 소비자물가 변화는 화폐

재고 증대, 즉 인플레이션과 민간의 현금 보유 증가가 동시에 진행된 결과다. 따라서 전반적인 물가상승률은 높지 않지만 개별 재화(예를 들어 일부 지역의 부동산, 전세 등) 차원에서 가격 상승이 있는 것이다. 그리고 물가 하락에는 국제 원자재 가격 하락도 영향을 미치고 있는 것으로 보인다. 한마디로 디플레이션 우려는 근거가 없다고 할 수 있다.

모든 디플레는 나쁜 것인가

기술 발전·이윤 증가로 제품 가격이 하락하는 '성장 디플레' 등은 유익

모든 디플레이션은 나쁜 것인가. 이를 알아보기 위해 디플레이션을 일반적인 '물가 하락'으로 정의해보자. 오스트리아학파 경제학자 조지프 살레르노에 의하면 물가 하락을 초래하는 디플레이션은 크게 네 가지가 있다.

첫째는 '성장 디플레이션'이다. 지난 30~40년간 정보통신산업의 빠른 기술 발전과 자본투자로 생산성과 이윤이 증가하면서 PC, 휴대폰 등 관련 기기 가격이 크게 하락했다. 1970년대엔 대형 컴퓨터가 한 대에 470만달러나 했으나 지금은 성능이 20배나 좋은 PC를 1000달러 이하에 살 수 있다. 기술이 재화 가격을 떨어뜨리고 생산성 향상을 이끌어 경제 전체 재화의 가격이 떨어지도록 유도한 것이다.

둘째는 '현금축적 디플레이션'이다. 사람들은 여러 이유로 현금 보유량을 변경한다. 경제위기 시에는 더 많은 현금을 보유하고자 하는데 이때도 일반적으로 물가가 하락한다. 셋째는 '은행신용 디플레이션'이다. 은행이 신용을 축소하는 경우다. 뱅크런이나 정부의 축소적 통화정책에 의해서도 일어날 수 있다. 넷째는 '몰수적 디플레이션'이다. 그리스 사태 때처럼 금융 시스템 붕괴를 막기 위해 정부가 예금자의 하루 인출 한도를 제한하는 경우다. 1980년대와 2000년대의 아르헨티나, 1990년대 말의 에콰도르, 옛 소련, 브라질 등에서 몰수적 디플레이션이 일어났다. 이 경우는 민간 재산권을 침해한다는 문제가 있다.

최근 국내 디플레이션 상황은 첫째, 둘째, 셋째 요인에 의한 것이라고 할 수 있다. 이 세 요인으로 인한 디플레이션은 모두 유익한 것이다. 물가 하락은 화폐 구매력 상승을 의미하기 때문이다. 다만 첫째 요인은 최근 상황과 큰 관련이 없다. 셋째 요인은 부산저축은행 등이 파산한 시기에 적용할 수 있지만 현 시점은 오히려 은행신용 인플레이션이 진행되고 있다고 할 수 있다. 둘째 요인만이 최근 상황과 관련이 있다고 하겠다. 그리고 물가가 실제 물가(표 참조)보다 더 하락하지 않는 것은 실질적 인플레이션 때문으로 볼 수 있다.

03 시장원리 거스르는 GDP 지표

경제적 번영 이끄는 건 소비가 아닌 생산…
중간재 반영 않는 GDP집계 '치명적 오류'

국내총생산(GDP)은 한 나라의 경제 규모를 나타내는 지표다. 소비, 투자, 정부지출 그리고 수출에서 수입을 뺀 순(純)수출로 구성된다. 1930년대에 만들어진 지표인데 한 나라의 국력·명성을 평가하는 데 유용하게 쓰인다. 그 규모에 따라 정권까지도 교체할 수 있는 강력한 힘을 가지고 있다. GDP를 '경제지표의 왕'이라고까지 부르는 이유다.

그러나 유감스럽게도 GDP는 시장경제의 작동원리를 오해하고 시장에 대한 정부간섭을 부추기는 데 결정적인 역할을 했다. 이를 대체할 지표 개발이 필요하다는 목소리가 점증하고 있다.

정부지출을 생산적이라고 보는 간섭주의 시각부터 잘못이다. 자유와 재산을 보호하고 병원, 도로, 항만 같은 사회간접자본(SOC)을 건설하는 등 제한된 정부활동을 위한 지출은 사적 경제에 직접 도움이 된다. 그 이상의 정부지출은 경제에 해를 끼치기 일쑤다.

수입은 경제에 편익을 주지 못한다는 이유에서 순수출만을 고려하는 것도 GDP 집계의 치명적 오류다. 수출은 좋고 수입은 나쁘다는 잘못된 중상주의 사상이 깔려 있다. 수출의 궁극적 목적은 국내에서 생산하기 어려운 상품을 수입하기 위한 것이라는 점을 알아야 한다. 특히 주목되는 것은 GDP 집계에서 초점을 맞추는 '최종소비재 지출'이다. 빵을 만들 때 사용되는 밀, 밀가루, 빵틀 또는 승용차 생산에 투입되는 강판, 바퀴 같은 중간재는 이중계산을 피한다는 이유로 집계에서 빠진다. 이런 방식으로 계산한 결과는 대단히 흥미롭다. 소비가 경제활동 전체에서 차지하는 비중이 매우 높게 나타난다. 대체로 미국은 70%, 독일, 한국도 60%로 추산된다. 그런데 경제 현실이 정말로 그런가.

원료, 반제품, 기타 생산수단 등 중간재에 대한 지출이 최종 소비지출을 훨씬 능가하는 게 자본주의적 생산 양식이다. 자본재에 대한 지출이야말로 진정으로 경제적 번영을 안겨주는 생산적 활동이다.

자본재 지출을 감안하면 소비는 전체 경제활동의 30% 정도를 차지하고 중간재 지출, 즉 기업의 투자지출이 60% 이상으로 추정되는 것이다. 이 수치는 곧 자본주의적 생산 구조의 발전을 반영한다.

주목할 점은 개념적 언어에는 세상을 보는 관점이 들어 있고 그래서 사고를 규정한다는 것이다. GDP도 예외가 아니다. GDP 집계에서는 소비 비중이 큰 나머지 소비가 생산을 이끄는 것처럼 사람들을 믿게 한다. 이런 믿음은 '수요가 공급을 창출한다'는 케인스의 소비경제 통념을 지원하고 강화했다. 수요 부족 탓에 경제가 위축된다는 논리다. 그래서 '소비는 미덕이고 절약은 악덕'이라는 것이다. 정치권이 소비 증대를 위한다며 각종 정책수단을 동원하는 것도 이런 인식에서 비롯된다. 정부예산을 확대 지출하고 임금 인상을 유도해 가계소득도 늘려 소비여건을 개선하려고 한다. 개별 소비자의 씀씀이를 늘리도록 은행돈을 낮은 금리로 빌려주고 주식·부동산시장의 활성화도 부추긴다.

이렇게 정부가 소비를 촉진하면 단기적으로는 특정 소비재의 판매와 생산이 늘어난다. 그러나 소비자들이 돈을 마구 쓴다면 늘어나는 건 신용카드 청구서일 뿐이다. 저축을 통해서만 가능한 설비증설, 신소재 개발, 병원 설립 등은 상상조차 할 수 없다. 케인스의 소비촉진 정책은 기껏해야 소비재를 판매하는 멋들어진 백화점과 쇼핑몰만 늘어나게 할 뿐이며, 이로 인해 생산 구조는 당장의 소비욕구를 충족시키기 위한 생산에 편중되는 단순생산 구조로 전환된다. 그 결과 먼 장래에 혜택을 주는 중간재(자본재) 생산 구조는 정체되거나 파괴된다.

오늘날처럼 다양한 소비재와 자본재 생산을 가능하게 하고, 전대미문의 경제적 번영을 가져온 것은 현재의 소비지출이 아니라 미래 소비를 위한 투자 덕분이다. 따라서 소비가 아니라 생산이 먼저라는 시장논리를 주목해야 한다. 노동자가 일하러 가고 생산자가 이윤을 내기 시작할 때 비로소 소비자들은 지출을 시작한다. 생산이 소비의 원인인 것이다. 농부가 곡물을 재배해 팔아야 그 판매수입으로 아이들 옷도, 교육용 비디오도 구매할 수 있는 것처럼 말이다.

사람들이 생산에 종사하는 이유는 자신의 삶과 복지에 필요한 재화를 소비하기 위해서다. 소비보다 생산이 먼저라는 것은 경기변동에서도 또렷하게 드러난다. 경기침체가 시작되면 소비보다 먼저 생산이 줄어든다. 경기가 회복되기 시작하면 생산이 증가하고 소비가 뒤따른다. 풍년이 들면 농부가 새 농기계를 사고 여행도 즐길 수 있지만 흉년이 들면 그런 여행상품을 소비할 수 없듯이 산출이 많아야 소비지출도 늘어난다. 경제성장이 풍요로운 소비생활을 위한 전제조건이라고 말하는 이유다.

경제를 이끄는 건 소비가 아니라 생산이라는 시장원리는 프랑스 경제학자 장 바티스트 세이(1767~1832)가 발견했다. 그의 이름을 딴 게 '세이의 법칙'이다. '세이의 생산경제'가 자본주의 원리라는 것은 미국, 일본, 독일 등에서 활용하는 경기선행지수가 입증한다. 이 지수는 소비활동보다 신규자본재 구입, 건설 수주·기계 수주액처럼 시장의 역동성과 번영의 산실인 중간재생산·투자활동과 관련돼

있다

오늘날의 상품들은 20~30년 전과 비교할 수 없을 만큼 종류나 수량이 많은데, 이를 가능하게 한 것은 정부가 소비 진작을 위해 통화를 풀거나 재정지출을 늘려서가 아니다. 소비자의 소비능력은 오로지 경제성장에서 나온다. 성장의 열쇠는 기계, 설비 같은 중간생산물인 자본재다. 일자리도 만들고 생산성과 소득을 늘리는 자본재는 개인들의 시간선호에 따른 저축을 통한 투자의 결과다. 자본재의 생산·이용이야말로 성장 추진력인 기업가 정신이 강력하게 발휘되는 자본주의적 생산과정이다. 유감스럽게도 GDP 집계에서는 버림받는 신세다.

이쯤에서만 봐도, '20세기의 가장 위대한 발명품 중 하나'라고 격찬받는 GDP 개념은 적절치 않다는 사실을 알 수 있다. 소비가 아니라 생산, 저축과 생산성이 경제의 추진력이라는 시장논리를 왜곡해 만들어진 것이기 때문이다. 이런 왜곡의 치명적 결과는 정부개입이다. 오늘날 우리가 겪고 있는 정부부채 누적, 인플레이션, 경제침체는 이런 정부개입 탓이라는 걸 직시할 필요가 있다.

생산 중시하는 '세이의 법칙'

소비는 경제성장의 결과물…GDP 대신 '총산출' 도입을

'세이의 법칙'은 소비가 아니라 생산이 먼저라는 아주 간단하지만, 복잡한 소비·생산과정을 환히 밝혀준다. 그럼에도 이 법칙은 아직까지도 무시당하고 있다. 그에 대한 왜곡된 해석 탓이다. 현실에 적합한 이 법칙을 '공급은 스스로 자신의 수요를 창출한다'는, 즉 냉장고를 생산하면 자동으로 모두 판매된다는 뜻으로 왜곡해 쓸모없는 것으로 만든 주역이 케인스였다.

장 바티스트 세이

흥미롭게도 일각에서는 원래의 세이의 법칙을 살려서 새로운 경제지표를 개발, 국내총생산(GDP) 개념을 대체하려는 노력이 있다. 소비활동이 아니라 생산활동에 초점을 맞추는 '총산출(gross output)' 개념이 그것이다. 총산출은 원재료를 포함하는 중간재 집계를 중시한다. 그래서 총산출은 항상 GDP보다 크다. 미국 상무부가 지난해부터 공식적으로 이 집계 방식을 이용하고 있다.

세이가 지적했듯이 소비활동은 경제성장의 효과일 뿐 원인이 아니다. 소비를 조장하는 정부는 별로 좋은 정부일 수 없다는 세이의 생각과 일치되는 게 총산출 집계 개념이다. 소비능력은 생산 증가에서 나오기 때문에 총산출 집계가 중시하는 것은 경제성장을 결정하는 기업가 정신과 혁신적 경제활동이다. 그런 경제활동을 반영하는 것이 중간재를 뜻하는 자본구조다.

불경기는 소비 부족 탓이라는 케인스주의 대신에 경기변동도 생산에서 비롯된다는 세이의 생각을 반영한 게 총산출 개념이다. 경기 상승·하강에 대단히 민감한 것도 총산출의 장점이다. 금융위기가 발발한 2008~2009년 미국의 GDP는 2% 하락한 반면 총산출은 8% 감소했다는 통계는 총산출 개념의 현실 적합성을 잘 말해준다. 총산출 개념에는 경기변동이 자본구조의 왜곡에서 비롯된다는 생각도 깔려 있다.

성장과 번영을 위해 필요한 것은 생산활동을 가로막는 규제 철폐라는 인식도 생산을 중시하는 총산출 개념으로부터 도출될 수 있다. 케인스의 소비경제를 대변하는 GDP 대신 세이의 생산경제를 지원하는 총산출 개념에 귀를 기울여야 한다.

04 예금은행 신용창출의 정당성

예금 기초로 신용창출 가능케 한 지급준비제도…

위탁과 중개 구분 못한 영·미 사법부 판결서 비롯

재산권 보호가 자유시장경제의 기초라는 사실을 모르는 사람은 없을 것이다. 그러나 다음 경우를 생각해 보자. 한적한 길가에서 A가 B의 스마트폰을 빼앗으려고 다투는 장면을 어떤 사람이 목격했다고 하자. 이때 A가 가해자이고 B는 피해자라고 단정할 수 있을까. 겉으로 드러난 장면만 보면 그렇다고 할 수도 있다. 그러나 이 한 장면만으로는 A가 정말 남의 휴대폰을 강탈하려는 나쁜 강도인지 또는 자신이 얼마 전 B에게 도둑맞은 스마트폰임을 알아보고 회수하려는 선량한 시민인지는 알 수 없다. 만약 B가 갖고 있던 휴대폰이 A에게서 훔친 것이라면 B의 현재 휴대폰은 정당한 것이 아니기 때문에 보호할 수 없다.

재산권 보호라고 할 때의 재산은 모든 재산이 아니고 '정당한 재산'이어야 할 것이다. 그리고 정당한 재산의 거래만을 자유롭게 허용하고 보호해야 한다는 점에서 재산권의 정당성은 거래가 일어나기 이전에 정의되고 규정돼야 한다.

재산의 정당성 문제를 특히 심각하게 검토해야 하는 것은 민간은행의 업무다. 은행을 포함한 금융회사는 기본적으로 대출은행업과 예금은행업 기능을 수행한다. 은행은 이 두 가지 기능을 동시에 수행하는 경우가 많지만 그 기능과 역할은 엄연히 다르다.

대출은행업이란 금융회사가 저축자와 차용자의 중간에서 자금을 중개하는 기능을 하는 것을 의미한다. 여기에는 재산의 정당성 문제가 전혀 발생하지 않는다. 은행이 저축자의 돈을 받아서 차용자에게 넘겨주는 것이기 때문에 은행의 행위에서 정당성 문제는 발생하지 않는다. 비록 저축자의 돈 그 자체가 정당하지 않을 수는 있지만 말이다.

예금은행업은 기본적으로 은행이 예금자에게 안전한 보관장소를 제공하고 예금자의 거래를 결제하는 기능을 한다. 즉, 은행은 서비스 수수료를 받고 예금자가 맡긴 돈을 여러 가지 위험으로부터 안전하게 보관하고, 예금자 상호 대차관계나 송금 등의 결제 기능을 하는 것이다. 원래 이 기능은 오늘날과 달리 금(金)이 화폐로 사용됐기 때문에 발달한 것이다. 그러나 화폐의 형태가 바뀐 지금도 예금은행업의 금전 보관과 결제 기능은 변한 게 없다. 정부가 발행한 지폐도 금과 같이 두 가지 기능을 모두 요구한다는 점에서 차이가 없다.

대출은행업에서 은행은 저축자로부터 재산과 그 권리를 넘겨받아 차용자에게 그 재산과 권리를 넘겨준다(차용자가 돈을 갚을 때는 반대 상황이 된다). 그러므로 은행은 저축자에게는 채무를 지고 차용자에게는 채권자가 되는 것이다. 이 점이 당사자 간 거래로 이뤄지는 부동산 거래와 다른 것이다. 이 경우에 은행은 자금을 중개하는 기능을 하기 때문에 지급준비금을 따로 마련해 둘 필요가 없다.

이런 대출은행업과는 달리 예금은행업은 예금자가 자신의 재산을 은행에 넘겨준 것은 아니기 때문에 은행은 예금자의 예금 전액을 보관하고 있어야 한다. 그러나 오늘날 은행은 고객의 예금 지급 요구에 응하기 위해 예금의 일부를 지급준비금으로 보관한다. 이것이 소위 부분지급준비제도다. 이 금액은 전체 예금의 1%보다 훨씬 적다.

문제는 부분지급준비제도가 예금은행업에서 재산의 정당성 문제를 일으킨다는 점이다. A가 한 은행의 요구불예금에 100만원을 넣었다고 하자. 이 은행은 지급준비금으로 100만원의 1%인 1만원만 남겨두고 나머지 99만원을 B에게 빌려준다고 하자. 이때 99만원의 소유주는 A와 B 둘이 된다. 정당성을 따져보면 최초 예금자인 A가 99만원의 정당한 소유자이고 B는 정당한 소유자가 아니다.

B가 이 돈을 다시 다른 은행에 예금하면 은행은 또 그것을 기초로 또 다른 신용을 창출할 수 있다. 이 일이 무한정 계속된다고 가정하면 전체 은행은 최대 9900만원(100만원의 100배에서 100만원을 뺀 금액)까지 신용을 창출할 수 있다. 현실에서는 전체 은행은 9900만원보다 적게 신용수단을 창출하는데 여러 가지 - 경기 변동이 가장 중요한 - 이유로 그 크기는 확대 또는 축소된다.

어떻게 이런 일이 일어나고 있는가. 서양에서는 19세기 초까지 대출은행업과 예금은행업이 엄격하게 구분됐다. 8~10세기 중국, 14~16세기 베네치아 등지에서 일시적으로 두 기능이 혼동된 적이 없었던 것은 아니지만 말이다. 현대의 은행이 예금은행업을 대출은행업과 동일시하게 된 데는 서양 특히 영국의 사법체계가 한몫했다.

대출 또는 신용거래는 채권자가 화폐와 약속증서(IOU)를 바꾸는 것이다. 약속증서는 차용한 원리금을 미래의 정해진 날짜에 갚겠다고 서약한 증서를 말한다. 이런 관점에서 보면 예금자가 은행에 한 예금은 결코 예금자가 은행에 대출한 것이 아니다. 예금은 귀중품(돈)을 지키기 위해 사람을 고용하는 일종의 위탁(bailment)거래 또는 청구(claim)거래다. 위탁거래는 넓은 의미의 보관업에 속한다.

영국은 19세기 초·중반만 하더라도 보관업에 관한 법률체계가 발달하지 않았다. 이런 환경에서 1811년 윌리엄 그랜트 판사는 앞에서 제시한 사례와 비슷한 소송인 '카 대 카' 사건에서 예금자의 예금은 위탁이 아니라 은행의 부채와 같다고 판결했다. 1816년 '드베인스 대 노블' 사건과 1848년 '폴리 대 힐' 사건에서 영국 사법부는 이것을 재확인했다. 폴리 사건에서 카튼햄 판사는 한발 더 나아갔다. 그는 은행이 채무를 상환하지 않는 경우에도 이것은 도둑질한 것이 아니라 은행이 단지 합법적으로 지급 불능이 된 것이라고 판결했다. 한마디로 당시 영국 사법부 그리고 비슷한 사건에서 영국 판례를 참고한 미국 사법부는 위탁과 부채의 개념도 구분하지 못했다고 하겠다. 이런 과정을 거쳐 지금의 부분지급준비제도가 확립됐고 세계 표준이 됐다.

예금자와 차용자가 동시에 같은 돈 또는 자금에 대해 배타적인 소유자가 될 수는 없다.

예금자의 예금을 기초로 창출한 신용은 '정당한 재산'이 아니라는 의미다. 그럼에도 민간은행을 통제하는 정부가 부분지급준비제도를 허용함으로써 이런 일이 지속되고 있다.

지급준비제의 부정적 영향

이자 지급 등 긍정 효과 있지만 은행 파산 등 경제위기 초래도

부분지급준비제도는 재산의 정당성을 해칠 뿐만 아니라 심각한 경제문제를 일으킨다.

첫째, 부분지급준비제도는 은행에 치명적이다. 예금자의 예금 청구가 일시에 몰리고 이 금액이 은행이 보유한 지급준비금보다 많으면 은행은 파산할 수밖에 없다. 현실적으로 금융회사가 파산하지 않는 것은 예금을 일시에 찾지 않기 때문이다. 즉, 지급준비제도에는 파산의 위험이 내재돼 있는 것이다.

둘째, 화폐 공급 증가를 초래한다. 오늘날 화폐 공급에서 큰 비중을 차지하는 것은 중앙은행이 아니라 민간은행이다. 물론 민간은행의 신용 수단 창출은 중앙은행의 발권력에 기초한다는 점에서 궁극적으로는 중앙은행에 달려 있다는 것을 부정할 수는 없다.

셋째, 화폐 공급 또는 신용 수단의 증가는 인플레이션과 이에 따른 소득재분배를 초래한다.

넷째, 화폐 공급 증가는 경기 변동과 경제위기를 가져온다. 다섯째, 인플레이션과 경제위기는 인성의 황폐화, 폭력과 범죄 증가 등과 같은 다른 사회문제도 일으킨다.

부분지급준비제도가 예금자와 저축자를 더 좋게 만드는 면이 없는 것은 아니다. 부분지급준비제도는 수수료 또는 사용료를 받아야 할 예금자에게 은행이 이자를 지급하고, 일정한 기간 기다려야 할 저축자에게 즉시 돈을 찾을 수 있게 해 준다. 이런 일이 가능해진 것은 모든 예금자가 일시에 모든 예금을 찾지는 않기 때문이다. 예금자가 찾아가지 않은 예금의 일부를 차용자에게 빌려주고 이자를 받아서 그 일부를 예금자에게 주고, 빌려주지 않은 예금 중 일부를 저축자의 요구에 따라 즉각적으로 돈을 상환할 수 있는 것이다.

영미 사법부의 혼동이 있기 전에는 이런 일이 구조적으로 가능하지 않았다. 두 가지 기능의 혼동은 결국 저축자와 예금자가 상호보조금을 주는 결과를 가져왔다. 부분지급준비제도가 허용되지 않을 때와 비교해 상호보조금은 예금자와 저축자를 더 부유하게 또는 더 편리하게 한다. 그리고 정보기술 발달로 그 이득은 점점 커지고 있는 것이 사실이다.

그러나 앞에서 봤듯이 부분지급준비제도의 폐해는 그 이득과 비교할 수 없다. 그리고 재산의 정당성 여부는 정의의 문제로써 손익 계산보다 먼저 해결해야 할 것이다.

05 인플레가 악화시키는 부의 불평등

자본주의 부의 불평등이 금융위기 원인?

불평등 간극 키운 건 돈가치 떨어뜨리는 인플레

2008년 글로벌 금융위기는 소득불평등이 심화됐기 때문에 발생했고 소득불평등은 다시 자본주의 탓이라는 것이 시중에 떠도는 주장이다. 이런 불분명한 논리에 따라 미국에서는 금융위기 직후에 '월가를 점령하라'는 정치적 구호가 많은 사람의 지지를 받았다. 특히 은행을 포함한 기업 최고경영자(CEO)의 보수가 너무 많지 않은가 하는 논쟁은 아직도 진행 중이다. 그리고 《21세기 자본》을 쓴 프랑스 경제학자 토마 피케티를 포함한 일부 경제·경영학자는 소득세 최고 세율을 인상할 것을 제안하고 있다.

미국에서 소득불평등이 2008년을 전후해 급격히 악화한 것은 사실이다. 그러나 소득불평등이 그때보다 훨씬 더 나빴던 때도 경제가 위기에 빠진 적은 많지 않다. 그러므로 소득불평등을 포함한 불평등이 2008년 금융위기의 원인이라는 주장은 틀린 것이다.

북한과 옛 소련 등 공산주의 사회의 불평등이 자본주의 사회의 불평등보다 더 큰 게 사실이다. 그러므로 자본주의가 소득불평등을 악화한다는 주장도 근거가 없기는 마찬가지다. 자본주의가 완전히 평등한 사회를 이루지는 못하지만 더 평등한 사회를 구현하겠다고 피케티처럼 각종 정부 정책을 통해 시장 간섭을 한다면 역설적이게도 불평등은 더 악화될 공산이 크다.

어떤 국가도 간섭주의 또는 사회주의를 내포하고 있기 때문에 완전한 자본주의 사회에서 예상할 수 있는 불평등(왜냐하면 완전한 자본주의에서도 천부적인 재능, 외모 등으로 불평등은 피할 수 없기 때문이다)보다 현실에서의 불평등은 훨씬 악화될 수밖에 없다. 현실의 소득불평등을 악화시키는 것 중 하나가 인플레이션이다.

지폐의 생산과 유통이 국가 독점이라는 점에서 통화제도는 간섭주의의 일종이다. 지폐는 정치적 화폐(political money)로서 거의 언제나 과다 발행되고 그 결과 인플레이션은 만성화돼 있다. 미국 중앙은행(FED)은 2013년의 1달러는 1913년의 1센트 가치밖에 없다고 발표한 바 있다. 비교적 화폐를 잘 관리하고 있다는 평가를 받는 미국마저도 인플레이션이 작지 않음을 보여주는 사례다. 최근에는 베네수엘라가 연 200%가 넘는 하이퍼인플레이션으로 치닫자 국민은 국가가 발행한 지폐로 음식을 싸는 등 폐지로 취급하는 일마저 벌어지고 있다.

과다한 통화팽창은 1차적으로는 인플레이션, 경기 변동 등을 일으킨다. 그리고 인플레이션은 다시 소득재분배에 의한 소득불평등(부(富)의 불평등 포함), 경제계산의 문제, 생산 위축, 제품의 질과 양 속이기 등을 초래해 지속적인 성장을 불가능하게 한다. 이때 정부가 경제위기를 해결하겠다고 구조조정에 개입하면 경우에 따라서는 정부의 존립도 지속 불가능한 처지에 몰리게 된다.

인플레이션이 가져오는 소득재분배는 두 가지 특징을 가진다. 인플레이션으로 이득을 보는 사람과 손해를 보는 사람이 발생한다는 것이다. 이때 이득과 손실은 영합(零合·zero-sum)이다. 인플레이션의 소득재분배효과는 소득불평등을 악화시킨다. 인플레이션이 없을 때와 비교해 그렇다는 것이다.

인플레이션이 초래하는 소득재분배 과정을 살펴보자. 새로 발행된 화폐를 최초로 받은 사람은 자신들이 판매하는 재화 가격은 오르지만 구입하는 재화는 아직 오르지 않은 상태다. 그러므로 그들은 이득을 본다. 그러나 새로운 화폐를 늦게 받은 사람은 자신들이 구입하는 재화 가격은 오르지만 판매하는 재화는 더 이상 오르지 않는다. 그러므로 그들은 손해를 본다.

설명의 편의상 두 집단으로 나눴지만, 현실에서는 무수한 집단이 새로운 화폐를 받는 시기가 늦어짐에 따라 이득의 크기가 조금씩 줄어들고 중간 지점 이후에는 손실의 크기가 조금씩 커진다. 그리고

이득은 눈에 잘 띄고 극적이지만 손실은 눈에 잘 보이지 않는다. 하지만 그 크기는 이득의 크기와 같다.

새로운 화폐를 다른 사람보다 일찍 받는 사람이나 기관은 중앙은행, 정부, 금융부문, 증권거래소, 정부와 가까운 국영기업과 대기업, 아주 큰 부자들, 일부 보통 사람을 꼽을 수 있다. 새로운 화폐를 늦게 받는 사람은 많은 보통 사람, 연금 수령자, 봉급생활자 등이다. 머레이 라스바드는 전자를 '인플레이션 소비자', 후자를 '인플레이션 지급자'라고 불렀다.

인플레이션으로 인한 소득불평등은 다른 문제도 일으킬 수 있다. 일부 기업가 또는 기업은 과다 축적한 부를 이용해 경쟁으로부터 자신들의 정치적·경제적 기득권을 보호하고자 노력한다. 경쟁을 억제하는 데 인플레이션이 그 수단을 제공하는 것이다. 물론 이 점은 눈에 잘 띄지 않는다.

필자는 인플레이션의 정확한 정의는 통화 공급의 증가라고 했다. 그러므로 현재와 같이 지수로 파악한 물가가 상승하지 않는 경우에도 인플레이션으로 인한 소득불평등은 진행되고 있다고 보는 것이 정확하다.

2008년 글로벌 금융위기 이후 미국에서 소득 상위계층의 소득증가율은 컸지만 소득 하위계층, 특히 소득 최하위계층의 소득증가율은 소득 상위계층의 소득증가율에 크게 미치지 못하는 것으로 나타났다. 이는 2008년 금융위기가 달러 과다 발행으로 발생했고, 화폐의 과다 발행은 인플레이션을 일으켜 소득재분배가 일어나게 하며 이로 인해 소득불평등이 악화된다는 경제이론이 옳음을 보여주는 증거다. 그럼에도 불구하고 일각에서는 소득불평등이 경제위기를 초래했다는 잘못된 주장을 하고 있고 이에 따라 정부는 각종 간섭주의적 정책을 잇달아 내놓고 있다. 그러나 소득불평등의 악화는 경제위기의 결과이지 원인이 아니다.

피케티 주장의 오류

부자에 대한 세금 올려 불평등 없애자는 주장은 잘못
세금 늘면 자원·일자리 줄어 소득불평등만 더 악화

프랑스 경제학자 토마 피케티는 《21세기 자본》에서 불평등 해소를 위한 대책으로 두 가지를 제시한다. 소득세의 적정 최고 세율을 80%로 인상하고, 글로벌 자본세를 도입하자는 것이다. 불평등을 줄이기 위해 가장 쉽게, 그리고 가장 흔히 제안되는 것이 부자에 대한 세금을 올리거나 신설하는 것이다. 이 점에서 피케티도 예외는 아니다.

불평등을 해소하는 것이 사회의 중요한 목표라고 우리 모두 합의했다고 먼저 가정하자. 그럼에도 불구하고 여전히 문제는 남는다. 피케티의 주장처럼 세금 인상과 신설이 불평등 해소를 위해 좋은 수단인가 하는 점이다.

정부가 세금을 더 거두면 민간은 그만큼 가난해진다. 이 점은 세금을 누가 내느냐 하는 문제와는 상관이 없다. 일단 누군가가 세금을 더 많이 내면 전체 민간이 처분할 수 있는 자원은 줄어들기 때문이다. 여기에 세금징수 비용과 세금회피 비용은 세금의 크기와 비례해 증가할 공산이 크다. 저소득자에 비해 고소득자가 이런 비용을 지급할 용의가 있을 뿐 아니라 실제로도 충분한 자원을 보유하고 있기 때문이다. 이에 따라 민간이 처분할 수 있는 자원은 더 줄어든다.

만약 세금이 증가한 만큼 민간이 처분할 수 있는 자원이 줄어들어 일자리가 감소한다면 소득 불평등은 악화할 가능성이 커진다. 일자리가 줄어드는 경우, 다른 일자리에 비해 기술이 없거나 미숙련 노동자의 일자리가 먼저 줄어드는 것이 일반적이기 때문이다.

경제성장은 자본 축적이 가장 중요한 요인이다. 기술 혁신과 같은 것도 자본 없이는 사실상 불가능하다. 혁신적 아이디어가 있더라도 자본 없이는 이것을 구현할 수 없다. 자본에 대한 세금은 일자리를 창출할 수 있는 자원을 직접적으로 줄인다는 점에서 세금의 일반적인 효과보다 더 영향이 클 것이다. 게다가 오늘날 자본은 쉽게 국경을 넘을 수 있다. 바로 이 이유로 피케티는 글로벌 자본세를 도입하자고 주장했다. 그러나 모든 나라가 참여하는 세제의 도입이 가능한 일인가. 모든 국가 국민에게 유익하다고 생각되는 자유무역도 모든 국가가 제대로 실행해 본 적이 없다는 점을 생각할 필요가 있다.

제7장

친시장과 반시장의 정치적 이념

01 '경제민주화'는 없다

시장에 '1인1표' 정치논리 강제하는 경제민주화,

소비자주권 가로막는 통제와 규제만능으로 귀결

"경제민주화는 불평등을 완화하고 경제 참여의 대등한 기회를 제공함으로써 더 큰 경제 성장의 시대를 열어줄 열쇠가 될 것입니다." 2015년 1월 11일 박원순 서울시장이 '경제민주화 특별시 선언식'에서 한 말이다. 2012년 대선 때 등장한 경제민주화가 한국의 정치권과 사회에서 다시금 뜨거운 이슈로 떠오르고 있다. 2016년 4월 20대 총선을 앞두고서다. 박 시장은 서울시의 모든 정책수단을 동원해 경제민주화를 구현하겠다고 밝혔고, '경제민주화의 전도사'로 불리는 김종인 더불어민주당 비상대책위원회 대표는 재벌개혁 등 구체적 공약을 다듬고 있다고 한다. 국민의당의 이른바 '창당 1호' 법안들도 공정성장, 격차해소 등 경제민주화 주장으로 가득하다. 이에 질세라 원유철 새누리당 원내대표는 국회 본회의장에서의 교섭단체대표 연설에서 경제민주화를 총 9회나 언급했다.

이렇듯 여야 모두 경제민주화가 마치 우리 사회의 모든 문제를 해결하는 만병통치약이라도 되는 양 외치는 것은 표를 의식해서일 것이다. 경제민주화가 유권자의 표를 얻을 수 있는 좋은 소재라고 보기 때문이다. 하지만 경제민주화라는 용어는 경제학 교과서 어디에도 존재하지 않으며, 실체가 전혀 없는 허상일 뿐이다.

경제민주화는 다분히 정치적 용어이며, 정부의 공권력을 이용해 기업, 특히 대기업의 활동을 통제하겠다는 것이 핵심이다. 그 결과는 기업가 정신의 마비와 경제의 퇴보일 것이다. 경제민주화란 말 그대로 '경제+민주주의화'를 뜻한다. 다시 말해 경제영역에 정치용어인 민주주의를 접목한 것이다.

이 말을 그대로 풀어보면 이런 의미가 있다. 민주주의는 국민이 주인이라는 뜻이고, 민주주의의 기본은 1인1표 원칙에 따라 자신의 의사를 표명하는 것이며, 다수의 득표를 하는 자가 승리하게 돼 있다. 이런 민주주의 원칙을 경제에 접목해보자.

경제에서는 소비자가 주인이다. 그리고 주인인 이 소비자들은 시장에서 1인1표가 아닌 1원1표의 방식으로 자신의 의사를 표명한다.

자신이 갖고 싶어 하는 상품을 구매하는 행위가 곧 투표행위인 셈이다. 이런 소비행위를 통해 소비자들은 매일매일 어떤 기업이 우수한 기업이고, 어떤 기업의 상품과 서비스가 확대돼야 하는지, 또 어떤 기업은 퇴출돼야 하는지를 투표하고 있는 것이다. 다른 무엇보다도 소비자주권이 우선시되고, 주인인 소비자 뜻에 따라 결정이 이뤄지는 것이 곧 경제민주화라고 할 수 있다. 이렇듯 경제민주화가 소비자주권의 강화라는 의미라면 문제될 것이 없다.

그런데 현재 한국에서 경제민주화를 주장하는 사람 대부분은 소비자주권 강화의 경제민주화가 아닌 다른 경제민주화를 내세우고 있다. 몇 가지 버전이 있지만, 간략하게 정리하면 다음과 같다. 우선, 노동자가 기업의 주인이 되고 이들이 민주적 방식으로 기업 경영을 하는 것이 경제민주화라는 주장이다. 즉, 한 기업에서 일하는 노동자들이 이 기업을 공동으로 소유하고 기업 운영과 관련한 모든 결정은 이 기업을 공동으로 소유하고 있는 노동자들이 1인1표의 방식에 따라 이뤄지도록 하는 것이다. 이것이 이른바 '자치기업(self governing enterprise)' 버전이다. 이와 비슷한 주장으로는 "사장을 노동자가 선출해야 한다. 주식회사는 원래 주인이 없는 기업이므로 얼마든지 노동자 또는 종업원들이 경영권의 주체일 수 있으며 스스로 사장을 선출할 수 있다"는 주장도 있다.

자치기업 버전은 수십 년 전 동유럽의 유고슬라비아에서 시행됐다가 실패한 실험의 복사판이다. 실패한 가장 큰 원인은 투자 부진이었고, 이 투자 부진을 일으킨 근본 원인은 바로 자치기업이라고 하는 제도 자체에 있었다. 한 기업이 경영을 잘해서 이익이 발생했고, 이 이익을 축적했다가 투자해 새로운 기업을 하나 세웠다고 가정해보자. 이렇게 해서 새로 설립된 기업의 주인은 누구인가? 자치기업 이념에 따르면 해당 기업에서 일하는 노동자들이 주인이 된다. 즉, 이 기업을 설립한 기업의 노동자들이 주인이 아니라 새로 설립된 기업에서 일하는 노동자들이 주인이 된다는 말이다. 투자한 기업의 노동자들은 주인의 자리를 빼앗기는 대신 통상적인 이자율을 얻는 것에 만족해야만 한다. 새로운 투자를 할 이유가 있을까?

또 현재 자신이 근무하는 기업을 키우기 위해 재투자한다고 할 경우도 마찬가지 문제에 부딪힌다. 재투자를 해 기업이 확대되고 이에 필요한 새 노동자가 들어오게 되면 새 노동자 역시 이 기업의 주인이 된다. 따라서 기존 노동자와 새 노동자가 차별 없이 이익배당 등 모든 것을 공동으로 나눠야 한다. 기업이 커져 새 노동자를 많이 채용할수록 기존 노동자의 몫이 줄어들 가능성도 커진다. 기업의 주인 자리를 차지하고 있는 기존 노동자들이 기업을 키우고 새 노동자를 고용할 유인이 사라져버린 것이다. 자치기업 실험은 그래서 철저하게 실패했다.

또 다른 버전은 경제민주화를 좀 더 광범위하게 보는 것으로 경제적 평등을 구현하는 것이 경제민주화라는 주장이다. 경제적 평등은 기회의 평등, 분배의 평등, 경영의사결정 참여의 평등, 소유의 평등을 말하며, 여기서 핵심은 바로 소유의 평등이라고 한다. 기업들의 자유로운 경쟁과 가격기구에 의한 자원 배분이라는 시장경제의 틀은 유지하지만, 소수 대자본가들이 기업의 의사결정은 물론 사회의 의사결정까지 좌지우지하는 것을 막기 위해서는 소유의 평등이 이뤄져야만 한다는 것이다.

여기서 생각해 봐야 할 것은 소유의 평등이 과연 무엇을 의미하는가다. 소유의 평등은 한국의 근본원칙 중 하나인 사유재산제도와는 절대 같이 갈 수 없다. 또 자유민주주의 국가와도 절대로 양립할 수 없다. 한국에 존재하는 모든 재산과 재화는 개인이든 단체든 혹은 국가든 소유주가 존재한다. 소유의 평등을 이루기 위해서는 이 모든 재산과 재화를 빼앗아서 다시 분배해야만 한다. 그렇게 평등하게 분배한다고 하더라도 시간이 지나면 부의 불평등은 또다시 발생할 것이고, 그러면 또다시 모두 빼앗아 다시 분배하는 과정을 반복해야 한다. 사람들의 재산을 강제로 빼앗아 분배하고 또다시 빼앗아 분배할 수 있는 국가는 이미 자유민주주의 국가가 아니다. 이런 국가는 전체주의 국가다. 따라서 경제민주화는 전체주의 국가로 가는 길을 닦는 것과 다를 바 없다.

헌법 '경제민주화' 취지는 민간 주도의 효율성 극대화

'경제민주화' 조항이 들어간 1987년 헌법 개정 당시 국회 헌법개정안 기초소위원회 위원장을 지낸 현경대 전 국회의원의 설명에 따르면 본래 경제민주화는 정부 주도에서 민간 주도로의 전환을 의미했다. 즉 정부, 기업, 가계라는 경제주체 가운데 당시까지 정부 주도 운용에 치우쳤던 것을 기업과 가계라고 하는 민간부문 주도로 전환해 효율성을 극대화하고자 한 것이다. 시장과 기업에 대한 규제를 풀고, 기업과 가계의 선택할 자유를 한껏 풀어주자는 취지다. 그런데 작금의 경제민주화 핵심은 소비자주권을 부정하고, 기업활동에 대해 정부 규제와 통제를 강화하겠다는 것이다.

예를 들어 대형마트나 기업형슈퍼마켓(SSM)이 성업을 이룬다고 하는 것은 곧 소비자들이 재래시장이나 골목상권이 아닌 대형마트나 SSM에서 구매하기를 원한다는 것을 의미한다. 하지만 정치권과 정부는 재래시장과 동네 슈퍼마켓을 살린다는 명분으로 대형마트와 SSM의 진출을 제한하고, 영업시간도 통제하면서 소비자주권을 짓밟고 있다. 대기업의 출자총액을 제한하고 순환출자를 금지하며 중소기업 적합업종제도를 도입하고 일감몰아주기로 통제하는 등 민간기업의 활동에 촘촘한 족쇄를 채우고자 한다.

이런 것들이 지향하는 바는 경제적 평등이라는 평등주의 이념의 실현이다. 의도하든 의도하지 않든 결과는 같다. 경제민주화 과정이 진행되면 진행될수록 대기업뿐만 아니라 기업 전체에 대한 규제도 강화될 것이다. 정치권에서는 대기업과 중소기업을 가르는 것에서 그치지 않고, 중견기업과 영세 소기업을 다시 갈라 소기업 보호를 명분으로 중견기업에 대한 규제를 강화하고 있다.

나아가 정부는 이제 개인의 일상생활에까지 규제의 범위를 확대하려 들 것이다. 경제민주화의 이름으로, 골목상권을 살린다는 명분으로 소비자의 소비방식을 규제하는 것은 그 전초전에 불과하다. 소비자주권 강화와 민간 주도의 경제운용이라는 지향점을 갖지 않는 경제 민주화는 공생, 상생, 동반성장 등 그 어떤 미사여구를 붙인다 하더라도 결국엔 전체주의로 귀결될 수밖에 없다.

02 공동체주의의 허와 실

개인·기업에 '사회적 책임' 강요는 자발성 허물어… 사유재산 보장이 공동체 가치 지키는 최선의 길

사유재산 보장과 법치, 작은 정부를 핵심으로 하는 자유주의는 '개인'을 중시한다. 경제적 자유는 자유주의 최고의 가치다. 사람들이 시장에서 자유롭게 투자하고 생산과 소비생활을 할 수 있도록 한다. 그러나 미국의 철학자 마이클 샌델 같은 이들은 자유주의를 공격한다. 자유주의 경제체제는 사람 사이의 연대감이나 상호신뢰 없이 모래알처럼 뿔뿔이 흩어져 제 것 챙기기에만 바쁜 차가운 인간들이 사는 세계라는 이유에서다.

그들이 대안으로 내세우는 것은 개인 대신 공동체를 중시하는 '공동체주의'다. 공동체는 가족·마을 공동체에서 볼 수 있듯이 구성원들이 애정, 우정, 유대감 속에서 자신을 희생하며 서로 돕고 사는 세상으로 정의된다.

공동체주의는 개인이나 기업이 존립할 수 있는 건 사회(공동체) 덕택이라는 논리에 근거한다. 타인의 도움 없이는 개인의 경제적 성공도 가능하지 않다는 것이다. 그래서 타인으로부터 얻어내려는 '권리'보다는 타인에게 갚을 '의무'가 중요한 것이라고 목소리를 높인다. 예를 들어보자. 야구선수 박찬호의 성공은 박찬호 개인의 능력이 아니라 야구 팬, 야구연맹, 방송산업 등 야구 문화 덕택이고 기업 이윤은 그 기업이 속해 있는 사회의 소비자, 노동자, 원료공급자, 납품업자, 지역사회 등의 덕택이라는 게 공동체주의 인식이다. 그래서 박찬호 선수나 기업들은 당연히 사회적 책임이 있고 그래서 그들이 번 돈의 일부는 사회에 환원하는 게 정의롭다는 것이다.

개인과 기업이 사회의 산물이라는 생각은 전적으로 옳다. 그렇다고 그런 논리를 사회적 책임의 근거로 이용하는 건 옳지 않다. 야구선수는 야구팬들로부터 받는 것 이상으로 팬들의 욕구를 충족시켰고 또 야구문화에도 기여했다. 기업도 소비자로부터 받는 것 이상으로 그들의 마음을 사로잡은 가치를 창출하면서 생산과 유통에 기여한 사람들에게 보상했다.

그럼에도 사회적 책임의 법적 강요는 개인과 기업의 능력을 국유화하는 우(愚)를 범하는 일이다. 그 책임을 강요하지 않아도 성공한 운동선수들은 자발적으로 기부활동을 한다. 기업도 자발적으로 다양한 사회적 활동을 하며 그 책임을 다한다. 기업 이미지와 브랜드 가치를 높이기 위해서다. 삼성전자 베트남 법인이 베트남 중·고등학교에 도서관을 세워주고, SK 해외법인이 정보기술(IT) 교육센터를 건립해 전문 인력을 양성하는 활동이 그렇다.

공동체주의 기업관은 주주, 종업원, 소비자, 지역주민 등의 이익을 위해 그들을 기업의 의사결정에 참여시키는 걸 의무화하는 '이해관계자 자본주의'다. 그러나 그들을 의사결정에 참여시킬 필요는 없다. 가치창출, 가격, 지역발전 형태로 이미 그들에게 보답했기 때문이다. 그럼에도 그런 제도를 강제로 도입하는 것은 문제다. 그것은 주주재산의 공유화를 초래하기 때문이다. 이해당사자들이 기업의 고용·투자 결정에 참여하면 그 결정은 경제논리 대신에 정치논리가 지배한다.

그런 제도가 없다고 해도 기업은 주주 이외의 이해관계자에게도 자발적으로 적절한 관심을 갖기 마련이다. 그들을 못되게 취급하는 기업은 평판이 나빠져 사업하기가 어렵기 때문이다. 공동체주의는 도시 주변의 공동체를 보호하기 위한 도심지 대형 백화점 건설 억제, 농어촌 공동체 보호정책 등을 제안한다. 이 정책들은 공동체주의가 변화와 경쟁을 싫어하는 보수적 성향이 있음을 말해준다. 이 중 지역공동체를 보호한다면서 기업의 이전을 억제하는 정책이 주목된다. 그러나 입지가 좋지 않아 손해가 발생하는 데도 불구하고 이전을 막는 건 지역공동체를 위한 효과적인 방법이 아니다. 지역공동체가 기업하기 좋은 환경을 조성해 자유로이 기업 유치 경쟁을 하도록 하는 게 지역공동체의 발전을 위한 최선의 길이다. 이게 자유주의의 핵심인 지방분권화다.

공동체주의자들은 자국 문화에 고유한 인간관계를 빼앗고 지역의 관습과 전통을 파괴한다는 이유에서 외국인 이민과 세계화에도 반대한다. 그러나 독일의 이민 정책이 보여주듯이 외국인이 이주한다고 해서 자국 문화의 정체성이 손상된다는 증거는 없다. 오히려 문화의 다양성과 경쟁, 관용이 한 사회의 발전을 위한 원동력이다. 세계화와 자유무역의 부재는 곧 빈곤이라는 역사적 교훈에도 불구하고 자국 문화를 위해 문을 걸어 잠그라는 공동체주의의 주장은 황당할 뿐이다.

자유시장경제가 도덕을 파괴한다는 공동체주의자들의 비판도 옳지 않다. 시장경제는 예의 바르고 공손한 사람들에게 보상한다. 평판이 나쁜 기업은 노동자들이 기피한다. 사후관리가 나쁜 기업의 제품은 소비자들이 외면한다. 시장경제는 불친절하고 무례하고 허풍떠는 사람들을 싫어한다. 그 어떤 사회체제와 비교할 수 없을 정도로 도덕적 행동을 권장하고, 그런 행동을 금전적으로나 비금전적으로 보상하는 게 시장경제다.

사유재산 제도는 과도한 개인주의를 조장하고, 그럼으로써 사회질서를 파괴한다는 공동체주의 주장도 틀렸다. 사유재산을 인정하면 고립돼 있던 사람들은 사업관계와 같은 공동의 관심을 추구하기 위해 타인들과 인연을 맺고 결속을 다진다. 일상적인 상업관계를 넘어서 종교·사회·오락·예술적 연합으로까지 확장되기도 한다. 그런 공동체 형성을 방해하는 것은 정부의 개입이다. 새로운 공항 건설과 세종시 같은 신도시 건설을 위한 거대 프로젝트는 풀뿌리 공동체 조직의 붕괴를 초래한다. 가정, 이웃관계, 기업, 교회 등과 연결된 인연관계가 뒤헝클어지기 때문이다. 그동안 돈독히 쌓아온 이웃과의 친밀함, 교우관계도 해체된다. 사업관계로 맺어온 인연들이 기업 이전으로 단절된다. 인간을 원자화하는 게 정부 개입이다.

그런 공동체적 관계를 존중하기 위한 첩경은 사유재산에 대한 정부의 간섭을 억제하는 것이다. 물론 사유재산권의 수용과 사용은 법에 따라 충분히 보상하면 된다고 말할 수 있다. 그러나 사람들이 서로 의지하면서 심적 위로와 우정을 교환하면서 살던 분위기가 사라지는 데 대해서는 그 어떤 방법으로도 보상할 수 없다. 이쯤에서만 봐도 공동체주의는 공동체적 가치를 실현할 수 없다는 것을 확인할 수 있다.

자유주의가 인간을 원자화하고 도덕을 파괴한다는 건 공동체주의의 오해다. 오히려 공동체의 가치 실현과 유지를 위한 최선의 길은 자유주의라는 걸 직시해야 한다.

두개의 자유주의 전통

"도덕·법은 이기심 충족 수단" vs "타인의 인격·재산 보호해야"

자유주의는 두 가지 종류가 있다. 하나는 이기적·합리적·원자적 인간이 사는 세상이라고 공동체주의자들이 비판하는 대상이다. 토마스 홉스의 '프랑스 계몽주의' 전통이다. 밀턴 프리드먼이 대표하는 시카고학파가 계승했다. 공동체주의자들의 이런 비판이 타당하지 않은 자유주의가 있다. 데이비드 흄, 애덤 스미스를 중심으로 한 '스코틀랜드 계몽주의' 전통이다. 자유주의 거성 프리드리히 하이에크로 계승됐다.

시카고학파는 개인을 사회, 역사, 전통 등과 독립적인 존재로 본다. 도덕과 법은 전적으로 개인의 이기심을 충족하기 위한 수단일 뿐이다. 그러나 그런 인간관은 공동체주의자들이 비판하듯이 틀렸다.

인간은 도덕, 관행, 관습 등 사회제도의 산물이라는 공동체주의의 인식은 스코틀랜드 전통에서 볼 때 옳다. 개인은 이기심 덩어리만은 아니다. 애정, 우정, 유대감의 도덕이 인간의 몸에 배어 있다. 그런 인간관도 스코틀랜드 자유주의 전통과 일치한다. 그런 전통의 개인은 예의범절, 직업윤리, 인격·재산존중 등의 규칙을 따르는 행동으로까지 확대된다. 개인들이 이기심을 충족하기 때문에 그런 도덕률을 지키는 게 아니다. 그들이 그걸 지키기 때문에 자신의 목적을 추구할 수 있다.

공동체주의와 스코틀랜드 전통의 차이점을 보자. 첫째, 공동체주의는 공동체를 위해서 사람들이 자신의 물질적·비물질적 재산을 희생할 것을 요구한다. 그러나 스코틀랜드 자유주의 전통은 개인들이 타인의 인격과 재산을 침해해서는 안 된다는 소극적 의무를 강조한다.

둘째, 공동체주의는 소득의 재분배를 뜻하는 분배정의를 강조하고, 스코틀랜드 전통에서는 행동규칙의 정의로움을 소중히 여긴다. 결국 오늘날처럼 거대한 열린 사회에 적합한 이념은 스코틀랜드 전통의 자유주의라는 걸 직시해야 한다. 잘못된 인간상 때문에 프랑스 계몽주의는 틀렸다. 공동체주의도 가족, 종교, 친목 단체처럼 소규모 사회에나 적합한 이념이다.

03 신자유주의의 진정한 의미

시장경제 본질은 계획된 질서 아닌 '자생적 질서'… 가격·도덕률이 익명의 소비자 신뢰하게 만들어

오늘날 반(反)자유주의 진영에서 명확한 뜻을 밝히지 않고 사용하는 용어가 있다. 신(新)자유주의(Neoliberalism)다. 이 개념을 사용하는 맥락을 보면 경제규제를 풀거나 복지지출을 줄이고 노동시장 경직성을 완화하는 등 친(親)시장개혁을 지칭하는 뜻으로 이용하고 있음을 알 수 있다. 그러나 친시장개혁의 바탕에 깔린 것은 새로 생겨난 자유주의가 아니라 영국의 애덤 스미스, 독일의 칸트, 프랑스의 장

바티스트 세이 등이 개발한 고전적 자유주의라는 걸 알아야 한다.

18~19세기 절대국가와의 이념적 전쟁을 위한 지적 무기였던 자유주의는 자유를 최고 가치로 생각하고 책임윤리를 강조하는 체계다. 이는 개인이 정부 허가 없이 자유로이 투자·소비·생산·교환할 수 있는 열린 사회다. 규제가 쌓이고 조세 부담이 커서 경제적 자유가 억압되면 개인의 물질적·정신적 역량이 억제돼 빈곤, 실업, 저성장이 필연적으로 나타난다고 자유주의자는 끊임없이 경고했다. 그들은 규제를 풀고 정부지출, 세금을 줄이고 건전한 통화를 통해서만 번영을 누릴 수 있다고 설파했다. 이 전통의 계승자가 하이에크, 미제스, 프리드먼 등이다. 신자유주의는 자유주의의 정신사적 지식이 없는 사람들이 친시장개혁을 비판·조롱하기 위해서 만든 용어일 뿐 유용한 말이 결코 아닌 것이 확실하다.

그 비판의 내용이 흥미롭다. 주목할 것은 친시장개혁을 통해 확립되는 자유시장은 정부의 계획이 없다는 의미에서 '무계획적'이기 때문에 위기와 혼란을 야기할 뿐이라는 비판이다. 시장현상을 혼란으로 파악하는 것은 일견 이해할 수도 있다. 시장경제에는 전체적인 관점에서 집단적 목표를 위해 계획을 세우는 사람이 없다. 각자 삶의 계획을 세우고 성공을 위해 서로 경쟁하는 개인만 있을 뿐이기 때문이다. 그러나 그런 인식은 질서란 오로지 전지전능한 힘에 의존해서만 창출될 수 있다는 믿음에서 비롯된 것이다.

이런 믿음은 우리 사고방식을 지배하는 이분법, 즉 계획해 만든 인위적 질서(조직)와 자연적 질서로 나누는 사고의 결과다. 이분법으로는 제3의 질서로서 '자생적 질서(spontaneous order)'의 존재를 이해할 수 없다. 이 질서는 계획해서 의도적으로 형성한 것도 아니고 인간행동 없이 자연적으로 생겨나는 것도 아니다. 이것은 인간행동에서 나온 것이지만 누구도 의도하지 않은 결과다. 시장경제야말로 국가의 계획과 간섭 없어도 시장사람들이 자신의 목적을 위해 거래하는 과정에서 '보이지 않는 손'의 원리에 의해 질서가 형성돼 가는 '자생적 질서'다.

그런 질서가 가능한 이유는 시장사람의 행동을 안내하는 두 가지 작용 때문이다. 첫째가 시장에서 저절로 형성되는 가격 구조이고 두 번째가 직업윤리, 인격·재산 존중, 책임윤리, 약속 이행 등 공동으로 지키는 도덕률이다. 이 두 가지 작용 덕에 시장사람들은 서로를 알지 못하면서도 안심하고 경제적 거래관계를 가질 수 있다. 타인의 행동을 기대할 수 있게 하는 지식을 전달하는 가격과 도덕률의 역할 때문이다.

이런 기대의 형성으로 우리는 거대한 사회에서 전혀 알지도 못하는 수많은 익명의 사람들의 행동에 의존해 우리 계획과 목표를 수행하고 달성한다. 자생적으로 형성되는 시장질서의 결과는 고용, 소득 증대, 빈곤 퇴치 등 경제적 번영으로 나타난다. 시장에서는 어떤 변화든 잘 소화해 그런 경제문제를 스스로 해결하는 강력한 자생적 힘이 작용한다.

시장은 무계획적이라는 비판에는 시장에 대한 정부 규제가 없으면 대량 실업, 저성장 위기 등 다양한 문제가 야기된다는 인식이 숨어 있다. 그 증거로 2008년 글로벌 금융위기를 들먹인다. 친시장개혁으로 무법천지가 된 금융시장의 독재와 오만에서 위기가 비롯됐다고 목소리를 높인다. 그런 비판은 틀렸다. 규제를 풀었기 때문에 위기가 야기된 것은 아니다. 미국 중앙은행(FED)의 방만한 통화정책과 정부의 주택시장 간섭이 주범이었다. 주택시장 버블과 금융위기가 그런 정책의 결과였다.

오늘날 우리가 겪고 있는 저성장, 고실업도 규제 없는 시장 탓이 아니라 통화팽창과 금리를 비롯한 다양한 정부 규제로 야기된 생산구조의 왜곡 때문이다. 대부분의 경제문제는 경제적 자유를 극대화하는 친시장정책이 아니라 정부가 과거에 도입한 각종 규제와 정부지출 확대 등의 결과라는 것을 알아야 한다.

친시장개혁과 동일시되는 신자유주의를 '자유방임'이라고 비판하는 목소리도 작지 않다. 그러나 친시장개혁을 주장한다고 해서 국가가 불필요하다는 뜻은 아니다. 좌파가 신자유주의의 대표자라고 비방하는 하이에크도 국가의 두 가지 역할을 매우 중시한다. 첫째, 개인의 자유와 재산을 보호하기 위한 국가의 '강제기능'이다. 그런 강제권은 국가가 독점한다. 둘째, 도로 항만 등과 같은 공공재의 생산, 스스로 부양할 능력이 없는 사람들의 생계 보장 등과 같이 시민 삶의 증진에 봉사하는 '봉사기능'이 있다. 이 기능은 국가가 독점해서는 안 된다.

'자유시장=자유방임'이라고 비판하는 배후에는 국가의 계획과 규제를 확대해야 한다는 국가주의가 감춰져 있다. 그 바탕에는 '시장실패'라는 생각이 깔려 있다. 그러나 자생적으로 형성되는 시장질서에 시장실패라는 용어를 사용하는 것도 틀렸다. 실패와 성공은 항상 의도(계획)와 목표를 전제한다는 걸 염두에 둬야 한다. 시장실패를 말한다면 시장은 계획해 달성할 집단목표를 전제해야 한다. 그러나 시장은 집단목표를 위해서 계획해 만든 인위적 질서가 아니다.

시장은 집단목표가 없는 자생적 질서다. 이런 질서에는 개인이 추구하는 개별 목적만 있을 뿐이다. 집단목표로 이상적 상태를 정해 놓고 현실시장이 이에 벗어나면 시장실패라고 비판하는 것은 전적으로 잘못이다. 그런 비판에는 정부는 유토피아를 이룰 도덕·지적 능력을 갖춘 실체라는 치명적 자만이 깔려 있다.

이쯤에서만 봐도 좌파진영에서 친시장개혁을 비판하기 위해 만들어낸 신자유주의란 용어가 틀렸다는 사실을 알 수 있다. 자유주의 이념의 역사는 물론 시장질서의 성격과 작동원리에 대한 이해 부족에서 생겨난 것이기 때문이다.

반(反)독점 내세운 유럽 신자유주의. EU의 규제 철학으로

역사적으로 보면 고전적 자유주의의 대안으로 개발돼 오늘날 유럽에서 사용되는 신자유주의 이념이 있다. 지구촌을 사회주의가 지배해 인류의 미래가 매우 암울하던 1930년대로 거슬러 올라가보자.

자유주의는 이념전쟁에서 완벽하게 패배했다. 자유주의자들은 실의에 빠져있었다. 이때 프랑스 자유주의 철학자 루이 루지에

(1889~1982)가 등장했다. 루지에는 1938년 8월 유럽자유주의자 26명을 초청, 미국 저널리스트 월터 리프만의 저서 《좋은 사회》의 프랑스어 출판기념회 겸 파리학술회(월터 리프만 콜로키움)를 5일간 열었다.

회의 주제는 '자유주의가 이념전쟁에서 패배한 이유는 무엇인가'였다. 자유주의 거성 하이에크와 미제스 등을 제외한 대부분은 패배의 원인이 정치적인 것이 아니라 자유주의 자체의 문제 즉, 경제력 집중과 빈곤문제를 등한시했기 때문이라고 지적했다. 독점 규제와 분배정책을 통해서 고전적 자유주의를 개선해야 한다는 의미에서 신자유주의라고 불렀다. 역사상 최초의 신자유주의 명칭이 등장한 것이다. 그 이념적 전통이 오늘날에도 유럽사회를 지배하고 있다.

정치적인 이유로 파리학술회의에 참석하지 못했지만 신자유주의 이념 형성에 영향을 미친 인물은 프라이부르크학파 창시자인 독일 경제학자 발터 오이켄(1891~1950)이다. 경제적 자유는 경제력 집중과 카르텔에 의해 억압될 위험성 때문에 별도의 법으로 반(反)독점법이 필요하다는 게 오이켄 사상의 핵심이다.

유럽적 신자유주의는 고전적 자유주의의 대안으로 오늘날 확고한 자리를 차지하고 있다. 독일과 유럽연합의 독점 규제의 원천과 기본 철학은 파리학술회의와 오이켄을 중심으로 한 프라이부르크학파의 신자유주의 사상에서 나온 것이다.

유럽의 신자유주의는 1947년 하이에크 주도로 창설된 몽펠르랭학회의 이념과 큰 관련성이 없다. 이 학회의 이념은 고전적 자유주의를 비판하기보다 이를 심화·확대한, 그래서 수식어 없는 자유주의다.

04 사회적 경제가 시장경제의 대안?

시장경쟁 대신 '정치적 배분'하자는 사회적 경제…

'공동체 유지' 명분 내세우지만 관치경제 부활일 뿐

"사회적 경제는 기업 이익이 최우선 목표인 시장경제와 달리 사회적 가치와 목적을 우위에 두는 경제활동이다. 계나 두레가 사회적 경제라면 사회적 기업, 협동조합, 마을기업 등은 현대판 사회적 경제다." 한 미디어 매체가 전하는 사회적 경제에 대한 정의(定義)다. 인터넷에서 '사회적 경제'를 검색어로 입력하면 수도 없이 많은 기사와 관련 내용이 쏟아져 나온다. 거의 모두가 위에 언급된 내용과 일맥상통한다. 급기야 정치권도 사회적 경제에 관심을 두고 '사회적 경제 기본법안'까지 발의했다.

여기에는 여야가 따로 없다. 법안 발의의 이유는 이렇다. '대한민국은 초고속 성장을 이뤄 잘살게 됐다고는 하지만, 양극화가 심해졌다. 이 양극화는 대한민국이라는 공동체를 붕괴시킬 정도로 심각하다. 이 공동체의 붕괴를 막는 것은 시대적 과제이며, 역사적 소명의식을 갖고 한국 경제의 체제를 개혁해야 한다. 체제 개혁은 어느 방향으로 해야 하는가? 이제까지의 패러다임인 국가의 복지, 자유시장경제의 성장으로는 부족하며, 새로운 대안이 필요하다. 사회적 경제가 그 대안이다.' 사회적 경제가 추구한다는 이른바 '사회적 가치'란 '빈곤을 해소하는 복지, 따뜻한 일자리, 사람과 노동의 가치, 협력과 연대의 가치, 지역공동체의 복원, 그리고 이런 것들을 추구하는 사람들의 선한 정신과 의지 등'을 말한다고 한다. 그런데 이렇듯 훌륭한 목적을 지닌 사회적 경제 조직들은 자생력이 없기 때문에 국가가 나서서 지원하고 육성해야 한다는 것이 사회적 경제 기본법안의 핵심이다.

문제는 공공의 이름으로 하는 대부분의 일이 그렇듯이 어떤 법안이나 정책의 목적이 멋지고 훌륭하다고 해서 그것의 실제 효과와 결과까지도 멋지고 훌륭하리라는 보장은 없다는 점이다. 오히려 그 반대인 경우가 많다는 것을 우리는 현실에서 자주 목격하고 있다. 이미 200년도 더 이전에 애덤 스미스는 "나는 공공선을 위해 사업을 하는 척하는 사람이 이뤄놓은 좋은 일을 결코 많이 알지 못한다"고 했다. 정부와 정치권이 나서서 지원하고 육성하겠다는 사회적 경제도 마찬가지일 가능성이 높다.

문제 중 하나는 '사회적'이라는 용어 자체에 들어 있다. '사회적 경제' '사회적 기업' '사회적 가치' 등 '사회적'이라는 말이 최근 들어 부쩍 많이 사용되고 있는데, 하이에크는 저서 《치명적 자만》에서 '사회적'이라는 용어를 일컬어 '족제비 같은 말(weasel word)'이라고 표현했다. 족제비가 알의 겉은 멀쩡하게 남겨두고 속에 있는 내용물만 전부 빨아먹는 것을 빗대 표현한 것으로, 사회적이라는 단어가 수식하는 명사의 겉은 멀쩡한데 그 내용은 흔적도 없이 사라진다는 의미다. '사회적 경제'에서 '경제'는 흔적도 없이 사라지고, 그 자리를 '정치'가 차지할 것이다. 경제논리는 사라지고 정치논리가 대신한다.

이런 정황은 법안에서도 이미 파악된다. 정부가 '사회적 경제 발전기금'을 설치, 운영하되 기획재정부 장관이 이 기금을 운용, 관리하게 돼 있다. 게다가 대통령 소속의 사회적경제위원회, 시·도 사회적경제위원회를 조직하고 지역단위, 업종 및 분야 단위의 협의회를 조직하도록 하고 있다. 다시 말하면 사회적 경제라는 이름으로 정부가 자금과 조직을 장악하고 통제할 것이라는 얘기다. 결국 사회적 경제는 기껏해야 관치경제의 부활에 불과하며 관치경제의 부작용을 고스란히 노정할 것이다.

또 사회적 경제는 자생적 질서인 시장경제가 아니라 인위적인 자원배분 방식을 선호한다. 그리고 이를 통해 빈곤 해소, 양극화 해소, 따뜻한 일자리, 협력과 연대의 가치 등 사회적 가치를 구현할 수 있다고 한다. 이는 인간이 사회를 설계하고 조직함으로써 '이상사회'를 건설할 수 있다고 믿는 구성주의적 합리주의자들의 전형적인 사

고방식이다. 이런 구성주의적 합리주의의 백미는 단연 사회주의 이상국가 건설이었고, 70여년에 걸친 인류의 거대한 실험은 처참한 실패로 귀결됐다. 이는 정부 관료를 비롯한 그 누구라도, 또 그 어떤 인위적 조직이라도 그들이 가진 정보와 지식은 매우 제한적일 수밖에 없다는 사실에 따른 당연한 결과다.

이런 인간의 구조적 무지를 보완해 정보와 지식이 전달되고 수집되고 가공되고 활용되도록 하는 시스템이 시장이다. 사회적 경제는 이 시장을 인간의 불완전한 이성과 지식으로 대체하겠다는 것이니 '치명적 자만'을 하고 있는 셈이다. 사회적 경제나 사회적 협동조합 같은 것들이 새롭게 등장한 것 같지만, 사실 그 역사는 자본주의의 역사만큼이나 길다. 그동안 때로는 자본주의 시장경제를 대체할 수 있는 대안으로 기대를 모으기도 했지만 대안이 되기는커녕 존립조차 어려운 것이 현실이었다. 시장에서의 시스템 경쟁이라는 측면에서 보자면 사회적 경제나 사회적 협동조합 등은 자본주의 시장경제와의 경쟁에서 패해 그 명맥이나 겨우 유지하고 있는 정도에 불과하다.

이런 사회적 경제를 '자본주의 경제체제의 역사적 진화'라고 치켜세우는 사람들도 있다. 이윤보다는 구성원들 또는 공동체의 이익을 위한 경제활동을 하고, 이윤의 배분에도 자본보다는 사람과 노동의 가치를 우선시하는 조직을 구성하고, 이 조직을 통해 '사회적 가치'를 추구할 수 있다. 그것은 어디까지나 해당 개인과 조직의 자율적인 선택의 문제다.

그러나 정부, 정치권이 나서서 이를 지원하고 시장에 개입하는 것은 다른 차원의 문제다. 왜냐하면 이것은 정부와 정치권이 바람직하다고 생각하는 특정 가치를 국민에게 강요하는 것이기 때문이다. 사회적 경제가 우리 사회의 문제를 해결하는 해법이 될 수 있는지, 시장경제의 대안이 될 수 있는지 등에 대해서는 평가하는 사람의 관점과 경험과 이해에 따라 다양하게 나뉠 수 있다. 정해진 정답이 없다는 말이다.

이럴 경우 어떤 게 맞는 것인지 알아볼 수 있는 유일한 방법은 경쟁을 시키는 것이다. 자유시장경제와 사회적 경제가 서로 경쟁하도록 하는 일이다. 하이에크가 언급했듯이 경쟁이야말로 무엇이 적합한 것인지를 발견하는 절차이기 때문이다. 어느 것이 우리 사회에 적합하고 유용한 것인지는 그 경쟁의 결과가 알려줄 것이다. 정부와 정치권이 한쪽에는 특혜를 주고 다른 쪽에는 불이익을 주면서 이 경쟁을 왜곡하는 일을 해서는 안 된다.

시장에는 협력과 연대가 없다고?

사회적경제를 내세우는 이유 중 하나는 시장경제에서는 협력과 연대가 배제되고 경쟁만이 강조되기 때문에 사회적경제를 통해 협력과 연대를 되살려야 한다는 것이다. 하지만 이것은 시장경제를 매우 단편적이고 1차원적으로만 파악하는 시각의 소산이다.

일찍이 애덤 스미스는 시장경제에서는 상품의 공급자나 상인들이 비록 의도하지는 않았지만 다른 사람들이 원하는 것을 제공한다는 점을 밝혔다. 시장경제에서는 다른 사람이 원하는 것을 가장 잘 제공하는 사람이 부자가 된다. 다시 말해 의도하지는 않았지만, '보이지 않는 손'의 작용을 통해 자연스럽게 협력과 연대가 이루어진다.

이러한 사정은 레오나드 리드(Read)가 쓴 《나는 연필입니다 I, Pencil》를 보면 쉽고도 실감나게 이해할 수 있다. 《나는 연필입니다》는 나무, 아연, 구리, 흑연의 복합체로 만들어진 간단한 제품인 한 자루의 연필이 탄생되는 과정을 이야기식으로 설명한 글이다.

즉 나무의 경우만을 보더라도, 그 나무를 심고 가꾸는 과정, 잘 자란 나무를 베어 통나무 상태로 철로를 통해 제재소로 운반하는 과정, 제재소에서 연필 두께의 판자로 만들어지는 과정이 필요하다. 그리고 이들 각각의 과정에는 또 그 사람들이 일을 할 수 있도록 도끼와 톱 등의 도구를 만드는 사람, 또 그들이 작업할 때 식사를 준비하는 사람, 그 식량을 생산하는 사람 등등이 포함된다. 원료 중 국내에서 생산되지 않는 것은 수입을 해야 한다. 외국 및 외국인의 노동과도 협력하지 않으면 한 자루의 연필도 생산하기가 쉽지 않다는 말이다.

이렇듯 얼핏 보기에 간단해 보이는 한 자루의 연필을 만드는 일에도 수백 명, 수천 명 혹은 수만 명의 협동과 수개 국의 협력이 있어야만 가능하다.

사회적경제가 시장경제의 대안이라 주장하는 사람들은 이러한 눈에 보이지 않는 광범위한 시장에서의 협력과 연대를 보지 못한다. 그러면서 그들은 눈에 보이는 협력과 연대, 누군가의 지시와 명령에 의해 이루어지는 협력과 연대만을 본다. 그러다보니 시장에서 이루어지고 있는 상상도 할 수 없을 만큼의 엄청난 협력과 연대 대신에 인위적으로 협력과 연대를 만들어내고자 시도하는 것이다. '보이지 않는 손'에 의해 자발적이고 자연스럽게 이루어지는 협력과 '보이는 손'에 의해 지시와 명령을 통해 인위적으로 만들어지는 협력 중 어느 것이 진짜 협력이고 연대일까.

05 자본주의, 민주주의의 토양

"부(富)의 생산을 막는 건 인간생활을 통제하는 것"… 중산층 키운 시장경제가 정치적 자유의 토대

거래할 자유와 기업할 자유를 기반으로 하는 자본주의는 '민주주의의 씨앗'을 뿌린다기보다 빈부격차만 늘릴 뿐이라는 반(反)시장적 비판의 목소리가 심심찮게 들린다. 민주(民主)란 다수의 합의로 공공정책을 결정하는 정치질서를 의미한다. 자유시장에 대한 이런 불신 때문에 '경제적 자유'는 억압해도 되지만 참정권을 의미하는 '정치적 자유'와 언론·출판·집회의 자유를 의미하는 '시민적 자유'는 어떤 이유로든 제한해서는 안 될 절대적 가치로 여기는 게 좌파 사상이다. 그러나 경제적 자유를 가볍게 보는 태도는 시장질서에 대한 무지와 민주주의 역사에 대한 이해 부족에서 비롯된다.

자유시장은 시민적 자유와 민주주의가 번창할 수 있는 유일한 토양이라는 걸 직시해야 한다. 투자와 창업을 결정하고 가정의 살림살이를 관리하는 사람들은 자동차, 냉장고 등 상품에 대한 의사를 돈으로 표현한다. 시장에서 스스로 선택하고 결정하는 방법을 배우고 학습하는 사람들이 정치에서도 표로 의견을 표현하고 합당한 정당과 정치인을 선택하는 방법을 깨닫지 못할 이유가 없다.

경제적 자유화는 의사결정을 수많은 소비자와 생산자에게 분산시킨다는 뜻이다. 그런 분산의 결과, 다양한 생각과 삶의 목적 등 다원적 사회가 형성되는데 이는 권위주의 대신 다원적 대의제 민주정치의 전망을 높여준다.

흥미로운 건 경제적 자유는 경제적 번영을 거쳐 민주 발전을 일군다는 점이다. 경제적 자유 없이는 어떤 사회도 번영을 기대할 수 없다. 인류가 척박한 원시시대를 극복하고 문명화된 길을 연 건 사유재산제와 시장의 발달 덕이었다. 한국이 1960년대 1인당 소득 70달러 선의 빈곤을 극복하고 세계 10위권의 경제 규모로 성장한 것은 유정호 KDI국제정책대학원 교수가 밝혔듯이 관치경제나 정부주도 발전모델이 아니라 경제적 자유, 사유재산권, 수출 지향적 개방정책 덕분이었다.

주목할 것은 그런 경제적 번영의 과정에서 성공한 기업가·노동자·자본가계층이 등장한다는 것이다. 그들은 두터운 중산층을 구성한다. 경제적으로 독립적이고 정치적 의식 수준이 높은 것이 이 계층의 특징이다. 한국의 역사가 뚜렷이 보여주듯 경제적 자유는 정치적 자유와 민주주의를 요구하고 이를 관철할 수 있는 힘을 가진 중산층 세력을 키웠다. 권위주의에 대항해 정치적 자유를 관철했던 것도 이 계층이었다. 그런데도 불구하고 한국의 민주화는 좌파 운동권의 독점적 산물로 여기는 의견이 압도적이다. 이는 착각이다. 운동권의 민주화는 중산층이 이끈 '건전한 민주화'가 아니라 사회민주주의다. 그게 '87년 체제'다. 1997년 외환위기와 오늘날 저성장의 시대를 불러온 게 87년 체제가 아니던가.

경제적 자유화로 경제성장과 함께한 중산층의 부상은 현재의 중국도 보여준다. 친(親)시장개혁으로 중국에는 수천만명의 기업가가 배출됐고 두터운 중산층이 등장했다. 독립적인 중산층은 공산당의 권위주의에 맞서 정치적 자유와 대표자 선출을 지속적으로 요구하고 있다. 가격규제를 없애고 거래를 개방하는 등 친시장개혁으로 경제적 번영과 함께 부상한 중산층이 주도해 권위주의 정부를 무너뜨린 대표적인 사건은 1980년대 피노체트 정권의 칠레에서도 볼 수 있다.

좌파는 경제적 자유는 억압해도 되지만 언론·집회·사상의 자유는 신성불가침이라고 믿는다. 그러나 그런 믿음은 틀렸다. 경제적 자유가 상실되면 시민적 자유도 사라지고 그에 따라 민주주의도 치명적인 타격을 입는다. 예를 들어 외환 통제는 경제적 자유의 억압만을 의미하지 않는다. 그것은 반정부 인사의 해외출국을 봉쇄하는 수단이기도 하다.

출판·인쇄의 국가독점도 경제적 자유만이 아니라 언론·표현의 자유를 위태롭게 한다. 정부가 은행, 통신 등을 소유하거나 통제한다면 이는 경제활동만이 아니라 정치적 표현까지도 통제할 수 있다는 것이다. 정부가 경제에 많이 간섭할수록 기업들은 정부정책을 비판하기가 어려워진다. 비판하는 기업이 맞닥뜨리게 되는 것은 강도 높은 세무사찰이나 암암리에 행사하는 교묘한 정치적 압박일 뿐이다. 따라서 자유주의 거성 하이에크가 표현했듯이, '부(富)의 생산을 통제하는 것은 인간생활 자체를 통제하는 길'이다. 자유자본주의 경제는 시민적 자유는 물론이요 정치적 자유의 보루(堡壘)라는 걸 직시해야 한다.

캐나다 프레이저연구소의 '세계경제자유보고서'가 통계적으로 입증하듯 경제적 자유가 많은 나라일수록 시민적 자유도 높고 정치적 권리도 잘 보호돼 민주주의가 융성·발전한다. 시장경제질서가 모든 자유의 보루라는 것은 역사적으로도 입증된다. 경제적 자유가 없었던 옛 소련과 동유럽의 사회주의에서는 시민적 자유도 없었고 민주주의도 죽었다. 봉건사회의 폭정을 극복한 것도 시장의 자유였다. 신분에 따른 토지 소유, 법 적용의 차별 등 제도화된 불평등을 극복해 법치 실현을 가능하게 한 것도 시장의 자생적 질서였다.

세계 역사를 보면 시장의 자유란 기반에서 시민적 자유가 풍성하게 발전했고, 정치적 자유와 함께 민주주의가 견고하게 자리 잡았다. 시장경제의 발달과 더불어 시민적 정치적 자유의 꽃이 피었다. 한국 사회도 시장의 자유와 번영이 보편화되면서 시민적 자유가 번창했고 점진적으로 참정권도 다채롭게 누릴 수 있게 됐다. 미국의 싱크탱크 프리덤하우스가 보여주듯 오늘날 한국 사회는 미국이나 영국, 독일 등 세계 어떤 사회 못지않게 시민적 자유와 정치적 권리가 잘 보장돼 있다. 인도와 같이 경제적 자유가 없어 빈곤이 만연한 사회에서는 정치적 자유와 건전한 민주 발전을 기대할 수 없다. 오늘날 러시아의 민주개혁이 실패한 이유도 자유시장의 활성화가 아닌 계획경제의 두터운 잔재 때문이다.

한국 사회도 시장경제의 바탕이 없었다면 민주주의는 왜곡되고 부패로 얼룩졌을 것이다. 번영하는 경제를 바탕으로 하는 민주주의만이 안정적이고 건전하게 작동할 수 있다. '개인들의 인권을 보호하는 모든 민주주의는 자유자본주의 경제를 기반으로 한다'는 미국의 저명한 신학자 마이클 노박의 말에 귀를 기울일 필요가 있다.

말썽부리는 민주주의

입법 과정서 로비·입김…각종 규제로 경제활동 위축

자유시장은 민주주의 발전을 위한 자양분을 제공하지만 유감스럽게도 둘의 관계는 순탄치 않았던 게 사실이다. 민주주의는 자신을 키워준 자본주의에 늘 말썽을 부렸기 때문이다.

민주국가 국회의 소관사항인 입법(立法) 과정을 보자. 국회의원들은

유권자 다수의 지지를 얻으려는 정치적 경쟁을 통해 선출된다. 선출된 의원들은 다수의 합의를 통해 법을 생산한다. 흥미로운 건 복잡한 법 생산 과정을 거쳐 나오는 결과물이다. 가격·운임·요금규제, 특정 산업·기업군을 우대하거나 차별하는 특혜·차별입법 등이다. 선심성 복지를 위한 입법도 간과할 수 없다.

이익단체들의 요구와 정부부처의 로비를 받아 그들의 입맛에 맞는 법을 만드는 '청부입법'도 민주입법의 부산물이다.

'규제공화국'이란 말을 들을 정도로 첩첩이 쌓인 규제, 방만한 재정운용, 통화확대 등을 불러와 민주적 입법은 자유로운 경제활동을 억압하고 시장경제 질서를 왜곡한다. 고실업, 저성장, 경제위기 등 우리를 끊임없이 괴롭히는 병폐를 야기하는 게 민주주의다. 오늘날 한국 경제가 저성장의 늪에 빠진 이유도 경제적 자유를 억압하는 의회의 입법 때문이다.

민주주의가 자신을 키워주는 토양을 훼손하는 이유가 흥미롭다. 의회에 입법권을 부여했지만 입법권의 남용을 효과적으로 차단할 제도적 장치를 마련하지 못한 치명적 실수 때문이다.

실수의 근원은 민주주의 이념 자체에 있다. 민주주의 이념은 '법의 내용'을 무시하고 누가 법을 만드는가의 문제만을 중시한다. 법을 제정하는 것은 국민이 뽑은 의회다. 그래서 의회에서 다수의 지지만 받으면 그 내용이 무엇이든 법으로 인정하는 것이다. 그런 법 인식은 법치에 어긋나는 의회주의의 치명적 오류가 아닐 수 없다. 다수가 원한다고 해서 생산한 반(反)시장적 규제를 법이라고 볼 수는 없다.

법 같지도 않은 법의 생산을 막아야만 민주주의가 시장경제에서 말썽을 부리지 않도록 할 수 있다. 그런 법 생산을 억제하는 장치는 '자유의 헌법'이다. 이를 통해서 비로소 민주주의는 시민적 자유와 더불어 자유시장과 평화롭게 동거할 수 있다.

06 자본주의와 제국주의

국부 늘린 원천은 식민전쟁 아닌 자유무역…
자본주의가 제국주의 팽창시켰다는 건 착각

제국주의가 자본주의 때문이라는 것만큼 커다란 오해도 없는 것 같다. 19세기의 마지막 30년은 그야말로 제국주의 시대였다. 영국을 비롯해 독일 프랑스 러시아 미국 등 서방 열강은 앞다퉈 아시아, 아프리카, 태평양의 섬들을 식민지로 삼았다. 그 결과 아시아, 아프리카, 오스트레일리아의 약 87%가 서방 열강의 식민지가 됐다. 이런 제국주의적 식민지 쟁탈전을 자본주의 때문이라고 주장하는 사람이 많다. 결론부터 말하면 이것은 오해다.

자본주의가 제국주의의 원인이라는 생각은 존 앳킨슨 홉슨의 영향 때문이다. 1902년 출판한 《제국주의에 대한 연구(Imperialism:A Study)》에서 그는 자본주의에서 소득과 부(富)가 소수의 부자에게 편중돼 부자들에 의한 과잉 저축과 가난한 사람들에 의한 과소 소비가 발생한다고 생각했다. 즉, 자본주의는 만성적인 수요 부족으로 팔리지 않는 생산물이 많아져 제대로 작동하지 못한다는 것이었다. 그리하여 자본가들이 이 문제를 해결하고 자신들의 욕망을 채우기 위해 식민지 개척을 종용해 제국주의가 확장된다고 했다.

그 후 1915년 블라디미르 일리치 레닌이 홉슨의 주장을 발전시켜 《제국주의-자본주의의 최고단계(Imperialism:the Highest Stage of Capitalism)》에서 자본주의는 제국주의가 될 수밖에 없다고 주장하면서 자본주의와 제국주의는 밀접하게 연계돼 있다는 생각이 지배하게 됐다.

그러나 자본주의가 제국주의 팽창의 원인이라는 주장은 억지다. 왜냐하면 자본주의가 제국주의의 원인이라면 홉슨과 레닌의 주장처럼 각국이 식민지에 자본 투자를 많이 했어야 했는데 사실은 그렇지 않았기 때문이다.

당시 최대 제국을 형성한 영국은 해외 투자 중 절반 이상을 식민지가 아닌 독립국과 자치령에 투자했고, 프랑스는 전체 해외 투자의 10%도 식민지에 투자하지 않았으며 대부분 러시아와 유럽의 다른 국가에 투자했다. 독일의 식민지 투자도 매우 미미했다. 러시아, 이탈리아, 스페인, 포르투갈, 일본, 미국은 실제로는 순채무국이었다.

19세기 말에 제국주의가 팽창한 이유는 자본주의가 아니라 적대적 민족주의와 결합한 극단적인 정치적 행태 때문이었다. 당시 열강들은 권력의 확대와 통치의 이익을 얻기 위해 기업과 자본의 이익에 반함에도 식민지를 만들어갔다. 영국에서 정치활동 초기에 제국주의에 반대한 보수당 벤저민 디즈레일리가 제국주의자로 변모한 이유는 정치적 필요성 때문이었다. 그리고 프랑스가 북아프리카로 쳐

들어간 것은 통상을 위해서가 아니라 1870년 보불전쟁에서 독일에 패해 손상 입은 자존심을 회복하고 국가 위신을 앙양하기 위함이었다.

독일의 오토 폰 비스마르크도 처음에는 제국주의를 거부했다. 그는 유럽에서 상대적으로 산업화에 뒤떨어진 독일로선 해외시장 개척보다는 국내 산업 육성이 더 긴급하고, 무분별한 식민지 쟁탈전은 오히려 국력을 소모할 위험을 갖고 있다고 보았다. 그러나 산업화 과정에서 내부 모순과 문제에 직면하자 비스마르크는 자신의 정치적 입지를 강화하고 독일 내부의 사회문제에 대한 관심을 밖으로 돌리기 위해 제국주의 정책으로 전환했다.

제국주의가 자본주의와는 상관없다는 사실은 수많은 역사적 사례에서 증명된다. 로마, 알렉산더, 잉카제국, 고대 중국 등은 수많은 제국주의 전쟁을 일으켰다.

이런 제국주의는 현대 자본주의와는 아무런 상관없는 훨씬 몇 세기 전의 일이다. 산업혁명 이전의 17세기와 18세기의 영국, 네덜란드, 프랑스, 그리고 스페인은 식민지 강대국들로 제국주의의 전형이었다. 그 시대는 자본주의가 아닌 중상주의 시대였다.

중상주의 사상에 기초해 각국은 식민지를 확보해 나갔다. 모든 국가가 관세, 수입 규제, 식민지 획득을 통해 경제 문제를 해결하려고 했다. 수입은 억제하고 수출은 장려해야 한다는 생각이 지배적이었고, 국가를 번영시키기 위해서는 다른 국가의 손해와 불행은 불가피하다는 생각이 팽배했다. 그런 생각 때문에 유럽에서 전쟁이 끊이지 않았다.

오히려 애덤 스미스를 비롯한 자유주의자들이 이런 정책에 반대했다. 그들은 자유무역, 규제 완화, 작은 정부를 주장했다. 이런 이론에 따라 중상주의의 대표적인 규제였던 영국의 곡물법과 항해 조례가 철폐됐다.

그 후 영국 경제는 자유시장경제로 전환했고, 산업혁명으로 일어난 경제가 더욱 발전할 수 있었다. 영국 경제의 발전에 자극받은 벨기에, 프랑스, 독일 등이 자유무역 조치를 취하면서 국가 간 우의가 돈독해졌다. 사람들은 자발적 거래가 서로에게 이익을 주고 국가의 부를 증진한다는 사실을 깨달았다. 국가의 부를 늘리는 방법은 정복과 전쟁이 아닌 상호 교환에 있음을 알게 된 것이었다. 이런 분위기가 1870년대 이후부터 깨지기 시작해 제국주의 시대로 돌입한 것이다.

자본주의 사회에서 자본가가 제국주의적 노력을 한다는 주장은 이론적으로나 역사적 사실에 비춰볼 때 허구다. 자본가들은 해외에 투자해 노동자를 착취하는 것이 아니라 낙후한 지역의 생산성을 향상시킨다. 자본가들은 무자비한 강제력이 아닌 높은 임금을 제공하며 외국 노동자들을 고용하고, 높은 임금으로 외국 노동자들의 생활수준은 개선된다.

자본주의는 자본가의 이익을 위한 것이 아니라 대중의 이익을 위한 체제다. 자본주의는 오히려 제국주의를 거부한다. 이런 사실을 잘 모르는 사람들은 무역과 교환이 증가하고 경제 통합이 이뤄지는 세계화를 자본주의에 의한 제국주의 확산이라고 비난한다.

제국주의 택한 영국, 정치적 계산 있었다

벤저민 디즈레일리

19세기 영국 보수당의 벤저민 디즈레일리(사진)는 제국주의자로 잘 알려졌다. 그러나 그는 1875년 수에즈운하를 사들여 이집트 지배와 중동 진출의 교두보를 구축하기 이전까지는 제국주의에 반대했다. 1852년 디즈레일리가 "식민지들은 우리에게 엄청난 부담"이라고 할 정도였다.

당시 영국의 정치는 애덤 스미스의 영향을 많이 받아 식민지 확장에 부정적이었다. 스미스는 국부론에서 식민지 무역의 독점은 식민지의 번영을 둔화하고 억제할 뿐만 아니라 모국의 부와 주민의 소득 증진에 반(反)하기 때문에 영국은 자발적으로 포기하는 것이 낫다고 했다.

디즈레일리는 생각을 바꿔 수에즈운하의 주식을 매입했고, 1876년 빅토리아 여왕을 인도 황제로 추대하는 법을 통과시켜 인도 지배를 강화하며 여왕의 신임을 얻고 백작 작위까지 받았다.

디즈레일리는 발칸에서 러시아의 영향력을 억제하기 위해서는 오스만제국을 지지해야 한다고 했다. 당시 러시아는 대양 진출을 위한 부동항 확보를 위해 1783년 크림반도를 병합하고 오스만제국과 전쟁하며 남하정책을 추진했다. 자유당의 윌리엄 글래드스턴은 1875년 오스만제국에 반기를 든 불가리아를 유혈진압하면서 많은 기독교인 사상자를 낸 사태를 들어 영국이 오스만제국을 지지하는 것은 도덕적으로 옳지 않다고 했다. 디즈레일리는 그런 도덕률보다는 영국의 이익이 우선이라고 생각했다. 그래서 러시아의 영향력을 억제하기 위해 아프가니스탄을 침공했고 영국이 오스만제국을 지지한다는 협정을 통해 키프로스 섬을 넘겨받았다.

그러나 남아프리카 등 식민지에서 일어난 폭동과 국내 경제의 악화로 1880년 총선에서 패하자 디즈레일리는 정계에서 은퇴했다. 당시 디즈레일리를 주축으로 영국이 제국주의를 택한 것은 자본주의가 아닌 정치적인 이유 때문이었다.

07 통일과 탈사회주의화 원칙

독일의 사회적 시장경제, 통일비용 더 늘려…
'통일 대박'은 사유재산 보장과 계약 자유가 관건

박근혜 대통령은 2014년 1월6일 신년 기자회견에서 "통일은 대박"이 될 것임을 천명했다. 그러나 독일의 통일 경험은 그 길이 없는 것은 아니지만 결코 쉬운 게 아니라는 것을 보여준다.

통일은 국내 무역에서 자유시장이 만들어지는 것을 의미하기 때문에 그만큼 분업의 이점으로 인한 생산성 향상을 가져올 수 있다.

그 효과는 작지 않을 뿐 아니라 통일만 되면 거의 저절로 얻어지는 것이다. 메이지유신 이후의 일본, 독립선언 이후의 미국, 통합된 유럽이 대표적인 예다. 메이지유신 이후 일본은 국내 시장을 통합함으로써 러·일전쟁에서 승리할 정도로 강력한 국가가 됐다.

독일 통일 과정을 평가해보자. 성공한 통일정책 중 하나는 토지 사유화 방식이다. 독일은 토지 사유화의 원칙으로 '원상회복' 방식을 채택했다. 원상회복은 소유자가 있는 국유 자산의 경우 원래의 소유자에게 소유권을 돌려주는 방식을 말한다. 이 방식은 존 로크가 제안하고 머레이 로스바드라는 정치철학자가 완성한 '재산권 이론'과 일치한다.

로스바드는 두 가지 원칙을 제시했다. 만약 어떤 재산이 주인이 없다면 '홈스테딩(Homesteading:누구에게도 소유되지 않은 자산이 있다면 그것은 최초의 소유자가 주인이 된다는 뜻)' 원칙에 따라 첫 점유자가 주인이 된다. 그리고 모든 사람은 자신의 신체와 정당하게 소유한 재산에 대해 절대적인 소유권을 가진다.

실패한 통일 정책은 어떤 것이 있을까. 첫째 통일 무렵의 서독은 '사회적 시장경제' 국가였다. 사회적 시장경제란 사회주의와 자본주의를 혼합한 경제를 지칭한다. 당시 서독은 체제 관점에서 동독이 모방해야 할 국가가 아니었다는 것이다. 그러므로 흡수 통일은 좋은 방법이 아니었다.

둘째 화폐개혁의 실패를 들 수 있다. 동독 마르크와 서독 마르크의 암시장 환율은 1989년 10월에 9 대 1이었고 1990년 1월에는 7

대 1이었다. 그럼에도 불구하고 1인당 4000마르크까지는 두 화폐의 교환비율을 1 대 1로 하고 그 이상은 2 대 1로 했다. 임금과 연금에 대해서는 1 대 1의 전환비율을, 기업부채 등은 2 대 1로 전환할 것을 결정했다.

현실을 무시한 교환비율과 전환비율은 각종 부작용을 만들었다. 임금이 크게 상승해 동독 기업의 경쟁력을 더 떨어뜨렸다. 연금의 실질 구매력이 크게 상승했기 때문에 일부 노동자는 조기에 은퇴했다. 반강제로 은퇴한 동독 노동자 때문에 지금도 독일 실업통계는 왜곡돼 있다. 동독 기업의 자산은 실제가치보다 크게 고평가됐기 때문에 원매자가 나타나지 않아 폐기됐다.

셋째 서독 정부가 동독인들에게 대규모 정부 지원을 실시했다. 서독식 국민연금제도 도입과 그 수준을 통일 이전에 비해 15배 정도 인상했다. 동독인의 채무를 서독 마르크로 표시하면서 동독인의 모든 채무는 반값으로 낮아졌다. 노동조합, 실업보험 제도, 실업보조금 제도, 최저임금 제도 등과 같은 복지제도도 즉각적으로 도입됐다.

결론적으로 독일이 통일 과정에서 기대 이상의 비용을 부담하고 동독 지역의 경제성과가 여전히 부진한 것은 무엇보다도 서독이 통일의 목표를 탈사회주의로 설정하지 않았기 때문이다.

한국에서 통일 대박이 되려면 북한의 탈사회주의화를 위한 원칙들을 얼마나 잘 지키는가가 중요하다. 목전에 다가온 한반도 통일은 경제체제가 크게 다른 두 집단의 통일이라는 점을 염두에 둬야 한다.

탈사회주의화를 이루는 방식은 크게 나눠 점진적인 방식과 일시적인 방식으로 구분할 수 있다. 후자를 통해서만 통일에 대한 저항을 비교적 덜 받고 통일을 위한 개혁을 완수할 수 있다. 점진적 통일 방안은 반(反)통일 세력의 저항에 부딪혀 개혁을 완수하는 데 많은 어려움을 겪을 것으로 예상할 수 있다.

통일 과정에서 정부의 각종 지원은 약이 아니라 되레 독이 될 가능성이 매우 크다. 정부 지원의 문제점 또는 폐해는 여러 가지로 나타난다. 사회주의 체제의 북한이 붕괴하면 그것은 남한 주민의 잘못이 아니다. 잘못에 대한 책임이 있을 때만이 그 행위에 대한 책임을 지는 차원에서 배상하는 것이 당연한 것이다. 따라서 아무 잘못도 없는 남한 주민이 북한 주민을 위해 지원하는 것은 부당하다.

화폐를 통합하는 경우 교환비율은 어떻게 정할 것인가도 중요한 문제다. 북한 암시장에서 거래되는 달러 가격과 남한의 달러 공식 환율을 이용해 남북한 화폐의 교환비율을 정해야 한다. 그리고 그 비율로 모든 화폐를 남한 화폐로 통합하는 것이 원칙이다.

계약의 자유도 보장해야 한다. 계약은 사유재산 제도를 보조하는 중요한 장치다. 만약 사유재산 제도는 인정하지만 계약의 자유를 정부가 제한하면 그것이 바로 간섭주의다. 재산을 사유화하지만 정부가 계약의 자유를 제한하면 탈사회주의는 실질적으로 상당히 의미가 없어진다.

물론 그것도 단기간에는 사회주의 체제보다 나은 성과를 내겠지만 말이다. 사회주의가 거미줄같이 얽힌 규제의 복합물이라면 계약의 자유를 완전하게 보장하기 위해 규제를 철저하게 개혁할 필요가 있다는 것이다. 요약하면 정부는 계약의 자유를 억제함으로써 재산의 사유화가 간섭주의에 빠지지 않도록 경계해야 한다.

남북(南北)통일 '대박'의 조건

북한의 탈사회주의화…경제통합 효과 높여

필자가 보기에 한국에서 통일 비용과 경제성과는 첫째 통일의 목표를 어떻게 정하느냐에 달려있다. 최선은 통일의 목표를 북한지역의 탈(脫)사회주의화 또는 자본주의화로 결정하는 것이다. 왜냐하면 북한 경제가 붕괴한 것은 사회주의 때문이고 바로 그 이유로 탈사회주의화 또는 자본주의화를 통일의 목표로 잡는 것이 타당하기 때문이다.

둘째 자본주의 원리 또는 자유시장 원리라는 관점에서 탈사회주의화를 실행하는 방법을 결정하는 것이다. 자유시장 원리란 재산의 사유화와 계약의 자유를 의미한다. 먼저 사유화 원리는 무엇으로 할 것인가. 재산의 사유화 방법은 크게 네 가지가 있지만 가장 효과적이고 정의 원칙에도 부합하는 것은 재산권 이론이다. 북한 지역에 토지를 정당하게 보유하고 있다가 6·25전쟁 때 남하하면서 두고 온 경우 그 사람은 그 토지의 정당한 소유자로서 권리를 행사할 수 있고, 통일 시에 제도도 그렇게 되도록 해야 한다.

셋째 재산의 사유화와 계약의 자유를 보조하는 다른 원칙들도 필요하다. 암(暗)시장 합법화는 국가의 통제와 규제를 없애는 것이기 때문에 탈사회주의화 원칙과 아주 잘 일치한다. 사회주의 체제에서는 국가가 모든 일을 규제하고 통제한다. 국가의 영역이 너무 크고 심대한 것이다. 재산의 사유화란 결국 그런 국가의 영역을 줄이는 것이다. 그리고 국가의 영역을 줄일 때만이 개인의 재산권 행사를 실질적으로 보장할 수 있다. 그러므로 국가의 영역을 최대한 줄이는 것이 최선이다.

넷째 남한이 북한을 흡수하는 방식의 통일은 지양하고 북한 단독의 탈사회주의화가 적절하다. 적어도 경제만은 그렇게 하는 것이 최선이다. 왜냐하면 남한 경제는 순수 자본주의 경제가 아니라 복지국가라는 간섭주의와 사회주의가 광범위한 영역에 걸쳐 혼합돼 있는 경제이기 때문이다. 그 결과 남한이 북한을 흡수하는 방식의 통일은 북한 경제에 간섭주의와 사회주의를 많은 영역에 도입할 가능성이 높아진다. 그리고 그 결과는 너무도 분명하다.

| 맺는 말 |

자본주의, 가장 적합한 제도

자본주의 시장경제에 대한 강의 말미에 꼭 나오는 질문이 하나 있다. "지금까지 자본주의의 장점에 대해서만 이야기한 것 같은 데 자본주의의 단점은 없는 것인가?" 아마 지금까지 이 '자본주의 오해와 진실' 칼럼난을 통해 여러 필자가 쓴 글들을 읽은 독자 중에서도 이런 의문을 갖는 이들이 있을지 모르겠다. 지금까지 연재한 글들은 자본주의에 대한 오해를 지적하고 자본주의를 옹호한 것들이었기 때문에 필자들이 자본주의를 '완벽한' 것으로 묘사했다고 생각할 수도 있다.

그러나 이야말로 오해다. 자본주의를 옹호하는 사람들은 결코 자본주의가 완벽한 제도라고 말하지 않는다. 다만 지금까지 인간이 만들어낸 제도 중 가장 나은 제도이고, 우리가 우려하는 문제들이 가장 덜 일어나는 제도라고 말하는 것이다.

인간은 불완전하다. 불완전한 인간이 만들어내는 제도는 그래서 다 불완전할 수밖에 없다. 그것이 자본주의든, 사회주의든, 아니면 두 가지를 혼합한 것이든 다 그렇다. 어떤 체제이든지 풀어야 할 과제가 세 가지 있다. 첫째 무엇을 얼마나 생산할 것인가? 둘째 어떻게 생산할 것인가? 셋째 생산된 재화와 서비스를 어떻게 분배할 것인가?

사회주의체제에서는 정부가 중앙계획에 따라 어떤 재화와 서비스를 얼마나 생산할지, 어떤 생산방법을 사용할지, 그것들을 어떻게 분배할지를 결정한다. 우리는 사회주의 국가들의 경험을 통해 이런 방식은 경제의 비효율성을 초래하고 결국은 실패한다는 사실을 잘 알고 있다. 사회주의와는 달리 자본주의에서는 시장의 가격시스템을 통해 세 가지 과제를 매우 효율적으로 해결한다.

그러나 시장은 때때로 '무엇을, 어떻게, 누구를 위해'라는 기본적인 질문에 만족할 만한 해답을 제공하지 못한다. 시장은 항상 사람들이 원하는 것을 가장 낮은 비용으로 생산하는 것이 아니고, 소득이 '동일하게' 분배되지 않으며, 실업과 인플레이션이 반복해 발생한다. 시장이 때때로 만족할 만한 해답을 제공하지 못하는 이유는 우리가 사는 세상이 불확실하기 때문이다.

모든 것은 시간이 흐름에 따라 끊임없이 변한다. 소비자의 취향이 변하고, 시간선호가 변하며 그에 따라 투자와 소비 비중이 달라진다. 또 노동력의 양과 질이 변하며, 어떤 자원은 고갈되기도 하고 새로운 자연자원이 발견되기도 한다. 기술의 변화가 생산 가능성을 변화시킨다. 기후변화가 농산물 생산에 영향을 주기도 한다. 이런 변화가 지속되는 세계에서 생산의 형태는 시장 예측에 따라 이뤄진다.

그러나 시장에 대한 예측은 완전하지 않을 뿐만 아니라 기업가마다 다르다. 시장을 잘 예측해 생산한 기업가는 성공해 이윤을 얻고, 그렇지 못한 기업가는 생산한 물건을 팔지 못해 손해를 본다. 그래서 개별 시장이나 산업에서 자연스럽게 과잉생산이나 과소생산이 발생한다. 즉 어느 한 시점으로 보면 분명 시장은 만족스럽지 못한 결과를 낳는다. 개별 시장이나 산업에서 실업자가 발생하고 물가가 상승할 수도 있는 것이다.

그러나 시간이 흐르면서 사람들은 불만족스러운 부분을 교정해 나가면서 부조화가 자연스럽게 조절된다. 동태적인 현실 경제의 어느 한 시점에서 만족스럽지 못한 결과를 시장실패라고 하는 것은 시장을 정태적으로 보는 것이고, 현실에서 주어지지 않은 이상적인 목표를 두고 평가하는 것이다.

우리가 우려하고 문제 삼아야 할 것은 개별 시장이나 산업에서의 부조화가 아니라 경제 전체에서 발생하는 부조화다. 다시 말하면 왜 갑자기 대규모의 투기가 발생하고 많은 기업가의 예측이 실패하며, 그런 예측의 실패가 거의 비슷한 시점에 집중돼 경제 내에서 대규모 과오와 심각한 불황이 초래되는가이다.

지금까지의 경험에 따르면 이런 문제는 거의 모두 정부가 시장에 개입했을 때 발생했다. 1930년대 대공황은 1920년대 과다한 통화

팽창과 그에 따른 대규모 과잉투자, 그리고 스무트-홀리 관세법과 경제에 대한 과도한 정부개입 때문에 발생했다. 1970년대 스태그플레이션(불황 속 인플레이션) 역시 1960년대와 1970년대 과다한 통화발행과 정부개입의 결과였으며, 1990년대 후반 미국에서 나타난 닷컴버블 및 붕괴 역시 마찬가지다. 닷컴버블 붕괴 후 그를 치유하기 위해 과다 발행한 통화량과 주택시장에 대한 정부개입으로 서브프라임모기지 사태가 발생했고, 그것은 2008년 글로벌 금융위기로 이어졌다.

이런 점을 잘 이해하지 못한 많은 사람이 자본주의와 사회주의의 장점만을 결합한 개입주의 혹은 혼합경제가 제3의 대안이며 바람직한 경제체제라고 생각한다. 사유재산은 인정하되 기업가나 자본가에 의한 생산수단의 사용은 권위주의적인 명령과 금지에 의해 규제되고 통제될 필요가 있다는 것이다. 그러나 우리는 개입주의로 갔던 국가들에서 개입주의 경제가 어떻게 실패하는지를 관찰할 수 있다.

물론 자본주의는 종종 나쁜 결과를 낳는다. 그러나 그 나쁜 결과를 수정하고자 정부가 개입하면 더 나쁜 결과가 초래된다. 자생적인 질서를 믿고 놔둘 때 자본주의는 발전해 사람들은 더 나은 환경에서 살아갈 수 있다. 사실 자본주의는 정부나 대중으로부터 항상 적대시돼 왔다. 그럼에도 불구하고 유지 발전해왔다는 사실은 자본주의가 인간에게 가장 적합한 제도임을 보여준다.

[참고문헌]

권혁철·김이석 외, 『세계경제를 바꾼 사건들 50』, 북앤피플, 2015.

민경국, 『자유주의의 지혜』, 아카넷, 2007.

민경국, 『경제사상사여행』, 21세기북스, 2014.

민경국, 『자유민주주의란 무엇인가』, 백년동안, 2015.

민경국, 『자유주의의 도덕관과 법사상』, 북코리아, 2016.

안재욱, 『흐름으로 읽는 자본주의 역사』, 프리이코노미북스, 2015.

안재욱, 『응답하라 자유주의』, FKI미디어, 2013.

안재욱, 『안재욱 교수의 시장경제 바로알기』, 경희대학교출판국, 2004.

안재욱, 김영용, 김우택, 송원근, 『새경제학원론』, 교보문고, 2012.

제이 리처즈 (송대원 옮김), 『돈, 탐욕, 신』, 도서출판 따님, 2015.

최병일·황인학 외, 『기업가정신- 창조경제 성공의 핵심조건』, KERI, 2013.

최승노, 『환경을 살리는 경제개발』, 프리이코노미스쿨, 2015.

하이에크 (신중섭 역), 『치명적 자만』, 자유기업원, 2004.

황인학, "한국 기업가정신의 장기변화 추이 분석", KERI 정책제언 16-03, 2016.

황인학·최원락, "경제력집중 규제론, 무엇이 문제인가: 일반집중 추세분석을 중심으로", 『규제연구』 제22권-2, 2013.

Boyes, William, "The Keynesian Multiplier Concept Ignores Crucial Opportunity Costs," *Quarterly Journal of Austrian Economics,* vol. 17 no. 3, 2014, pp. 327-337.

Cosmides, L. and Tooby, J., *The Adapted Mind*, Oxford, 1996.

Esteves, Rui Pedro, "Between Imperialism and Capitalism, European Capital Exports Before 1914," Social Science Research Network, 2012.

http://papers.ssrn.com/sol3/papers.cfm?abstract_id=2024932

Hayek, F. A., *The Sensory Order*, Oxford, 1952/2002. (한글판: 『감각적 질서』,

민경국 역, 자유경제원, 2014.)
Hayek, F. A., *The Constitution of Liberty*, University of Chicago Press, 1960/1997. (한글판: 『자유헌정론 I』, 김균 역, 자유경제원, 2014.)
Hebert, R., and Albert Link, "Historical Perspectives on the Entrepreneur", *Foundations and Trends in Entrepreneurship* 2:261-408, 2006
Henrekson, M., "Entrepreneurship:A Weak Link in the Welfare State?", *Industrial and Corporate Change* 13, 2005
Hogarth, R. ans Melvin Reder (ed), *Rational Choice: the Contrast between Economics and Psychology,* University of Chicago, 1987
Johansson, Dan, "Economics without Entrepreneurship or Institutions:A Vocabulary Analysis of Graduate Textbooks", *Economic Journal Watch* 1:513-548, 2004
Michas, Takis, "Putting Politics above Markets: Historical Background to the Greek Debt Crisis," Cato Working Paper, 2011.
Miller R., Benjamin D., and Douglas North, *The Economics of Public Issues,* 13th edition, 2002
Mises, Ludwig von, *Human Action*, New Haven, Yale University Press, 1949.
Mises, Ludwig von, *Liberalism in the Classical Tradition*, 1985/1995. (한글판: 『자유주의』, 이지순 역, 자유경제원, 2014.)
Rothbard, Murray N., *Man, Economy, and State*, Alabama, The Mises Institute, 1996.
Rothbard, Murray N., *Power and Market,* 2nd ed., Kansas City, Sheed Andrews and Mcmell, Inc., 1977.
Spulber, Daniel F.(ed), *Famous Fables of Economics: Myths of Market Failures,* Blackwell, 2002
Williamson, Oliver E., *The Economics of Institutions of Capitalism: Firms, Markets, Rational Contracting,* Free Press, 1985

자본주의 오해와 진실 부문별 저자

서문 문명된 번영을 약속하는 '자유의 길'을 위하여(민경국)

제1장 시장경제의 기본원리

01. 시장은 거대한 소통체계 한계 뚜렷한 숙의(熟議) 민주주의 (민경국)
02. 비용이 가격을 결정한다는 미신 '노동가치설' 왜 틀렸나 (안재욱)
03. 원가공개 주장은 폐기된 이론 "가치는 주관적 판단영역" 오스트리아학파 칼 멩거, 가격형성 원리 입증(권혁철)
04. 시장가격에 대한 이해 캘리포니아 대규모 정전사태는 가격규제와 계약의 자유 제한이 초래한 재앙(황인학)
05. 한국자본주의와 간섭주의=경제계산의 문제 '경제계산' 제대로 안 되는 한국 교육은 사회주의(전용덕)
06. 공공재에 대한 잘못된 인식 규제보다 강한 시장의 힘(권혁철)
07. 시장실패의 우화 불완전함을 없애야한다는 '니르바나 성향의 함정'…정부규제 범람 초래(황인학)
08. 환경, 부유할수록 깨끗하다 환경 쿠즈네츠 곡선(권혁철)

제2장 복지국가의 치명적 오류

01. 보편적 복지는 틀렸다하이에크 vs 롤스: 누가 옳았나/복지의 역설(민경국)
02. 스웨덴/덴마크의 '복지국가사회주의' 폐해 복지 강화로 빈곤 해결이 힘든 이유/ '동일노동 동일임금 원칙'의 함정(전용덕)
03. 반면교사 삼아야 할 복지파탄 그리스 뿌리깊은 정치적 후견주의/그리스 비극의 시작은(안재욱)
04. 복지국가와 로빈 후드 시스템 래퍼 곡선이란(황인학)
05. 무상복지의 두 얼굴 빌헬름 뢰프케의 진보론(권혁철)

제3장 시장경제와 도덕

01. 반시장정서의 뿌리 자유주의 경제교육 필요성(민경국)
02. 자본주의와 돈-자본주의 초기 미래 위한 '저축의 열매'…자본축적이 발전 원동력(안재욱)
03. 자본주의 사회와 저질 문화 예술은 퇴락하고 있다(안재욱)
04. 투기자의 역할과 부정적 시선 그리스 국채가격 폭락(안재욱)
05. 책임원칙, 자유시장의 핵심가치 후천적 학습의 결과 '책임원칙'(민경국)
06. 광고, 감성으로 녹인 제품 정보갤럭시, 광고하지 않았다면…(안재욱)
07. 오남용되는 기업의 사회적 책임기업을 보는 관점(황인학)
08. 시장의 본질은 불인(不仁) 경쟁 없이 모든 걸 얻겠다니…(황인학)
09. 경제학자와 반기업 정서 "거래비용 절감이 기업 탄생의 동기"(황인학)
10. 사익과 공익 "여러 나라와의 통상이 가난 구제하는 지름길"…개방 주창한 연암 박지원(권혁철)
11. 자본주의와 도덕 경제적 유인 바꾸자 영국 죄수호송선 생존율 ↑(안재욱)

제4장 시장경제의 자유와 규제

01. 간섭주의와 로마제국 멸망 통화증발 따른 고(高)인플레…이자율도 통제, 금융 마비(전용덕)

02. 지적 자만이 낳은 독점규제법 오이켄 vs 미제스, 독점규제 논쟁 승자는?(민경국)
03. 경쟁제한이 낳는 불로소득 "시장은 열고 선택은 소비자에게"…우버 문제 '프리드먼 해법' 고려를(권혁철)
04. 최저임금제도의 역설허버트 후버 대통령의 오판(전용덕)
05. 경제회생의 관건은 제도 혁신 기업가 정신의 이해와 오해(황인학)
06. 정부 개입정책 성공신화의 진실 싱어의 '의회효과'(권혁철)
07. 시장규제론의 뿌리 조선시대 지배층의 시장 인식(황인학)
08. 자유무역은 번영의 길 협력·조화가 없는 자본주의?(권혁철)
09. 시장개방 피해와 독점의 이득 FTA 효과와 보완 대책은(전용덕)
10. 규제와 지원의 역설 공익(公益) 내세운 정부 규제 곳곳서 부작용 속출(황인학)
11. 성장률 떨어뜨리는 간섭주의 정부 커지면 민간은 되레 위축…간섭으로 소득불평등 커져(전용덕)
12. 시장경제 저해하는 경제의 정치화 경제의 정치화(황인학)

제5장 시장경제의 자본과 노동

01. 경제력집중의 우화 '대기업 경제력집중은 심화'(황인학)
02. 독점의 기준 시대 따라 바뀐 경쟁과 독점의 의미(안재욱)
03. 양극화 견제하는 기업가정신 승자독식 '마태복음 효과'의 허구(민경국)
04. 자본, 진정한 노동의 친구 '현대판 마르크스' 피케티는 틀렸다(민경국)
05. 자본주의와 빈부격차 논쟁 똘똘 뭉친 소규모 이익집단, 정치인 활동에 직접적 영향…
소수 위한 규제 쏟아지는 이유(권혁철)
06. 구직난 부르는 대기업 노조 정규직 일자리까지 줄인 노조의 '자승자박'(전용덕)

제6장 재정과 통화

01. 케인스 승수이론의 문제점 소비는 미덕, 저축은 악덕?(안재욱)
02. 근거 없는 디플레이션 우려 모든 디플레는 나쁜 것인가(전용덕)
03. 시장원리 거스르는 GDP 지표 생산 중시하는 '세이의 법칙'(민경국)
04. 예금은행 신용창출의 정당성 지급준비제의 부정적 영향(전용덕)
05. 인플레가 악화시키는 부의 불평등 피케티 주장의 오류(전용덕)

제7장 친시장과 반시장의 정치적 이념

01. '경제민주화'는 없다 헌법 '경제민주화' 취지는 민간 주도의 효율성 극대화(권혁철)
02. 공동체주의의 허와 실 두개의 자유주의 전통(민경국)
03. 신자유주의의 진정한 의미 반(反)독점 내세운 유럽 신자유주의. EU의 규제 철학으로(민경국)
04. 사회적 경제가 시장경제의 대안? 시장에는 협력과 연대가 없다고?(권혁철)
05. 자본주의는 민주주의의 토양 말썽부리는 민주주의(민경국)
06. 자본주의와 제국주의 제국주의 택한 영국, 정치적 계산 있었다(안재욱)
07. 통일과 탈사회주의화 원칙 남북(南北)통일 '대박'의 조건(전용덕)

맺는 말 자본주의, 가장 적합한 제도(안재욱)

■ 이 책의 저자(가나다 順)

권혁철

성균관대학교 행정학과 졸업. 독일 쾰른 대학 경제학 박사. 미국 Public Choice 연구소 객원연구원 역임. 현재 자유경제원 자유기업센터 소장, 한독경상학회 이사, 제도경제학회 편집위원.
주요 저서로는 《시장경제질서와 시민단체》, 《자유주의 사상가 12인의 위대한 생각》(공저), 《포퓰리즘의 덫》(공저) 등

민경국

서울대학교 문리대 졸업. 독일 프라이부르크대학교 경제학 석사·박사학위 취득. 강원대학교 경제학과 부교수, 정교수를 거쳐 정년퇴직과 함께 현재 같은 대학 경제학과 명예교수로 재직 중.
한국하이에크소사이어티 회장과 제도경제학회 회장 역임.
주요 저서로는 《자유주의의 도덕관과 법사상》, 《자유민주주의란 무엇인가》, 《하이에크 자유주의 사상 연구》, 《경제사상사 여행》, 《자유주의의 지혜》, 《자유주의와 시장경제》 등

안재욱

경희대학교 경제학과 졸업. 미국 오하이오 주립대학 경제학 박사. 현재 경희대학교 경제학과 교수, 한국제도경제학회 회장. 한국하이에크소사이어티 회장, 한국은행 통화정책 자문위원, 한국경제신문 객원논설위원, 경희대학교 부총장 역임.
주요 저서로는 《흐름으로 읽는 자본주의 역사》, 《시장경제와 화폐금융제도》, 《얽힌 실타래는 당기지 않는다–시장경제와 정부의 역할》, 《피케티의 『21세기자본』 바로읽기》(공저) 등

전용덕

고려대학교 경제학과 졸업. 미국 오하이오 주립대학교 경제학 박사. 현재 대구대학교 무역학과 교수. 한국 하이에크소사이어티 회원. 학술서 《자유와 시장》 편집위원장 역임. 자유경제출판문화상 (제3회, 제6회, 제10회, 제24회) 수상.
주요 저서로는 《자유의 윤리》(공역), 《경기변동이론과 응용》, 《교육도 경제행위다》, 《경제학과 역사학》 등

황인학

연세대학교 경제학과 졸업. 미국 워싱턴대학교(St. Louis) 경제학 박사. 산업연구원, 삼성경제연구소 수석연구원, 한국경제연구원 연구조정실장·법경제센터 소장 역임.
주요 저서로는 《제도와 경제성장》, 《인포그래픽 한국경제 100– 반세기 한국경제 흐름을 한 눈에》, 《한국경제의 선진화를 위한 제도개혁 과제》(공저), 《한국 기업지배구조의 현재와 미래》(공저), 《시장구조와 경쟁효율》, 《재벌의 다각화와 경제력집중》, 《Korean Business and Management– the Reality and the Vision》(공저) 등

자본주의 오해와 진실

초판 1쇄 인쇄 2016년 8월 25일
초판 1쇄 발행 2016년 8월 30일

지은이 | 권혁철, 민경국, 안재욱, 전용덕, 황인학

펴낸곳 | 북앤피플
대 표 | 김진술
펴낸이 | 김혜숙
디자인 | 박원섭

등 록 | 제2016-000006호(2012. 4. 13)
주 소 | 서울시 송파구 삼학사로 14길 21
전 화 | 02-2277-0220
팩 스 | 02-2277-0280
이메일 | jujucc@naver.com

ISBN 978-89-97871-25-4 03320